西南大学学术文库

走向可持续制造

生态创新驱动制造业转型研究

何岚 著

知识产权出版社

全国百佳图书出版单位

图书在版编目（CIP）数据

走向可持续制造：生态创新驱动制造业转型研究/何岚著. —北京：知识产权出版社，2018.12

ISBN 978 - 7 - 5130 - 5954 - 1

Ⅰ.①走… Ⅱ.①何… Ⅲ.①制造工业—转型经济—研究—中国 Ⅳ.①F426.4

中国版本图书馆 CIP 数据核字（2018）第 261431 号

内容提要

可持续制造是可持续发展研究的理论成果与制造范式转型的现实需求相融合的产物。本书在对可持续制造的基本理论问题进行探讨的基础上，把生态创新作为制造业从传统范式向可持续范式转型的重要手段，以重庆为例，从工艺生态创新、产品生态创新、组织生态创新、商业模式生态创新四个方面，研究制造业转型的整体状况、采取的主要措施及面临的核心问题。

责任编辑：石红华　　　　　　　　责任印制：孙婷婷

装帧设计：臧　磊

走向可持续制造

——生态创新驱动制造业转型研究

何岚　著

出版发行：知识产权出版社 有限责任公司	网　　址：http://www.ipph.cn
社　　址：北京市海淀区气象路 50 号院	邮　　编：100081
责编电话：010－82000860 转 8130	责编邮箱：shihonghua@sina.com
发行电话：010－82000860 转 8101/8102	发行传真：010－82000893/82005070/82000270
印　　刷：北京九州迅驰传媒文化有限公司	经　　销：各大网上书店、新华书店及相关专业书店
开　　本：787mm×1092mm　1/16	印　　张：14.75
版　　次：2018 年 12 月第 1 版	印　　次：2018 年 12 月第 1 次印刷
字　　数：248 千字	定　　价：58.00 元

ISBN 978-7-5130-5954-1

序　言

可持续制造是可持续发展研究的理论成果与制造范式转型的现实需求相融合的产物。传统制造范式无法通过渐进改良而消除的弊端和全球制造业在 21 世纪面临的严峻挑战，使可持续制造成为世界各国制造业转型的共同取向。本书在对可持续制造的基本理论问题进行探讨的基础上，构建出评价制造业可持续性的指标体系，以重庆制造业为例对可持续性进行评价；把生态创新作为制造业从传统范式向可持续范式转型的重要手段，从工艺生态创新、产品生态创新、组织生态创新、商业模式生态创新四个方面研究重庆制造业转型的整体状况、采取的主要措施及面临的核心问题。力图在丰富可持续发展理论的基础上，为制造业转型提供总体行动框架，并为政府制定转型的政策支撑体系提供需求侧实证依据。

可持续制造是一种能使制造业在减少产品整个生命周期对生态系统的负面影响的基础上，提高企业经济绩效，带动区域经济健康发展，同时改善雇员、消费者、社区居民等利益相关者的健康水平和生活质量，最终促进社会和谐进步的新制造范式。制造业可持续性的提高是在不减少生态、经济、社会任何一方资本存量的同时实现三种资本总和增加的帕累托改进。

本书按照"基于主题的框架"，建立起涵盖生态、经济、社会三个维度，包括自然资源使用、废物排放、企业经济绩效、行业竞争力、促进社会发展和内部公正 6 个主题的地方制造业可持续性评价指标体系，选择具体指标评价自 2004 年实施新型工业化战略后重庆制造业的可持续性变化情况。发现：重庆制造业自 2004 年实施战略调整后，虽然总体上实现了经济可持续性、生态可持续性、社会可持续性的提升，但未来的发展仍存在众多隐忧。按照生态创新的层级模式，重庆制造业已普遍进入以效果为导向的工艺生态创新阶段；产品生态创新尚未成为企业的普遍取向；虽然大部分企业已经在实际运营活动中实施了一些零散的组织生态创新行为，但企业环境管理体系大都不健全，企业间围绕产品价值链的合作率较低，工业共生网络生长缓慢；商业模式生态创新开展较少，主要的倾向是实施产业链纵向延伸策略。

研究发现：企业规模和所有权性质这两个组织特征与生态创新的开展有一定相关关系。企业规模大小在很大程度上决定了它的社会影响力和资源拥有量，所有权性质则对组织文化特征和管理模式有较大影响。除此之外，生态创新还受其他因素的影响。与工艺生态创新相比，产品生态创新更强调市场导向，更重视内外协同，更需要先进企业文化的催化及温和竞争环境的涵养。在众多影响商业模式生态创新的因素中，新技术的诞生和企业家的战略眼光发挥着至关重要的作用。

生态创新与一般创新相比更需要公共政策的驱动。但针对不同类型的生态创新，政策发挥作用的着力点有所不同。推动工艺生态创新的政策主要作用于激发创新动机、再分配创新资源、扩散创新成果、保护创新收益；推动产品生态创新的政策应主要作用于市场及营销、内外协同、企业文化、竞争环境四个影响因素，促使企业将环保认知转化为产品生态创新行为；推动组织生态创新的政策重点应放在促进工业共生网络，尤其是生态产业链的构建上，围绕"产业链规划""企业的选择和匹配""建立共生机制""环境评估和监控"这四个核心要素开展；推动商业模式生态创新的政策主要是促进环境价值观的植入、搭建工业互联网、促进生产性服务业的发展，并在价值网络中发挥"元治理"的作用。

本书是在我的博士学位论文的基础上修改和补充而成，我要衷心感谢所有对本书的写作给予了帮助的人们。感谢我的导师钟书华教授，从论文选题、文献综述、开题报告，到论文每一章的撰写，老师都倾注了无数的精力和心血。我常常庆幸自己遇到了一位真正能为学生传道、授业、解惑的好老师，也暗暗要求自己以钟老师为榜样在教师岗位上默默耕耘。感谢美国亚利桑那州立大学的邬建国教授为我提供了赴美访学一年的机会，邬老师的敬业精神和爱国热忱深深感染着实验室的每一位访问学者。邬老师的严格要求使我不负光阴，在一年的时间里不仅学习了两门可持续性科学的专业课程，而且完成了博士论文初稿。感谢重庆两江新区党工委的朋友，以及梁海卫、曾鸿斌、张育英、余福康、冯水和、钟兴、李勋华等同学和校友在我开展调研期间提供的大力支持。没有他们的帮助我不可能完成数百份问卷，也不可能顺利地走访数十家企业。感谢知识产权出版社的石红华女士，在她的帮助下本书才得以顺利面世。最后，要感谢我的家人，求学和科研中遇到挫折时，爱人的安慰、鼓励和支持是我屡败屡战的坚实后盾；给孩子树立一个积极进取、坚强乐观的榜样是我坚持学习的不竭动力；年迈的父母多年来毫无怨言地帮我照顾孩子是我安心学业的重要保障。谢谢所有在我事业上和生活中曾给予帮助的人们！你们让我感受到从事科研既是一件有价值的事，也是一件快乐的事。

何　岚

2018 年 7 月

目　　录

1 绪 论

制造业是工业社会的脊梁，是现代人类文明生活方式的重要支柱，它为人们的生产、生活提供物质基础，但同时也造成了世界上绝大部分的资源消耗和废物产生。"可持续制造"是可持续发展研究的理论成果与制造范式转型的现实需求相融合的产物。

1.1 研究背景及意义

1.1.1 研究背景

"可持续发展"一词最早于 1962 年出现在美国海洋生物学家莱切尔·卡逊（Rachel Carson）的著作《寂静的春天》中。1987 年联合国世界环境与发展委员会在《布伦特兰报告》中正式对可持续发展进行了界定。可持续发展理念最初主要是环境导向的，关注各种经济活动的生态合理性。随着研究的深入，其内涵逐渐扩展到经济、社会等维度。

"可持续制造"是可持续发展对制造业的必然要求。首先，可持续发展要求制造企业承担更多的环境和社会责任，"企业公民意识""企业社会责任""延伸产品责任"等概念的实质都在于此；其次，可持续发展要求制造部门的生产方式是可持续的，"生态工业园区"的构想、"生态经济效益"的理念，以及"清洁生产""绿色制造""逆向制造"等生产模式的提出都是试图通过改进物质转化过程或替代输入材料来减缓每单位产品输出的环境影响；最后，可持续发展要求制造业的商业发展具有可持续性，这包括保持和扩大经济增长、股东利益、企业信誉、顾客关系、产品及服务的质量等,❶ 同时要求制造业的发展既能满足市场和社会当前的需要,也能满足其未来的需要。

国外一些学者在研究制造范式的历史演变的基础上,提出可持续制造是继大规模生产、清洁制造、规模定制、可重构制造等范式之后的一种新制造范式。如 Bi 认为可持续制造诞生于 2005 年,它是在社会对环境友好产品的需求、自然资源减少及能效市场的要求、回收和能源恢复技术的支撑等背景下产生的一种新制造范式。❷ 而 Despeisse 等认为可持续制造范式出现于 2010 年左右,是将可持续性作为衡量制造业竞争力的重要标准,并以纳米和生物材料为特征的。❸

从宏观角度看,孕育可持续制造范式的实践土壤主要是传统制造范式无法通过渐进改良而消除的弊端和全球制造业在 21 世纪面临的严峻挑战;从中观角度看,制造业转型升级是我国调整经济结构、转变发展方式的重要内容;从微观角度看,走向可持续制造是把重庆建设成国家重要的现代制造业基地的必然路径。

传统制造范式下,生产的低效率导致系统的损失、落后的原料利用方式与工艺造成环境恶化和健康危害、生产成本没有合理反映出资源环境价值,造成大量浪费和破坏。人们逐渐认识到:传统西方工业文明的发展道路,是一条以摧毁人类的基本生存条件为代价获得经济增长的道路,是不可持续的。进入 21 世纪后,全球制造业在经济、生态、社会环境方面都面临一些日趋严峻的挑战。(i) 全球人口持续增加。联合国人口司 2009 年发布的预测就显示,世界人口在 2050 年会突破 90 亿。人口增加意味着要消耗更多资源来满足人们的需求。(ii) 自然资源短缺。石油、天然气和煤炭已经在世界范围内出现了不同程度的短缺,其他自然资源也大多面临类似问题。自然资源短缺会引发世界范围内资源竞争的加剧及材料供应问题。(iii) 生态环境恶化趋势加剧。

---

❶ Szekely F & Knirsch M. Responsible leadership and corporate social responsibility: metrics for sustainable performance [J]. European management journal, 2005, 23 (6): 628 - 647

❷ Bi Z. Revisiting system paradigms from the viewpoint of manufacturing sustainability [J]. Sustainability, 2011, 3 (9): 1323 - 1340.

❸ Despeisse M, Mbaye F, Ball P D, et al. The emergence of sustainable manufacturing practices [J]. Production Planning & Control, 2012, 23 (5): 354 - 376.

《地球生命力报告 2006》显示，自 1987 年开始人类就在生态赤字下运行，到 2003 年生态赤字已达 25.28%。如果不改变目前的生产和生活模式，很快地球资源就无法满足人类的需求。（ⅳ）制造业竞争更加激烈。2008 年金融危机后，包括新经济体和发达国家在内，世界各国都从战略高度重视制造业的发展，提出了一系列促进制造业发展的政策和计划。（ⅴ）公众绿色意识不断提高。越来越多的消费者在选购产品时不再只关注价格和质量，产品的绿色度成为一种新的消费偏好。越来越多的公众加入对企业环境绩效的监督行动之中。公众态度和行为的变化直接对企业的生产和服务起到激励和制约作用，使越来越多的企业通过生态标签来获得竞争优势和投资。这些新趋势使衡量制造业的竞争力，除了传统的质量、交付、弹性、创新、成本等标准外，还应包括可持续性标准。

改革开放后，我国制造业迅猛发展，至 2010 年已成为世界第一制造大国。但也存在一系列问题，如产品实物量大，但价值量较低，技术含量与劳动含量都较低；产品结构总体上处于低端，关键核心技术主要靠引入，且吸收消化不理想；高耗能高污染的资源加工型产业发展过快，造成对能源、资源的依存度过大；低效率的生产造成严重的环境污染，既影响人民身体健康，在国际上也遭受很大压力。❶ 中国制造业以便宜的劳动力、廉价的能源和几乎不计入产品价格的环境成本向全球提供低端产品，这种粗放型的低水平发展模式到今天已经触及到本国资源环境承载力的天花板。《中国制造 2025》明确提出要构建绿色制造体系，"把可持续发展作为建设制造强国的重要着力点"❷。

重庆是中国六大老工业基地之一，是国务院定位的"国家重要的现代制造业基地"，也是中国西部制造中心，以汽车摩托车产业、装备制造业、天然气石油煤化工产业、电子信息产业等为支柱产业。但重庆制造业普遍存在自主创新能力弱、利润低、竞争力不强等问题。面对竞争日益激烈的国内、国际市场，一些企业通过持续的科技创新夯实技术实力；通过转变经营理念以顾客为导向稳固市场；通过海外并购拓宽国际合作之路；通过延伸产品链实现一体化

---

❶ 中国工程院"中国制造业可持续发展战略研究"咨询研究项目组. 中国制造业可持续发展战略研究 [M]. 北京：机械工业出版社，2010.

❷ 国务院. 中国制造 2025 [Z]. 2015.

发展；通过拓展产业结构涉足新的领域……，坚实地踏上了转型之路。而更多的企业还在转型的十字路口挣扎、徘徊，寻觅方向。

1.1.2 研究意义

可持续制造是从可持续性的角度构建的新制造系统范式，❶ 可持续制造研究的理论意义在于可从两个方面充实可持续发展理论。

（1）可持续发展理论现实化。虽然可持续发展思想在全世界不同经济水平和不同文化背景的国家都得到了普遍认同，但总体而言，它主要的意义还是提供了一种我们需要为之努力的美好愿景，缺少思想实际应用的指导。本研究将可持续发展的抽象理论实际应用于制造领域，可将这种愿景引入实践并变为现实。虽然可持续发展是一种规范性理论，但在何为可持续发展、如何度量可持续性和如何实现商业的可持续发展等基础性问题的认知上，学术界一直存在争议。可持续制造研究可为回答上述问题提供有益的探索。

（2）可持续发展理论与生态创新理论的融合。生态创新是一种新的、能够带来环境改善的产品/服务、生产过程、市场方法、组织结构和制度安排。❷ 向"可持续制造"转型，需要制造业在生产过程、产品、商业模式等方面进行突破性创新，还需要切实生态化重组现有的生产体系和消费体系，并且从社会和制度上进行突破性创新。❸ 本研究把生态创新作为制造业从传统范式向可持续范式转型的重要手段，从系统性生态创新的视角探索制造业向可持续范式转型的总体行动框架，从而将这两种理论融合在一起。

重庆地处西南，在生态、经济、社会等方面均有不同于东部发达地区的特征，研究重庆制造业转型的整体状况、主要路径及面临的问题，主要有三个方面的实践意义。

（1）从工艺、产品、组织、商业模式等层次提出实施生态创新的步骤及

---

❶ Bi Z. Revisiting system paradigms from the viewpoint of manufacturing sustainability [J]. Sustainability, 2011, 3 (9): 1323-1340.

❷ OECD (Organisation for Economic Co-operation and Development). Eco-Innovation in Industry: Enabling Green Growth [J]. 2009.

❸ 董颖，石磊. 生态创新的内涵、分类体系与研究进展 [J]. 生态学报，2010，30 (9): 2465-2474.

内容，可为企业提供转型的"行动路线图"。转型不可能一蹴而就，需要企业结合行业特征和自身实际状况找准突破口，还需要多层面生态创新具体举措齐头并进。

（2）根据国际上采用的最新生态创新分析框架，为政府制定向可持续制造转型的激励和调控政策提供"制度设计图"。科学的政策支撑体系应使制造业的收益合理化、成本内部化，为企业提供正确的预期；应提供合理的约束和激励机制，引导企业从以追求利润为唯一目的，转向既要追求利润也要承担社会责任的多重目标。而这都需要以科学评价制造业对区域经济、社会和生态的影响为依据。

（3）分析制造业转型采取的代表性措施及面临的主要问题，结合国内外相关研究成果和实践经验，可为各企业创造性解决自身问题提供参考和借鉴，提高重庆制造业在国内、国际市场的竞争力。

总之，可持续制造是一种新的商业和价值创造途径。❶ 向可持续制造范式转型是在制造系统对科学发展观的具体实践，是提高工业文明和生态文明水平的现实路径。

1.2　国内外可持续制造研究述评

在国际上，可持续制造已成为一个跨学科研究的热点领域。全球可持续制造会议自 2003 年开始已连续举办了 13 期，美国电气和电子工程师协会（IEEE）多次举办与可持续制造有关的学术会议，《国际生产研究》《国际生产经济学》《生产计划与控制：操作管理》等经济、管理类期刊都曾发行可持续制造特刊。

1.2.1　国外研究述评

在 Web of Science 数据库中，以"sustainable manufacturing"为标题的文献最早出现于 2000 年，2005 年后文献数量逐渐增多，到 2012 年达到高峰。在

---

❶ OECD. Towards green growth ［R/OL］. http：//www.oecd.org/dataoecd/37/34/48224539.pdf：35 – 72.

Academic research library、EBSCO、Elsevier、Emerald 等数据库中检索 2000 年之后以 "sustainable manufacturing" 为题名的论文，均可获得数十至百余篇文献。对这些文献按相关性筛选整理后进行浏览概括，可把国外可持续制造研究分为概念界定、实现路径、评价研究 3 个方面。

1.2.1.1　可持续制造的界定

可持续制造的界定有狭义和广义之分。狭义的界定主要关注产品生产阶段的环境友好性。如 Madu 把可持续制造看作一种新的生产方式，它通过新技术或新工艺，在把材料转化成产品的同时减少能源消耗、温室气体排放、废物产生、不可再生或有毒物质的使用"[1]。广义地界定关注产品的整个生命周期，把可持续制造当作一个系统地减少制造业环境影响，并提供经济绩效的综合策略[2]。如 Marco Garetti et al. 提出：可持续制造是一套为了应对世界性的资源短缺、减轻环境的超载而在制造领域实施的新技术和组织方案。[3]

要明确可持续制造的内涵，还须将其与"可持续生产""绿色制造"等相近概念进行区分。关于可持续制造与可持续生产的关系主要有 4 种不同的看法。第一种把可持续生产看作可持续制造的前身[4]，因为可持续生产概念的出现早于可持续制造；第二种把可持续生产当作可持续制造的一个阶段，声称除了生产过程外，制造还包括所有的工业活动、所有与制造链关联的服务[5]；第三种认为可持续制造是制造部门的可持续生产[6]；第四种认为两者同义，可互换使用。本研究倾向于第二种看法，因为可持续生产研究主要着眼于提高产品

❶　Madu C. Handbook of environmentally conscious manufacturing [M]. Kluwer Academic Pub, 2001.

❷　Chris Yuan, Qiang Zhai, David Dornfeld. A three dimensional system approach for environmentally sustainable manufacturing [J]. CIRP Annals-Manufacturing Technology, 2012, 61 (1)：39 – 42

❸　Marco Garetti, Giovanni Mummolo & Marco Taisch. Special issue on sustainable manufacturing [J]. Production Planning & Control：The Management of Operations, 2012, 23 (2 – 3)：79 – 82.

❹　Jovane F, Yoshikawa H, Alting L, et al. The incoming global technological and industrial revolution towards competitive sustainable manufacturing [J]. CIRP Annals-Manufacturing Technology, 2008, 57 (2)：641 – 659.

❺　Marco Garetti & Marco Taisch. Sustainable manufacturing：trends and research challenges [J]. Production Planning & Control：The Management of Operations, 2012, 23 (2 – 3)：83 – 104.

❻　OECD (2009). Sustainable manufacturing and eco-innovation：towards a green economy [EB/OL]. http://www.oecd.org/sti/42944011.pdf

生产加工阶段的可持续性，而可持续制造研究关注产品生命周期的各个阶段。至于可持续制造与绿色制造的关系则有两种看法。一种认为绿色制造是可持续制造的一个组成部分；❶ 第二种认为可持续制造是高于绿色制造的制造范式。❷本研究认为：可持续制造同等关注制造活动的生态、经济和社会可持续性，而绿色制造主要强调制造活动的生态可持续性，故前者比后者内涵更广。

作为一个区别于可持续生产等相近概念的全新概念，可持续制造的内涵主要包括：（ⅰ）采用新的生产方式，最大化产品生命周期中资源和能源的生产率；（ⅱ）构建新的管理模式，最小化制造系统对生态和社会造成的负面影响；（ⅲ）培育新的社会环境，形成推动可持续制造的外部氛围。围绕这三个层面形成了三条可持续制造的实现路径，即工厂路径、系统路径和外部路径。

1.2.1.2 可持续制造的实现路径

可持续制造的工厂路径主要包括可持续的产品设计和可持续的生产工艺，主要通过工厂内部的技术创新实现在增加企业利润的同时，减少或消除产品本身及其加工流程可能对环境和社会产生的负面影响。设计阶段的干预是减少环境影响、增加产品价值和效用的最有效办法。学者们先后提出了面向装配的设计、面向再制造的设计、面向包装的设计、面向回收或再利用的设计、面向流程的设计等。❸ 可持续的生产工艺要求不断减少生产过程中的废物和副产品；节约能源和材料；最小化生产过程对人体健康的危害。❹ 当前研究主要围绕能源和材料这两个关键成分，通过建立流程模型对制造流程方案的环境和经济影响进行定量评估，同时找出流程优化的关键因子和环节。

可持续制造的系统路径主要包括生命周期管理、可持续供应链管理、商业

❶ Pineda-Henson R, Culaba A B. A diagnostic model for green productivity assessment of manufacturing processes [J]. The International Journal of Life Cycle Assessment, 2004, 9 (6): 379-386.

❷ Jayal A D, Badurdeen F, Dillon Jr O W, et al. Sustainable manufacturing: Modeling and optimization challenges at the product, process and system levels [J]. CIRP Journal of Manufacturing Science and Technology, 2010, 2 (3): 144-152.

❸ Gunasekaran A, Spalanzani A. Sustainability of manufacturing and services: Investigations for research and applications [J]. International Journal of Production Economics, 2012, 140: 35-47.

❹ Jovane F, Yoshikawa H, Alting L, et al. The incoming global technological and industrial revolution towards competitive sustainable manufacturing [J]. CIRP Annals-Manufacturing Technology, 2008, 57 (2): 641-659.

模式转型等。生命周期管理是通过生命周期工程、生命周期评价、产品数据管理、技术支持和生命周期成本核算等手段，保护资源和最大化资源使用效率。❶ 可持续制造要求将废弃材料重新用作原材料或能源，从而构成一个"从摇篮到摇篮"的途径。❷ Kaebernick et al. 认为回收再利用的前提是产品的残余价值高于回收再利用的成本。❸ 而要减少回收再利用的成本，就要开发有效的回收流程和末期产品处置及再利用工具。可持续的供应链是一个由上游的原料供应链、下游的产品配送链、逆向的废品回流链组成的闭环结构。可持续的物流运作应包括减少空间、能源、人力、库存的使用，更容易的物流追踪、更好的存货周转、最小化的运输成本等。❹ 可持续制造的最终实现还需要进行商业模式转型。Erastos Filos 认为需要实现从"以最小资本获得最大收益"到"以最少资源创造最大增加值"的转变。❺ Frank van der Zwan & Tracy Bhamra 主张以非物质的服务代替产品，通过提供服务提升制造系统的生态效率。❻ 基于"产品—服务系统"的商业模式关注产品的使用绩效，而"可持续的规模定制"则关注回应每位顾客的需求。按订单制造可以大量减少产品的积压，而且这种商业模式可以在设计阶段就将可持续发展理念整合其中，更接近完全的可持续制造。❼

  向可持续制造转型离不开外部力量的激励和约束，外部路径主要关注打造

❶ Westkämper E, Alting L, Arndt G. Life cycle management and assessment: approaches and visions towards sustainable manufacturing [C]. Proceedings of the Institution of Mechanical Engineers, Part B: Journal of Engineering Manufacture, 2001, 215 (5): 599 – 626.

❷ Nagel M H, Tomiyama T. Intelligent sustainable manufacturing systems, management of the linkage between sustainability and intelligence-an overview [C] //Systems, Man and Cybernetics, 2004 IEEE International Conference on. IEEE, 2004, 5: 4183 – 4188.

❸ Kaebernick H, Kara S, Sun M. Sustainable product development and manufacturing by considering environmental requirements [J]. Robotics and Computer-Integrated Manufacturing, 2003, 19 (6): 461 – 468.

❹ Gunasekaran A, Spalanzani A. Sustainability of manufacturing and services: Investigations for research and applications [J]. International Journal of Production Economics, 2012, 140: 35 – 47.

❺ Filos E. ICT for Sustainable Manufacturing: A European Perspective [M] //Balanced Automation Systems for Future Manufacturing Networks. Springer Berlin Heidelberg, 2010: 28 – 35.

❻ Frank van der Zwan, Tracy Bhamra. Services marketing: taking up the sustainable development challenge [J]. Journal of Services Marketing, 2003, 17 (4): 341 – 356.

❼ Jovane F, Yoshikawa H, Alting L, et al. The incoming global technological and industrial revolution towards competitive sustainable manufacturing [J]. CIRP Annals-Manufacturing Technology, 2008, 57 (2): 641 – 659.

适宜的消费环境、政策环境和教育环境。消费者行为不只是对价格信号的理性反映，还会受社会的、心理的等诸多因素的影响。Hans-Ulrich Zabel 提出，推进可持续行为还需重视制度对个人行为的塑造作用，在制度和个人间构建可持续导向的互动网络。❶ 以经济合作与发展组织（OECD）为代表的国际机构在可持续制造的政策研究上已经取得了较多成果。2011 年 OECD 推出了绿色增长的政策框架，包括政策设计、市场工具、法规和监管、改变消费者行为、创新、基础设施投资、制度和治理 7 个部分。❷ 政府的法规常需要以产业标准为基础，近 20 年来，各国、各组织制定的相关标准有国际标准组织的 ISO14000 系列标准、废电子与机电设备指令 WEEE、有害物质限制指令 RoHS 等。可持续性教育既包括针对工程师、设计师的可持续发展观念和能力的培训，也包括对消费者进行产品使用方式和生活方式的引导。但当前的可持续性教育研究大多围绕前者展开，如 Cerinsek & Dolinsek 列出了 7 种工程师应对各种可持续制造问题必须具备的能力，利用这个能力框架，教育机构可以进行课程设置和教育方案的调整❸。

1.2.1.3　可持续制造评价

包括评价指标体系的设置和评价工具的使用两个方面。

Feng et al. ❹，Labuschagne et al. ❺ 等学者对已有的评价指标体系，如道琼斯可持续性指数、OECD 的核心环境指标、全球报告倡议（GRI）、联合国可持续发展委员会指标等的评价侧重点和使用情况进行了调查后发现：大多数指标体系关注的是国家、地区、社区等整体层面的可持续性，对操作层面的可持

❶ Hans-Ulrich Zabel. A model of human behaviour for sustainability [J]. International Journal of Social E-conomics, 2005, 32（8）: 717 - 734.

❷ OECD. Towards green growth [EB/OL]. http: //www. oecd. org/dataoecd/37/34/48224539. pdf 2011: 35 - 72

❸ Cerinsek G, Dolinsek S. In a search for competent engineers-Competence framework in the field of sus-tainable manufacturing [C] //Global Engineering Education Conference（EDUCON）, 2011 IEEE. IEEE, 2011: 865 - 870.

❹ Feng S C, Joung C, Li G. Development overview of sustainable manufacturing metrics [C] //Pro-ceedings of the 17th CIRP international conference on life cycle engineering. 2010: 6 - 12.

❺ Labuschagne C, Brent A C, Van Erck R PG. . Assessing the sustainability performances of industries [J]. Journal of Cleaner Production, 2005, 13（4）: 373 - 385.

续性关注不足；主要测量的是可持续性的环境维度，对可持续性的社会维度测度不够。另一些研究致力于设计综合全面的指标体系。如美国国家标准与技术研究院对可在工厂操作场所评价制造流程和产品可持续性的指标进行界定、选择、整合、归类，形成了一个覆盖环境整治、经济增长、社会福利、技术进步、绩效管理5个维度，共212个具体测量指标的指标库，[1] 供企业从中选择。Bi 分别从制造前、制造、使用、使用后 4 个阶段，从环境、社会、经济 3 个维度来考察指标的设置，[2] 见图 1－1。无论是评价指标体系过多、过于分散，还是包含上百个指标的综合指标体系，都会导致使用时的困惑，建立科学、合理、操作性强、适用面广的评价指标体系仍然有待继续研究。

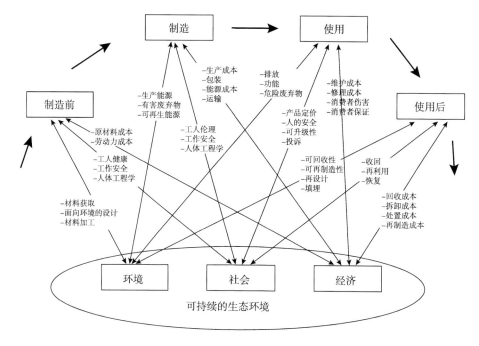

图 1－1　制造业对可持续的环境的影响

常用的可持续性评价工具有生命周期评价（LCA）、层级分析法（AHP）、

❶　Joung C B, Carrell J, et al. Categorization of indicators for sustainable manufacturing [J]. Ecological Indicators, 2012（24）：148－157.

❷　Bi Z. Revisiting system paradigms from the viewpoint of manufacturing sustainability [J]. Sustainability, 2011, 3（9）：1323－1340.

离散事件模拟等。ISO14040－14043 提供了生命周期评价的原则和框架、目标范围的界定以及清单分析、影响分析、生命周期阐释的国际标准。但全面的生命周期评价（LCA）需要大量具体数据，简化的 LCA 法如 Kaebernick et al. 提出的群体技术方法，❶ Rebitzer et al. 提出的对流程模型进行直接简化、基于输入—输出分析的生命周期评价等，❷ 都可用于对产品环境影响的早期估算。层级分析法（AHP）的缺点是没有考虑元素间的相互依赖关系。而分析网络法（ANP）可以克服这种不足，该法将所有相关的属性都置于一个相互依赖的网络系统中，提供了对决策属性的非线性分析策略。还可以使用模糊网络分析法消除数据的含糊和不准确。❸ SIMTER 是一个整合的生产系统模拟和环境分析工具，可用于详细的生命周期评价，还可以通过对影响每个产品的路径进行动态的离散事件模拟并进行历时的因果测量。❹ 其他整合的评价模型还有 Pineda-Henson & Culaba 提出的制造流程绿色生产评价诊断模型，❺ Paju et al. 提出的可持续制造图法❻等。

1.2.2　国内研究述评

国内学者对可持续制造这一在国际上广泛使用的概念的关注度和使用率明显不足，相关成果分散于敏捷制造、循环制造、再制造、绿色制造等话语体系中。

❶ Kaebernick H, Kara S, Sun M. Sustainable product development and manufacturing by considering environmental requirements [J]. Robotics and Computer-Integrated Manufacturing, 2003, 19 (6): 461 –468.

❷ Rebitzer G, Ekvall T, Frischknecht R, et al. Life cycle assessment: Part 1: Framework, goal and scope definition, inventory analysis, and applications [J]. Environment international, 2004, 30 (5): 701 –720.

❸ Vinodh S, Prasanna M, Manoj S. Application of analytical network process for the evaluation of sustainable business practices in an Indian relays manufacturing organization [J]. Clean Technologies and Environmental Policy, 2012, 14 (2): 309 –317.

❹ Heilala J, Vatanen S, Tonteri H, et al. Simulation-based sustainable manufacturing system design [C] //Simulation Conference, 2008. WSC 2008. Winter. IEEE, 2008: 1922 –1930.

❺ Pineda-Henson R, Culaba A B. A diagnostic model for green productivity assessment of manufacturing processes [J]. The International Journal of Life Cycle Assessment, 2004, 9 (6): 379 –386.

❻ Paju M, Heilala J, Hentula M, et al. Framework and indicators for a sustainable manufacturing mapping methodology [C] //Simulation Conference (WSC), Proceedings of the 2010 Winter. IEEE, 2010: 3411 –3422.

1.2.2.1 可持续制造理论

宾鸿赞在 1998 年就提出了这一概念，但没有进行界定。❶ 相比可持续制造，国内学者使用得更多的是另两个相似的概念——"可持续生产"和"绿色制造"。夏传勇认为可持续生产是一种以社会、经济、自然的和谐与共赢为目标的生产方式。❷ 对可持续生产概念的这种认知基本等同于国外学者对可持续制造概念的广义理解。张伟、刘仲谦等指出，绿色制造的基本思想是实现产品全生命周期资源消耗、环境污染以及人体安全健康危害的减量化和源头控制。❸ 可见，国内学者广义界定的绿色制造在内涵上与可持续制造也是基本相同的，但更强调制造业与环境的相容。将相关内容统一在"可持续制造"范畴之下，既可承袭可持续发展理论的最新研究成果，厘清概念上的零散混乱，又可接通与国际学术界对话的话语体系。

1.2.2.2 可持续制造的内部结构

国内在可持续制造的内部结构方面的研究成果十分丰硕，涉及可持续制造的技术、可持续制造的组织结构、可持续制造的系统管理等方面。

可持续制造技术包括节能技术、清洁生产工艺、快速原型制造技术、并行工程技术、虚拟制造技术、再制造技术、循环制造技术等。装甲兵工程学院徐滨士等对再制造基础理论和技术的系统研究，重庆大学刘飞等对绿色制造理论及车间层绿色生产技术的研究，上海交通大学蔡建国等有关产品可拆卸性的研究，机械科学研究院在机电产品绿色设计等方面的研究等均取得了较大进展。整体趋势是：研发技术从单项突破向多技术的集成化、虚拟化发展；生产装备向智能化、精准化发展；营销管理向个性化、网络化发展。❹

---

❶ 宾鸿赞. 可持续制造及其技术[J]. 中国机械工程, 1998, (1)：72－74.

❷ 夏传勇, 张曙光. 论可持续生产[J]. 中国发展, 2010, (3)：6－10.

❸ 张伟, 刘仲谦, 张纾, 徐滨士. 绿色制造与再制造技术研究与发展[J]. 中国表面工程, 2006, (5)：76－81.

❹ 陈丽新. 从内外约束条件论我国制造业可持续发展战略选择[J]. 开发研究, 2010, (3)：33－36.

王能民等主张重新配置组织内的人才与资源要素以满足工业流程再造的要求。● 夏传勇关注组织内人的全面发展、企业文化建设与本地社会文化环境的融合。❷ 海锦涛、韩新民认为新一代的制造工厂是一种由功能强大的信息网络和快捷的运输系统将若干生产专门部件的工厂连接而成的开放式的"虚拟工厂"。❸

供应链管理将整个供应链看成是一个有机联系的整体。王能民等提出了供应链设计的 4 条基本原则❹，张汉江等提出了实施绿色供应链管理的具体措施。❺ 社会责任管理是通过解决生产运营的外部性问题来推动企业的可持续发展。金乐琴认为它有弥补政府和市场失灵的作用，是推动可持续发展的第三种力量❻。服务型制造是通过为产品提供全生命周期创新式服务来扩展制造业价值链的涵盖范围❼。

1.2.2.3 可持续制造的制度供给

有关制度供给的研究主要集中在制度对企业生产行为的微观影响和区域产业结构及布局的宏观调控两个方面。徐和平等认为：在传统的制造思想下政府只是制造系统的外部影响因素，但由于绿色制造一定程度上的非市场性质，政府应是该系统的一个内部组成要素❽。中国经济增长与宏观稳定课题组在企业生产函数中引入了一个政府支持系数，分析中国经济发展的两个阶段中政府的不同支持力度及其对经济的不同影响，❾ 从而将这一观点模型化。针对我国制

---

❶ 王能民，孙林岩，杨彤. 绿色制造战略的障碍性因素分析[J]. 中国机械工程，2005（8）：693 - 711.

❷ 夏传勇，张曙光. 论可持续生产[J]. 中国发展，2010，(3)：6 - 10.

❸ 海锦涛，韩新民. 我国制造业可持续发展的思考[J]. 中国机械工程，2001（3）：13 - 16.

❹ 王能民，杨彤. 基于绿色制造的供应链设计[J]. 制造业自动化，2001（4）：10 - 12.

❺ 张汉江，吴娜，唐维. 实施绿色供应链管理促进制造业可持续发展的意义与对策分析[J]. 生态经济，2006（5）：241 - 244.

❻ 金乐琴. 企业社会责任与可持续发展理论及对策[J]. 绿色中国，2004（2）.

❼ 孙林岩，李刚等. 21 世纪的先进制造模式——服务型制造[J]. 中国机械工程，2007，(19)：2307 - 2312.

❽ 徐和平，赵小惠，孙林岩. 绿色制造模式形成与实施的环境分析[J]. 中国机械工程，2003（14）：1211 - 1214.

❾ 中国经济增长与宏观稳定课题组. 中国可持续增长的机制：证据、理论和政策[J]. 经济研究，2008（10）：13 - 25.

造业存在的区域结构趋同严重、产业结构不合理、产品结构仍处于低端等宏观结构问题,牛文元主张按照循环经济原理来重组区域产业结构,制定可持续的区域产业发展规划;● 冯梅主张各地区应充分利用当地要素禀赋的差异,遵循比较优势原理差异化发展制造业。● 总体而言,国内对可持续制造的制度环境研究相对较少,尤其缺乏对制度作用机制的深入探讨。

1.2.2.4 可持续制造评价

设置科学的评价指标体系,计算、比较各区域、各行业的可持续制造指数,可获知其优势和薄弱环节所在,以便对症下药,提高可持续发展综合水平。张艳以产品制造和使用过程为对象,建立了涵盖环境属性、资源属性、能源属性、社会属性4个部分的绿色制造环境绩效评价指标体系。● 沈德聪和阮平南构建的绿色制造系统评价指标体系分为4个层面,从人力、资源、经济、技术、管理、环境6个截面展开制造业发展度、持续度、公平度的分析。● 储丽琴、陈东等通过对1980—2007年中国工业及行业经济增长数据的测算与比较得出结论:我国经济增长主要靠资本驱动,技术进步基本没有贡献,这种增长是很难持续的。● 陈诗一对同一时期的统计数据进行分析却得出了相反结论:改革开放以来在中国工业大多数行业中,技术进步发挥着第一增长引擎的作用,这种增长是可持续的。● 这两个研究得出相反结论的原因可能是后者考虑了各行业对生产率的不同影响和各自的规模大小因素,所以估算的全要素生产效率(TFP)增长率要高一些。赵丽、孙林岩等对2004年中国30个省份(地区)制造业数据的分析表明,我国区域制造业可持续发展能力地理上的分布特点充分体现了东、中、西三大区域可持续能力由强到弱的态势。● 唐德才

● 牛文元. 循环经济:实现可持续发展的理想经济模式[J]. 中国科学院院刊,2004,(6):408-411.

● 冯梅. 后危机时代中国制造业的可持续发展[J]. 社会科学家,2011(12):60-63.

● 张艳. 绿色制造环境绩效评价模型研究[J]. 现代制造工程,2004(12):69-70.

● 沈德聪,阮平南. 绿色制造系统评价指标体系的研究[J]. 机械制造,2006,(3):8-11.

● 储丽琴,陈东,付雷. 全要素生产率与中国经济可持续增长再研究——与日本20世纪70年代TFP的比较[J]. 亚太经济,2009(1):73-76.

● 陈诗一. 能源消耗、二氧化碳排放与中国工业的可持续发展[J]. 经济研究,2009(4):42-54.

● 赵丽,孙林岩,刘杰. 区域制造业可持续发展能力的评价体系构建及应用[J]. 科技进步与对策,2009(9):51-54.

采用 2001—2004 年制造业 28 个行业的数据测算了我国制造业细分行业的可持续制造指数。结果表明：以交通运输、电子类设备制造业为代表的高新技术产业具有很强的可持续发展能力，一些资本和技术密集型的制造行业的可持续发展能力逐渐得到提升，而劳动密集型行业和资源密集型行业的可持续发展能力相对较弱。❶

1.2.3　当前可持续制造研究中的几点不足

通过以上文献研究可以看出：虽然可持续制造已经成为国际上一个跨学科研究的热点领域，国内外研究也已取得较多成果，但还存在一些明显不足。探索并在一定程度上弥补其中一些不足是本研究的着眼点。

（1）可持续制造的基础理论研究薄弱。在一些核心问题，如什么是可持续制造和如何判断可持续制造等方面众说纷纭。本研究力图从核心概念的界定方面进行突破，并依此划定研究的边界，找出制造业向可持续范式转型的关键。

（2）尽管学者们已经从不同的学科视角提出了向可持续制造转型的一些新思路和新方法，但这些理论成果是否得到了实际应用和应用效果如何，均有待实证检验。国内这方面的研究尤其缺乏。本研究建立在对重庆制造业转型现状进行实证调研的基础上，尝试通过实践对相关理论成果进行检验、修正和细化。

（3）不同地方的资源环境条件、经济发展水平不一样，界定研究的空间尺度，依据空间特异性，尤其是地方生态脆弱性和弹性，建立起测度制造系统可持续性的相对标准，并通过可持续性评价找出地方制造业转型要解决的关键问题更具实践指导意义。本研究选择重庆作为中国西部地区的区域代表，结合当地的经济、生态、社会具体特征进行研究，从而使研究结果和政策建议更具针对性。

（4）国内研究对构建可持续制造的政策支撑体系重视不够。虽然国外学术机构在可持续制造的制度研究上已取得了较多成果，但由于政治、经济、文

---

❶ 唐德才. 基于资源约束的中国制造业可持续发展研究 [M]. 北京：科学出版社，2009：128 - 177.

化背景的差异，以及制度创新的路径依赖特征，简单地采取拿来主义，必然水土不服。本研究通过对重庆制造业实际情况的调研，得出转型的政策需求，为下一步构建本土化的可持续制造政策支撑体系打下良好基础。

1.3　研究思路、方法与内容

1.3.1　研究思路

本研究的基本思路是：首先梳理国内外相关文献资料，形成研究的理论基础，并从生态创新角度构建出制造业向"可持续制造"范式转型的系统行动框架；之后通过大样本问卷调查依次了解重庆制造业开展工艺生态创新、产品生态创新、组织生态创新、商业模式生态创新的现状及采取的主要措施，分析各层面创新面临的主要问题；接着通过案例分析深入研究各层面创新的主要影响因子及其作用机理；生态创新与一般创新的不同之处在于前者更需要政策驱动，因此，本研究最后在理论研究和实证研究的基础上，提炼出各类生态创新的政策需求，为构建推动制造业向可持续制造范式转型的政策支撑体系奠定基础。具体思路见图1-2。

1.3.2　研究方法

本研究主要采用3种研究方法。

（1）文献研究法。对国内外与"可持续制造"和"生态创新"研究相关的专著、期刊、会议论文进行检索和浏览，使用归纳法和演绎法总结和发展前人的研究成果，形成本研究的理论基础。

（2）问卷调查法。通过大样本问卷调查了解重庆制造业开展生态创新的现状和采取的主要方式。对问卷调查获得的数据使用stata11软件进行描述性统计分析。

（3）案例分析法。每种生态创新类型选择1~2个典型案例，多途径收集案例相关信息，深入分析影响企业开展生态创新的主要因素及其作用机理。

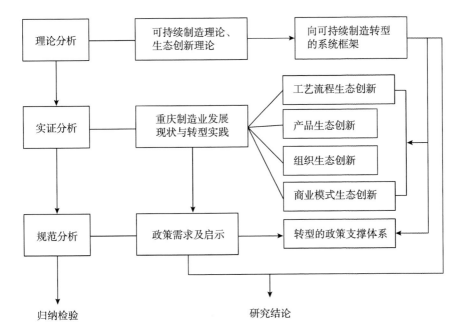

图1-2 研究逻辑框架图

1.3.3 研究内容

本研究整合经济学、管理学、工业生态学和政策分析等学科的理论和方法，主要研究 6 个方面的内容。

（1）"可持续制造"的基础理论与转型的总体框架。对可持续制造的概念进行界定，分析可持续制造的判断标准和系统构成；对生态创新进行界定，阐释其与可持续制造的联系与区别；从系统性生态创新的视角提出制造业向可持续范式转型的总体行动框架。

（2）重庆制造业发展状况及可持续性评价。主要分析重庆实施新型工业化战略后制造业的产业发展特征。利用 2004—2014 年的相关数据从经济可持续性、生态可持续性、社会可持续性 3 个方面进行评价。

（3）工艺生态创新。主要分析重庆制造业开展工艺生态创新采取的主要措施；企业规模与所有权性质对工艺生态创新的影响及其作用机理；以及政策推动企业工艺生态创新的关键作用节点。

（4）产品生态创新。主要分析重庆制造业开展产品生态创新的整体状况；

企业规模与所有权性质对产品生态创新的影响；产品生态创新的特异性影响因素；以及政策推动企业的环保认知转化为产品生态创新行为的作用机理。

（5）组织生态创新。主要分析重庆制造业开展组织生态创新的整体状况；企业规模与所有权性质对组织生态创新的影响；结合案例对构建工业共生网络的核心要素进行剖析；提出打破"生态工业园悖论"的政策建议。

（6）商业模式生态创新。主要分析商业模式生态创新的路径和类型；重庆制造业开展商业模式生态创新的现状；商业模式生态创新的机理、影响因素和未来趋势；以及政府加强商业模式创新支撑体系建设的主要任务。

2 理论基础与分析框架

本章在对"可持续制造"和"生态创新"基础理论进行探讨的基础上构建出向"可持续制造"转型的总体行动框架。

2.1 可持续制造的几个基本理论问题

研究制造业如何从传统范式转向可持续范式，首先要澄清几个基本理论问题。一是什么是可持续制造？只有厘清核心概念的内涵并进行操作化定义，才能准确把握研究思路、科学设计研究方法。二是判断可持续制造的指标有哪些？只有构建出明确的评价指标体系，才能找出差距，确定转型要解决的关键问题。三是可持续制造的系统构成如何？只有弄清系统的内部结构和外部联系，才能合理划定研究边界，构建转型的系统性解决方案。

2.1.1 可持续制造的概念界定

虽然从可持续制造概念提出到现在已有十余年，但还没有形成一个被普遍接受的定义。表 2-1 按时间顺序列举了 8 个有代表性的定义，它们在强调的侧重点和内涵广度上均有不同。

早期的定义将"制造"界定为产品的生产过程，将"可持续"解读为环境友好性，强调通过技术创新来实现生产工艺的环境友好性。

中期的定义从多个方面对"可持续"的内涵进行了拓展。在 Shahbazpour & Seidel 的定义中，环境友好性已经不仅仅是对生产过程的要求，更是对产品本身的要求；新技术的应用不仅要提高环境可持续性，还要降低制造成本，同

表 2-1 可持续制造的代表性定义

序号	来源	定义	侧重点	内涵广度
1	Madu（2001）	可持续制造指发展和实践把材料转化为产成品的技术，同时减少能源消耗、温室气体排放、废物产生、不可再生或有毒物质的使用。❶	生产工艺的环境友好性；技术创新	产品的生产阶段
2	Shah-bazpour & Seidel（2006）	可持续制造是一种新的生产范式，其目标是满足社会对环境友好产品的需求，满足市场自然资源减少以及提高能源效率的要求。它由循环回收及能源再生等技术推动，具有可持续性、设计弹性、创新性、产品质量好、配送速度快、制造成本低等特征。❷	产品的环境友好性；技术创新	可持续性问题涉及产品的整个生命周期
3	美国商务部（2007）	可持续制造是以"使用负面环境影响最小化的材料和加工流程，节省能源和自然资源，对雇员、社区、消费者安全，经济上合理"的方式创造制造品。❸	生产方式的生态、经济、社会可持续性；工艺创新	在产品的设计阶段就要考虑全生命周期影响
4	Kibira & McLean（2008）	可持续制造包括在工业系统中整合生产流程、决策制定及环境考虑，从而在实现经济增长的同时不破坏资源环境。可持续性贯穿产品的整个生命周期，包括材料的选择和提取、构件制造、装配方式、产品的销售、使用、回收、恢复及最终处置。❹	工业系统活动的生态、经济可持续性；系统性创新	可持续性贯穿产品的整个生命周期
5	美国国家先进制造委员会（2009）	可持续制造包括"可持续的产品的制造"和"所有产品的可持续制造"。前者包括可再生能源、能源效率、绿色建筑及其他绿色和与社会公平相关的产品的制造。后者强调所有产品的可持续制造，考虑与产品相关的所有可持续性和整个生命周期问题。❺	产品自身的可持续性和产品制造方式的可持续性	考虑产品整个生命周期的可持续性问题

❶ Madu C. Handbook of environmentally conscious manufacturing［M］. Kluwer Academic Pub，2001.

❷ Shahbazpour M，Seidel R H A. Using sustainability for competitive advantage［C］. 13th CIRP International Conference on Life Cycle Engineering，2006：287－292.

❸ U. S. Department of Commerce. How does commerce define sustainable manufacturing［EB/OL］. http：//www. trade. gov/competitiveness/sustainablemanufacturing/how_ doc_ defines_ SM. asp.

❹ Kibira D，McLean C. Modeling and simulation for sustainable manufacturing［C］//Proceedings of the Second IASTED Africa Conference. 2008，603（041）：254.

❺ National Council for Advanced Manufacturing. Sustainable Manufacturing ［EB/OL］. http：//nacfam02. dev. web. sba. com/PolicyInitiatives/SustainableManufacturing/tabid/64/Default. aspx.

序号	来源	定义	侧重点	内涵广度
6	Rachuri et al. (2010)	可持续制造是一个创造和配送新产品和新服务的系统方法：在产品或服务的整个生命周期使资源使用最小化（物料、能源、水、土地）；减少有害物质；有影响的废物的产生为零；减少温室气体排放。❶	产品/服务本身及其生产、配送过程的生态可持续性；系统性创新	产品整个生命周期
7	Garetti & Taisch (2012)	可持续制造是一种智慧地使用自然资源进行制造的能力，通过新技术、控制措施和一致的社会行动，创造可以满足经济、环境和社会目标的产品和解决办法，从而在继续改善人类生活质量的同时保护环境。❷	产品及其生产过程的经济、生态、社会可持续性；强调技术和教育的作用	产品整个生命周期及与制造链有关联的服务
8	Despeisse et al. (2012)	可持续制造是一种发展社会和环境友好技术，把物质转化为有经济价值的商品的新范式。它要求：大幅增加自然资源的生产率以减少资源使用；转为生物启发的生产模式，把输出转化为输入，清洁生产，工业共生等；发展为基于问题解决的商业模式，包括改变所有权和生产结构、工业链结构；通过替代输入材料对自然资本再投资。❸	生产过程的环境友好性；技术创新；生产模式创新；商业模式创新	涵盖产品的纵向价值链和生产的横向产业链

时实现经济效益和生态效益。美国国家先进制造委员会进一步明确了可持续制造包括"可持续的产品的制造"和"产品的可持续制造"流程两个方面。美

---

❶ Rachuri S, Sriram R D, Narayanan A, et al. Sustainable Manufacturing: Metrics, Standards, and Infrastructure-Workshop Summary[C]//proceedings of the 6th annual IEEE Conference on Automation Science and Engineering, Toronto, Canada. 2010: 144 –149.

❷ Garetti M, Taisch M. Sustainable manufacturing: trends and research challenges [J]. Production Planning & Control, 2012, 23(2 –3): 83 –104.

❸ Despeisse M, Mbaye F, Ball P D, et al. The emergence of sustainable manufacturing practices [J]. Production Planning & Control, 2012, 23(5): 354 –376.

国商务部的定义将可持续性从环境维度和经济维度扩展到社会维度，要求企业的生产过程和产出的产品对雇员、社区和消费者皆为安全，因而在产品的设计阶段就应考虑产品在整个生命周期中对制造者的经济收益、对环境及对社会的全部影响。Deogratias Kibira & Charles McLean 则明确指出可持续性是贯穿于产品整个生命周期的，并从材料的选择和提取、构件制造、装配方式、产品的销售、使用、回收、恢复及最终处置等多个环节对产品的生命周期进行了更完整的阐释。

之后的定义则对"制造"的外延进行了延伸。Rachuri et al. 提出，可持续制造是一个创造和配送新产品和新服务的系统方法。将制造的外延从产品的生产延伸到产品的配送和相关的服务领域。Despeisse et al. 指出了实现可持续制造的具体路径，包括提高资源生产率、转换生产模式、进行商业模式创新等。这些路径大多需要企业调整与外部组织的关系，甚至改变自身在产品价值链上的角色。Garetti & Taisch 的定义强调可持续制造的实现需要包括应用新技术、采取相关控制措施等的一系列社会行动。这些行动既涉及在制造领域内部实施新的技术和组织方案，也涉及通过教育、激励等方式取得外部组织和个人的配合。在这里，制造不止是把原材料加工成适用的产品的生产活动，还包括从消费者到工厂、又回到消费者的所有工业活动以及所有各种不同类型的与制造链有关联的服务。

从学者们的上述定义可以看出：可持续制造实际上是清洁生产、可重构制造、绿色制造等多种制造范式的混合体系，❶ 但其概念内涵更为宽广。

可持续性主要包括生态、经济、社会三个维度。就制造业而言，生态可持续性意味着制造业的发展要保持其与地方自然资源及其开发利用程度间的平衡，对环境的累积排放率不超过自然系统的吸收率，以不破坏生态系统的服务能力为准则；经济可持续性意味着制造业的发展要提高企业经济绩效和生产力，带动区域经济健康发展；社会可持续性意味着制造业的发展要尽可能满足当前和未来人的合理的、多样的需求，有利于改善人类生活质量和创造一个平等、公正、和谐的社会。三个维度内在相关，可在多个方面相互影响，需同时

---

❶ Haapala K R, Zhao F, Camelio J, et al. A Review of Engineering Research in Sustainable Manufacturing [J]. Journal of Manufacturing Science & Engineering, 2013, 135 (4).

满足。基于以上认知，本研究将可持续制造界定为：一种能使制造业在减少产品整个生命周期对生态系统的负面影响的基础上，提高企业经济绩效，带动区域经济健康发展，同时改善雇员、消费者、社区居民等利益相关者的生活质量，最终促进社会和谐进步的新制造范式。

可持续制造是一种实现了生态—经济—社会协调发展的组织行为方式，需要企业科学运营自然、经济和社会三种资本。自然资本包括在经济过程中消耗的可再生、不可再生的自然资源和稳定的气候、洁净的水、土壤恢复能力等生态系统服务；经济资本包括设备、土地等有形资本和企业声誉、发明、知识等无形资本；社会资本包括劳动者的健康、技能、动机、员工及商业伙伴的忠诚度等人的资本和社会网络存量、社会信任、公平的公共服务、对企业的文化支撑等社会的资本。❶ 如果用自然资本存量 E 来度量生态系统的服务能力，则生态可持续性可简单地表述为：研究时空尺度内任一时点自然资本的存量 E_n 不少于维持当地生态系统基本服务能力的最低自然资本存量 E_0，即 $E_n \geq E_0$；如果用经济资本存量 P 来度量经济发展，则经济可持续性可简单地表述为制造系统的经济资本不随时间推移而下降，即 $P_n \geq P_{n-1}$；如果用社会资本存量 S 来度量社会发展，则社会可持续性可简单地表述为社会资本随时间推移而增加，即 $S_n > S_{n-1}$。

对三种资本之间可替代关系的不同认识导致了对可持续性内涵理解的强、弱之分。弱可持续性的观点认为：自然资本、经济资本和社会资本之间是可替代的，只要系统三种资本之和不下降，即为可持续发展；而强可持续性的观点认为：生态为经济和社会发展提供自然资源和生态系统服务，经济发展依赖于社会和自然资本，同时经济和社会过程也影响生态状况，自然资本和人造资本不可相互替代。❷ 虽然有些自然资源能通过技术创新找到替代品，但生态系统服务却不大可能被其他资本所替代。一些自然资源具备多重功能的特征也阻碍了其可替代性，某些社会资本亦是如此。从长远角度看，弱可持续性显然是不可持续的。如果三种资本之间完全不可相互替代，那么制造业可持续性的增强可理解为一种帕累托改进，即在不减少自然、经济、社会任何一种资本的存量

❶ Dyllick T, Hockerts K. Beyond the business case for corporate sustainability [J]. Business strategy and the environment, 2002, 11 (2): 130 – 141.

❷ Wu, J. and T. Wu. Sustainability indicators and indices. In: Christian N. Madu and C. Kuei (eds), Handbook of Sustainable Management [M]. Imperial College Press, London, 2012: 65 – 86.

的同时实现三种资本总和的增加。如果三种资本之间可以有一定程度的替代，那么具体哪些资本可以被替代、这种替代的限制条件是什么、能在多大程度上被替代等问题都需要进一步探讨。

可持续制造的上位概念是可持续发展。一般认为，发展是指社会领域中那些具有进步意义的变革。可持续发展强调生产力的提高、人与自然之间关系的平衡、人与人之间关系的协调。[1] 也有学者认为，可持续发展可能不是持续的发展，而更可能是对不断变化的生存环境的适应。[2] 无论是生产力的提高、各种关系的改善、还是适应力的增强，都需要通过创新来实现系统的不断调整和优化。所以，创新是可持续发展、同时也是可持续制造的内在要求。表 2 - 1 中的定义大都也从不同层面强调了创新的重要性。

2.1.2 可持续制造评价指标的开发框架

评价指标框架是对可持续发展概念的解构，可用于具体评价指标的选择、开发和解释。不同指标框架的区别主要在于对可持续发展关键维度及各维度间关联的概念化方式不同，对所要度量的变量的分组方式不同。

2.1.2.1 压力—状态—反应框架（Pressure-State-Response Frameworks）

PSR 框架是早期流行的一种指标框架，由经济合作与发展组织（OECD）和联合国环境规划署（UNEP）于 20 世纪八九十年代共同开发用于研究环境问题。该框架主要从环境变化的原因、环境变化的效应、环境变化的应对三个维度来组织可持续性的评价指标。许多组织都曾提出过各自的 PSR 框架，其中最受认可的是 1996 年联合国可持续发展委员会（UNCSD）推出的动力—状态—反应框架（见图 2 - 1）。框架中的动力或压力指标主要表征人类活动，如资源索取、产业运作过程等对环境造成的正面或负面影响；状况指标从量与质两方面关注给定时期内环境和自然资源的现状和变化；反应指标涉及社会对自然资源和环境状况变化所采取的应对行动。

PSR 框架围绕环境问题回答了"发生了什么、为什么发生、如何应对"

---

[1] 牛文元. 可持续发展理论的基本认知[J]. 地理科学进展，2008，27（3）：1 - 5.
[2] 周海林. 可持续发展原理 [M]. 北京：商务印书馆，2004.

三个可持续发展的基本问题，一度得到很多学者的推崇。但该框架更适于在宏观和中观层面开发环境导向的指标体系，如若使用这个框架来微观地评价单个制造企业的可持续性，则会面临由企业的生产经营活动导致的环境破坏效应及其采取应对措施后产生的环境修复效应难以从整体中分离出来并加以单独测算等困境。该框架还存在三个不足：（1）有些指标可同时隶属于多个领域，这种分类法在实际操作中会遭遇困难；（2）如此将不同类型的指标分开后，便难以考查指标间的多重因果关系；（3）该分类系统无法将指标与政策问题进行清晰和紧密的关联。

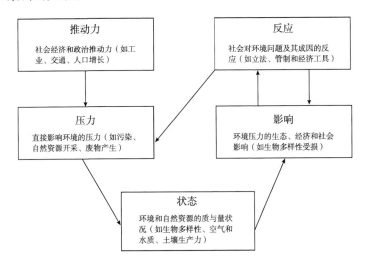

图 2-1 联合国可持续发展委员会 DPSIR 指标框架

2.1.2.2 可持续生产指标分层框架

马萨诸塞罗威尔大学可持续生产中心（Lowell Center for Sustainable Production）于 1999 年开发了一个评价企业可持续指标体系有效性的框架。该框架有三个基本假设：（1）构建可持续的生产系统是一个持续设置目标和测量绩效的过程；（2）不同企业、不同产业有不同的行动起点；（3）单靠企业或产业无法实现生产系统的可持续，还需要企业、社区、政府在不同层面的合作。●

● Veleva V, Hart M, Greiner T, et al. Indicators of sustainable production [J]. Journal of Cleaner Production, 2001, 9 (5): 447-452.

他们把与可持续性基本原则相关的指标划分为 5 个层级（见图 2-2）：第 1 层指标度量企业遵守法规和相关标准的程度，具体指标如企业收到的违法通知数量、支付的罚款数额等；第 2 层指标监测企业设备的使用和绩效，具体指标如排放到大气中的有害气体量、生产每单位产品的能源消耗量等；第 3 层指标测度企业生产流程对环境、工人和公众健康、社区发展和经济活力的潜在影响，具体指标如年温室气体排放量、年酸化物质排放量等；第 4 层指标从供应链和产品生命周期视角度量生产的影响，涉及生命末期产品的回收再利用，指标覆盖范围也超出了单一组织的边界，具体指标如可回收再利用产品的占比、供应商接受安全培训的百分比等；第 5 层指标显示单个企业的生产过程如何融入可持续社会的大图景，测度在生态系统承载能力的范围内，产品对生活质量和人类发展的长期影响，具体指标如在地方水资源平均补给范围内使用水的比例、可再生能源使用率等。

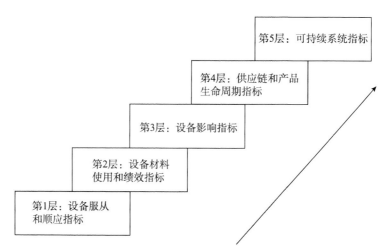

图 2-2 罗威尔可持续生产中心指标框架

较之 PSR 框架，指标分层框架的主要进步在于它明确了企业完善指标体系的主要步骤，即从只使用低层次、简单易操作的指标，逐步发展到使用包括高层次、较复杂的指标在内的多层次指标，这样就为企业根据自身情况合理设置并逐步完善指标体系提供了选择和参考。与 PSR 框架适于开发宏观和中观层面的评价指标体系不同的是：指标分层框架更适于在企业、设备或产品线等微观层面开发评价指标体系。最初这个框架与 PSR 框架一样，主要都只涉及生态可持续性这一个维度的评价，但 Veleva & Ellenbecker 随后进行了补充，提出可持续生产的内涵包括能源和材料使用、自然环境、社会公正与社区发展、经济绩效、工人、产品6个方面，并提供了相应的测量指标。❶

2.1.2.3　基于主题的框架（Theme-based Frameworks）

2001 年联合国可持续发展委员会（UNCSD）用基于主题的框架替代了之前使用的 PSR 框架。新框架涵盖社会、环境、经济、制度4个维度，较之 PSR 框架和指标分层框架更全面地诠释了可持续发展的概念内涵。沿着这4个维度下设15个主题，15个主题又进一步分为38个子主题，最后确定58个指标（见图2-3）。2007 年 UNCSD 对该框架进行了修订，增加了贫困、自然灾害等交叉主题，并补充了一些指标。

该框架围绕关键主题组织指标，主题的设置可依决策者的评价目标、主观偏好、评价客体的具体特征等因素进行调整，故而提供了一个灵活的概念框架，并可与政策制定紧密相连。在对可持续制造的维度进行划分时，除了生态、经济、社会这3个已经形成共识的维度之外，也有学者强调技术或制度应作为独立维度予以研究。基于主题的框架可按需进行维度的增减，能较好地满足这种研究需求。该框架最初是为满足国家层面的可持续性评价而设计，但在对主题和具体测度指标进行调整后，亦可用于其他层面，包括微观操作层面的可持续性评价。目前，大部分评价指标体系的组织都采用了该框架。尽管这种层级结构的指标开发框架可层层深入地解构可持续发展对制造业的具体要求，但原框架中的部分主题和指标显然并不适用于制造领域，在实际应用中需进行较大幅度的调整和变更。

2.1.3　可持续制造评价指标的选择

有了指标开发框架，接下来便是按照框架进行评价指标体系的设置。这一过程可以看作是对可持续制造这一总目标的具体化。OECD 将制造业的可持续性目标具体化为：（1）经济目标，包括投资基础设施、创造新的工作岗位、

---

❶ Veleva V, Ellenbecker M. Indicators of sustainable production: framework and methodology [J]. Journal of Cleaner Production, 2001, 9 (6): 519 – 549.

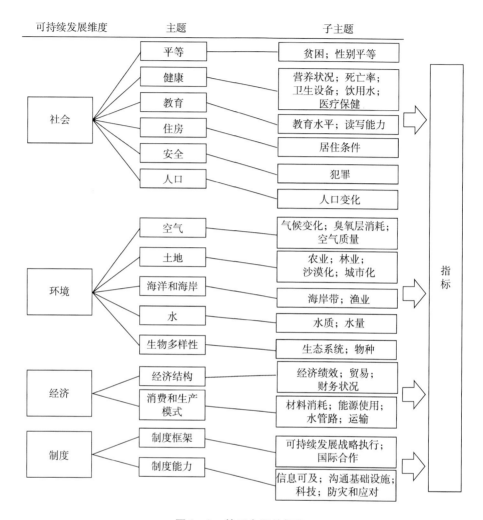

图 2-3　基于主题的框架

为地方经济做出贡献、产生利润、缴纳税赋、推动创新等；（2）生态目标，包括高效使用能源和资源、最小化危险物质的使用、使用环境友好的材料和能源、最小化废物的产生和排放、保护生物多样性等；（3）社会目标，包括遵守法规、良好的社区关系、公平地对待供应商、尊重人权、良好的工作环境、确保产品安全等。实际指标的选择因评价时空尺度的不同而有所差异。❶ 现有

❶　OECD. Sustainable Manufacturing and Eco-Innovation：Framework，Practices and Measurement［R］. OECD，2009：38.

指标体系主要是从国家/地区层面、企业/组织层面、产品/工艺层面三个层面进行可持续性评价。因国家/地区层面的评价指标体系，如 UNCSD 的可持续发展指标、耶鲁大学环境法规和政策中心的环境可持续性指标（ESI）和环境绩效指数（EPfI）等，当中均有很多指标无法直接运用到制造业，故本文主要分析企业/组织和产品/工艺两个层面的评价指标设置。

2.1.3.1 企业/组织层面的评价指标

许多国际组织开发了测度企业可持续性绩效的方法、标准乃至报告框架。如全球报告倡议（Global Report Initiative）是 1997 年由联合国环境规划署（UNEP）和美国环境责任经济联盟（CERES）推出的组织自愿的可持续性报告行动。GRI 指标涵盖经济、环境、社会三个维度，2011 年版的 GRI 包括 81 个指标。再如 1999 年首次公布的道琼斯可持续性指数（DJSI），用于评价道琼斯全球股票市场指数前 10% 的企业，揭示企业面临的环境、社会风险及机会。[1] 其中的指标虽然也涵盖了经济、环境和社会三个维度，但主要关注的是经济维度。

中小企业普遍具有资金缺乏、资源受限、客户量少、市场局限等不同于大型企业的特征，因此中小企业与大企业采取的可持续性策略明显不同，对其可持续行动绩效进行评价的具体指标也应有所区别。成本方面的考虑是中小企业采取可持续性措施的基础性动力，为此它们会降低生产成本、减少资源的使用量、提高要素的生产率；资源限制使得中小企业不得不高效地使用材料、能源、水、土地等资源；客户量少和市场局限迫使中小企业努力保持竞争力和维护良好的品牌形象。Sujit Singh 等[2]提出的评价中小制造企业可持续性的关键绩效指标中有经济绩效指标 4 个，包括成本、质量、反应能力、弹性；环境绩效指标 13 个，包括材料使用强度、可再次利用材料使用比率、可再生能源使用比率、水消耗量等；社会绩效指标 5 个，包括雇员产出率、劳动强度、培训时间、消费者满意度、社区参与等。

---

[1] Joung C B, Carrell J, et al. Categorization of indicators for sustainable manufacturing [J]. Ecological Indicators, 2012 (24): 148 – 157.

[2] Singh S, Olugu E U, Fallahpour A. Fuzzy-based sustainable manufacturing assessment model for SMEs [J]. Clean Technologies & Environmental Policy, 2013, 16 (5): 847 – 860.

　　可持续制造的具体行动措施与国家发展水平有关，发展中国家不能完全复制发达国家的做法，❶ 评价发展中国家企业行动效果的具体指标也不宜完全从发达国家照搬。Labuschagne 等提出了一个可用于评价发展中国家流程工业操作行动可持续性的指标体系。❷ 在早期的可持续性研究中，学者们主要关注的是环境维度，这一维度的评价指标开发也较为成熟。而 Labuschagne 等提出的指标体系对可持续制造经济和社会维度的测度进行了较深入的探索。通过财务运行健康、经济绩效、潜在财务收益和贸易机会这 4 个一级指标考察企业的经济可持续性。财务健康评价企业内部财务的稳健性，包括盈利能力、流动能力和偿付能力等；经济绩效评价企业对股东分享盈利的能力、对 GDP 的贡献、占据的市场份额等；潜在财务收益不仅仅是利润，还包括国家或国际上给予的环境、社会、技术进步方面的补贴；贸易机会则是通过贸易网络上国内外企业的数量评价企业贸易网络的脆弱性和风险。通过内部人力资源、外部人口资本、利益相关者参与和宏观社会绩效 4 个一级指标评价企业的社会可持续性，对内关注雇员的健康和福利、雇佣的平等和人权保护、雇员的培训和发展机会等，对外关注企业活动对社区、区域及国际三个层面的资本存量的影响、企业在决策中整合利益相关者意见的程度等。在可持续性的 3 个基本维度中，社会维度的度量是最为复杂的，因为会涉及一些难以量化的主观指标。结合联合国千年生态系统评估对人类福祉度量维度的划分以及制造业自身的特征，本研究认为对内指标还应更多关注"公正"主题，如公正的工资福利待遇、合理的劳动时间与强度、用工与晋升中的平等机会等；对外指标还应更多关注"促进社会发展"主题，如增加就业岗位、参与慈善公益活动、提高社区居民的满意度等。

2.1.3.2　产品/工艺层面的评价指标

　　美国国家标准与技术研究院（NIST）对已有的 11 个可持续性评价指标体

---

❶ Jovane F, Yoshikawa H, Alting L, et al. The incoming global technological and industrial revolution towards competitive sustainable manufacturing [C]. CIRP Annals-Manufacturing Technology, 2008, 57 (2): 641 – 659.

❷ Labuschagne C, Brent A C, Van Erck R P G. Assessing the sustainability performances of industries [J]. Journal of cleaner production, 2005, 13 (4): 373 – 385.

系进行选择、整合、归类，形成一个涉及环境管理、经济增长、社会福祉、技术进步、绩效管理 5 个维度，包括 212 个具体指标的可持续制造指标库。❶ 环境管理包括由制造工艺和产品产生的排放、污染、资源消耗及对自然栖息地的保护；经济增长强调成本、利润和投资收益；社会福祉考虑健康和安全项目对员工、消费者、社区的影响，满意度评价，职业发展等；技术进步考虑制造业通过研发人员、研发投入和高技术产品推动技术进步的能力；绩效管理考虑可持续性计划的应用及法规的遵守。库内指标主要适用于在工厂操作场所评价制造工艺和产品的可持续性，涵盖了大量操作细节。但指标过多也容易造成企业选择时的困惑，进行适度压缩是有必要的。

OECD 的可持续制造工具箱中推荐了 18 个核心环境指标，❷ 作为解决环境问题的开始。其中输入类指标 3 个，分别是：不可再生材料使用强度、限制性物质使用强度、回收再利用材料的使用量；操作类指标 8 个，分别是：水消耗强度、能源消耗强度、可再生能源使用占比、温室气体排放强度、固体废弃物产生强度、大气排放强度、废水排放强度、自然覆盖土地的占用比；产品类指标 7 个，分别是：产品回收量、产品的可回收性、产品中的可再生材料量、产品生命周期中的不可再生材料强度、产品中的限制性物质、产品使用的年能源消耗、产品使用的年温室气体产生。这种对环境维度指标的分组方法与此前 Krajnc & Glavič 的方法❸一脉相承，不同的是把操作指标从输出和输入两个主题中分割出来作为一个独立的主题，且指标数量进行了大幅压缩。对于指标的使用，OECD 也给出了依据不同评价阶段选择不同指标数量的指南。这种指标设置方法实际上是融合了指标分层框架、基于主题的框架及制造流程模型分析的相关思路。

考虑到制造业门类众多，不同行业的生产工艺和产品特性有很大差异，一些行业和企业制定了行业特异性的评价指标体系。如化学工程师学会

❶ Joung C B, Carrell J, et al. Categorization of indicators for sustainable manufacturing [J]. Ecological Indicators, 2012 (24): 148-157.

❷ OECD. sustainable manufacturing toolkit [EB/OL]. http://www.oecd.org/innovation/green/toolkit. Accessed 6 Nov 2011.

❸ Krajnc D, Glavič P. Indicators of sustainable production [J]. Clean Technologies and Environmental Policy, 2003, 5 (3): 279-288.

（IChemE）的可持续性标准就是专为测度流程工业内部操作的可持续性而设计的，无法用于与其他产业的比较。❶ 再如福特产品可持续性指数和通用汽车可持续制造度量指标体系都仅适用于汽车产业和汽车产品的可持续性度量。

可持续性评价指标的选择一方面要能够支撑国家间、产业间、企业间、工艺间、产品间的横向比较；另一方面又要考虑到各国、各产业、各企业、各工艺、各产品的不同特点。平衡这两种需求的一个常见办法是同时使用核心指标和补充指标。用核心指标度量影响制造业可持续性的共性因子，使指标体系具有普适性；用补充指标度量影响特定制造业的特异性因子，使指标体系具有针对性。如此就形成了一个具有共同内核的开放性指标体系，以便灵活地解决特别问题。

2.1.4 可持续性指数的计算

研究一系列单独的指标可识别出影响企业可持续性的具体环节，找出改进的机会。将若干指标加总，形成一个复合指数用作整体性分析，则更利于对结果进行交流、比较、理解和设立绩效标杆。在多指标体系中，由于各指标的单位不同、量纲不同、数量级不同，分析前常需要进行标准化处理，然后给每个指标配置权重，最后进行加总。其中最关键的环节是权重的配置。按照权重值的获取途径不同，权重配置方式可分为等权重、基于统计模型的权重和基于公众/专家意见的权重三种。❷

2.1.4.1 基于等权重的可持续性指数

等权重即所有指标被赋予相等的权重。当没有就各指标的重要性达成一致或缺乏指标相对重要性的严谨证据时，❸ 可用这种简单、直接、易重复的方法构建指数。等权重意味着每个影响因子对总指数有相同的重要性，这显然是一

---

❶ Chen D, Schudeleit T, Posselt G, et al. A state-of-the-art review and evaluation of tools for factory sustainability assessment [J]. Procedia Cirp, 2013, 9 (7): 85 – 90.

❷ OECD. Sustainable Manufacturing and Eco-Innovation: Framework, Practices and Measurement [R]. Paris: OECD, 2009: 38.

❸ Guo D, Defrancia K, Chen M, et al. Assessing Sustainability: Frameworks and Indices (White Paper #3) [J]. 2015.

种主观赋权法，与实际情况可能并不相符，因此存在明显的有效性问题。如果指标之间存在相关关系，还有可能出现重复配置权重的问题。权重问题至少在两个层面存在，即同一维度内指标的权重和不同维度的权重。为了避免因不同维度内指标数量不同而扭曲各维度对总指数的影响，在同一维度内可取各指标的算术平均值。肯塔基大学制造中心的产品可持续性指数（PSI）的计算即是如此，其具体计算步骤如下❶。

（1）产品的开发者识别出潜在的可持续性影响因子，形成一个 $[3 \times 4]$ 的矩阵，3 代表可持续性的 3 个维度（生态、经济、社会），4 代表产品生命周期的 4 个阶段（制造前、制造、使用、使用后）；

（2）对识别出的所有影响因子进行生命周期影响评价，获得这些因子影响的绝对值，并在此基础上对每个因子从小到大按 0 ~ 10 的等级赋值；

（3）$PSI_{(en\_pm)} = \left\{ \left[\sum_{i=1} IF_{(en\_pm)} \right] / (n \times 10) \right\} \times 100\%$

按上述公式计算环境维度制造前阶段的可持续性指数 $PSI_{(en\,pm)}$。公式中 $IF_{(en\,pm)}$ 为影响因子在环境维度制造前阶段的等级值，n 为考虑的影响因子个数。类似地计算出制造前阶段社会维度和经济维度的可持续性指数 $PSI_{(so\,pm)}$ 和 $PSI_{(ec\,pm)}$，取三者的算术平均值，即可得到制造前阶段的产品可持续性指数 PSI_{pm}。类似地计算出制造阶段的产品可持续性指数 PSI_m、使用阶段的产品可持续性指数 PSI_u、使用后阶段的产品可持续性指数 PSI_{pu}。最后取四个阶段的产品可持续性指数的算术平均值，即得到产品全生命周期的可持续性指数 PSI_{TLC}。

2.1.4.2 基于统计模型权重的可持续性指数

基于统计模型的权重即权重从数据的统计特征中获得。这类方法通过统计分析证明了每个指标对可持续性指数的贡献，是一种客观赋权法。目前用得最多的是主成分分析法（PCA）。通过检验原始数据的相关性结构，主成分分析可以提取高度相关的指标的正交因子，将其转换成彼此独立的新变量，即主成

❶ Jawahir I S, Dillon O W, et al. Total life-cycle considerations in product design for sustainability: a framework for comprehensive evaluation [C]. 10ᵗʰ International Research/Expert Conference "Trends in the Development of Machinery and Associated Technology, 2006.

分，这样少数几个新变量就保留了所有初始变量代表的大部分信息，其余的初始变量可以忽略。每一个转换出的主成分，均需从理论上定义为可持续性的一个维度，其权重则可以通过因子载荷系数计算。❶ 该方法在减少数据维度上有明显优势，也可以有效地降低等权重法重复配置权重的风险。❷ 但也存在两个明显缺陷：一是这种方法要求指标之间的统计相关达到一定程度，且需要足够数量的样本来实施；二是因子和权重仅仅是通过对数据的相关结果进行统计分析获得的，而不是现象之间的真实关联，可能导致提取的维度很难在理论上进行界定，也可能给一个关键维度配置较低的权重而显得不合逻辑。解决的办法是先依据逻辑关系将所有指标归入若干维度，然后在各维度内用 PCA 法寻找影响该维度的主要因子，依据数据的统计特征进行解释和权重配置。

Li Tao 等❸对全球 11 个电子产品制造公司可持续性的研究是先用 PCA 法在环境指标当中提取出主成分，计算出每个公司的环境可持续性指数并排序；然后用同样的办法在经济和社会指标当中提出主成分，计算出每个公司的经济和社会可持续性指数并排序；最后选出用于计算总可持续指数的若干指标，提取出主成分，计算出每个公司的总可持续性指数并排序。通过这种方法既能对各公司的可持续性进行量化比较，也能识别出每个公司在可持续性方面的优势和劣势。这种方法就是只在较低层级使用 PCA 法寻找潜在因子并为之配置权重。

2.1.4.3 基于公众/专家意见权重的可持续性指数

基于公众/专家意见的权重也是一种主观赋权法，是用决策者的经验判断指标的相对重要性。权重反映的是公众/专家对可持续性的不同方面的相对重要性、相对紧迫性、可替代率等方面的价值判断。这类方法中最常用的是层次分析法（AHP）及其相关变种。AHP 首先需要将决策目标、考虑的因素和决

---

❶ OECD. Sustainable Manufacturing and Eco-Innovation: Framework, Practices and Measurement [R]. Paris: OECD, 2009: 38.

❷ Yeheyis M, Hewage K, Alam M S, et al. An overview of construction and demolition waste management in Canada: a lifecycle analysis approach to sustainability [J]. Clean Technologies and Environmental Policy, 2013, 15 (1): 81 –91.

❸ Li T, Zhang H, Yuan C, et al. PCA Based Method for Construction of Composite Sustainability Indicators [J]. International Journal of Life Cycle Assessment, 2012, 17 (5): 593 –603.

策对象按相关关系绘成层次结构图；然后在同一层次上构成配对比较矩阵，基于专家判断比较其中哪一个更重要；再计算较低层次的因素对上一层次某因素相对重要性的排序权值，并进行判断一致性检验。由于 AHP 的层级结构特征与基于主题的指标框架相吻合，权重配置过程易于理解，AHP 成为了一种较理想的指标权重配置方法。此外，AHP 能较好地与其他评价技术进行整合，既可以使用定量数据又可以使用定性数据等特征又进一步扩展了其应用范围。AHP 的一个明显缺陷是它没有考虑同一层次内各因素间和相邻层次间的相关关系，网络分析法（ANP）则可以弥补这种不足。ANP 使用整体性方法，在一个网络系统中把所有因素关联起来，利用"超矩阵"对各相互作用的因素进行综合分析得出其混合权重。应用模糊网络分析法则可以消除数据的含糊和不准确，进一步提高研究的准确性。[1]

Ocampo（2015）将可持续制造的层级结构分为 L_0、L_1、L_2 和 L_3，共 4 层。[2] L_0 为可持续制造指数，L_1 为可持续制造的 3 个基本维度，L_2 为各维度的主题，L_3 中的每个因素均包含源自 NIST 可持续制造指标库的若干指标，共涉及 170 个指标。首先由德拉萨大学（De La Salle University）工程和可持续发展研究中心的专家在每个层级上进行指标间的配对比较，同时计算一致性比。然后通过 AHP 法分别计算出 L_3、L_2、L_1 每一层中各因素的权重，构成层级结构的权重分配。在计算企业的可持续制造指数时，先通过调查问卷让企业给其170 个指标的绩效打分；将分值标准化处理后，乘以用 AHP 法获得的权重；取各指标的加权平均值，即得到该因素的指数；该指数又进一步作为计算高一层次因素的指数的基础。依此类推，最后得到企业的可持续制造指数。

三种权重配置法在构建可持续性指数时各有优缺点。等权重法简单易操作，在无法确认指标间的因果关系或无法就替代方案达成一致时，往往作为首选。当我们面临一大堆未加组织的指标时，基于统计模型的权重法可有效减少数据维度，并根据数据的统计特征配置权重。基于公众/专家意见的权重法则

[1] Vinodh S, Prasanna M, Manoj S. Application of analytical network process for the evaluation of sustainable business practices in an Indian relays manufacturing organization [J]. Clean Technologies & Environmental Policy, 2012, 14 (2): 309–317.

[2] Ocampo L A. A hierarchical framework for index computation in sustainable manufacturing [J]. Advances in Production Engineering & Management, 2015, 10 (1): 40–50.

很好地利用了专家的价值判断进行多目标决策。确定了权重配置方法之后，再选择对应的聚合方法计算总指数。按照允许的代偿程度不同，聚合方法可分为加法、乘法及非代偿聚合3类。❶ 加法，如计算加权算术平均值，本身蕴含着代偿性逻辑，即某些指标的弱点完全可以为其他指标的优点抵消。❷ 在这种加总方法中，权重相当于指标间的替代率，而不是重要性系数。乘法，如计算加权几何平均值，可将指标间的代偿性限制在一定范围内，因为很低的分值无法被高分值代偿。但这种算法不能使用间距变量，只能使用比例变量。如果使用强可持续性的概念，则非代偿聚合的使用就显得相当重要。一种非代偿聚合的指数计算方法是总指数的绩效取决于指标的最低值，即可持续发展会被绩效最弱的维度所影响，无论其他指标多么出色。但这种遵循最小值原则的可持续性评价方法会丢失大量非极值指标的信息，最终获得的指数对决策的意义也很有限。❸ 还有一种非代偿聚合的方法是多目标决策，即在各维度内不同指标绩效的基础上计算各单元的优先等级顺序，而不是计算单一的指数值。

总之，权重配置方法应依据评价目标、评价时空尺度以及业已阐明的理论框架❹而合理选择。指标加总时需考虑不同维度之间是否可替代，较低维度的信息是否可以在较高维度得到保留等问题。❺ 实际上，权重配置和指标加总的过程都是对可持续性各指标、各主题之间关系的处理，包含着主观判断，选择不同的方法可能得到完全不同的、甚至相互冲突的结果。❻ 因此，选择合适的途径构建可持续性指数非常重要。

❶ OECD. Sustainable Manufacturing and Eco-Innovation: Framework, Practices and Measurement [R]. Paris: OECD, 2009: 38.

❷ Nardo M, Saisana M, Saltelli A, et al. Tools for Composite Indicators Building [C] Brussels: European Comission, 2005: 131.

❸ Pollesch N, Dale V H. Applications of aggregation theory to sustainability assessment [J]. Ecological Economics, 2015, 114: 117 – 127.

❹ Nardo M, Saisana M, Saltelli A, et al. Tools for Composite Indicators Building [C] Brussels: European Comission, 2005: 131.

❺ Zhou L, Tokos H, Krajnc D, et al. Sustainability performance evaluation in industry by composite sustainability index [J]. Clean Technologies and Environmental Policy, 2012, 14 (5): 789 – 803.

❻ Munda G. Social multi-criteria evaluation: Methodological foundations and operational consequences [J]. European Journal of Operational Research, 2004, 158 (3): 662 – 677.

2.1.5 本研究采用的评价指标体系

在前述研究成果的基础上，本研究按照"基于主题的框架（theme-based frameworks）"，建立起涵盖 3 个维度，6 个主题的地方制造业可持续性评价指标体系，见图 2-4。具体指标的选择必须基于目标相关、数据可得、可量化测量、结果可信、技术上可控等原则。

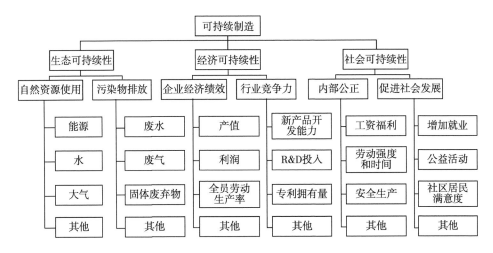

图 2-4 可持续制造评价指标体系

2.1.6 可持续制造的系统构成

传统制造系统是由人、机器、装备以及物料流和信息流构成的一个组合体，其目的是将原材料以最大生产率变成产品，一般将单个企业作为分析单元。可持续制造系统是一种围绕产品的价值，以新的组织行为方式构建而成的生产—服务链或网。网链上的节点可能是大型企业内部的某个部门，也可能是其他中小型的专业性企业。因为其他节点的活动会对单一节点采取的可持续性改进措施的效果产生重要影响，所以分析单元常不止一个企业。对可持续制造的系统构成进行分析，要明确系统边界、系统核心构成要素、系统层次结构及各要素间的相关和协同关系。

根据前文对可持续制造概念的分析可以推断，可持续制造的系统范围超出了传统生产组织的边界，囊括了产品价值链上所有的生产活动以及与之密切关联的服务。在这种新的制造范式下，制造系统的构成单元常不止一个企业，而且除了生产型企业之外，还包括提供"生产性服务"的企业（或其他机构）。"生产性服务"贯穿于生产、流通、分配、消费等社会再生产环节之中，包括上游的可行性研究、风险资本、产品概念设计、市场研究等服务；中游的质量控制、会计、人事管理、法律等服务；下游的广告、物流、销售、人员培训等服务。❶ 这些面向生产的服务活动能促进生产专业化，扩大资本，提升制造业的知识、技术和文化含量，从而提高劳动与其他生产要素的生产率。当前许多制造业已经走上服务型制造的发展道路，通过提供产品的租赁、维护、保养等服务增加和延伸企业的价值链，甚至有的企业开始以提供非物质的服务代替直接提供实物产品。这种围绕产品功能展开的服务被称为"服务性生产"，它与普通服务业有明显区别，也应归入可持续制造系统的范畴。

可持续制造的系统结构从低到高可分为3层，见图2-5。底层架构由卷入产品价值链的若干制造企业和提供生产性服务的企业（或其他机构）共同组成。单个企业无法实现制造的可持续性，可持续制造需要相关企业的协同。中层构架显示了企业间的协同形式。目前主要有两种协同形式：一种是以产品生命周期为主线，打造可持续的供应链。可持续的供应链是一个由原料供应链、产品配送链、废品回流链等组成的闭环结构。另一种是以企业间物质和能量的流转为主线，打造生态工业园区。生态工业园区在企业与企业之间构建废物输出输入关系，从而在园区范围内达成物质和能量利用的最大化，同时降低企业的生产成本。而与制造相关的服务则分为服务性生产和生产性服务两类。高层构架把可持续制造系统分为制造和服务两大部类。现代经济体系中，专业分工越来越细化，而制造业价值增殖越来越倚重于设计和销售等产前和产后服务环节。制造系统将会从"制造为主，服务为辅"，发展为"服务为主，制造为辅"，盈利模式将发生巨大变化。制造业与服务业之间的界限也将越来越模糊。

总之，可持续制造系统是一个在多个相互作用的构成单元的协同作用下，产生多种产出，体现多种功能，具有适应性和弹性的动态系统。

---

❶ 王子先. 中国生产性服务业发展报告2007 ［R］. 北京：经济管理出版社，2007.

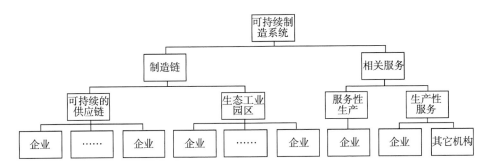

图 2 - 5 可持续制造系统结构图

2.2 生态创新理论及其与可持续制造的关联

生态创新（eco-innovation）是创新的一种类型，居于经济创新和环境创新的交叉部。[1] Claude Fussler & Peter James 于 1996 年首次使用了该术语。[2] 2004 年欧盟开展"环境技术行动计划（ETAP）"，在成员国推动生态创新研究。

2.2.1 生态创新的定义

Peter James 认为，生态创新是"能在显著减少环境影响的同时，给消费者和企业提供价值的新产品和新工艺"[3]。其对生态创新的认识局限于具有环境效益的产品和工艺创新。Rennings 却认为生态创新不局限于产品、工艺、营销模式和组织模式的创新，还包括社会和制度结果的创新。[4] 在这种观念下，生态创新的范围就超出了传统创新企业的组织边界，包含更大范围地激发已有社会文化规范和制度结构改变的社会安排。欧盟环境技术行动计划（ETAP）则将生态创新界定为：生产、采用或开发一种新的产品、生产工艺、组织结构、

---

[1] Huppes G，Kleijn R，Huele R，et al. Measuring eco-innovation：framework and typology of indicators based on causal chains：final report of the ECODRIVE Project［J］，2008.

[2] Fussler C，James P. Driving eco-innovation：A breakthrough discipline for innovation and sustainability ［M］. London：Pitman，1996.

[3] James P. The sustainability circle：a new tool for product development and design［J］. Journal of Sustainable Product Design，1997，2（5）：52 - 57.

[4] Rennings K. Redefining innovation：eco-innovation research and the contribution from ecological economics［J］. Ecological Economics，2000，32（2）：319 - 332.

管理或商业模式，其目标是在整个生命周期减少或预防环境风险、污染以及其他资源能源使用造成的负面影响。❶ 这就把新事物的引进和吸收也看作一种创新，并把生态创新贯穿于产品的整个生命周期中。该界定没有强调生态创新的经济绩效，而在欧盟的生态创新推动项目（EcoDrive Project）中，Huppes 等强调"生态创新是经济活动中既改善经济绩效又改善环境绩效的改变"❷。2010 年OECD 在奥斯陆手册（Oslo Manual）对创新的阐释❸的基础上提出：生态创新是使用新的或显著改善的产品（商品/服务）、工艺、营销模式、组织结构、制度安排，它们较之相关替代方案，能有意或无意地带来环境的改善。❹ 这种界定与 Rennings 的界定一样，把生态创新的对象从产品、工艺、销售模式、组织结构，扩展到社会和制度结构，创新的结果是环境影响减少，无论这种结果是有意还是无意。德国"环境政策工具对创新的影响项目"中的界定则对生态创新的主体进行了明确和扩展：生态创新是企业、政治家、工会、协会、家庭等所有相关行动者的有助于减少环境负担或特定生态可持续性目标的新观念、新行动、新产品、新工艺，以及对他们的引进和应用。❺

由国外对生态创新定义的演变可以看出，其内涵在不断扩展。生态创新的对象从产品和工艺扩展到管理手段、营销模式、组织结构、制度安排等；生态创新的结果从生态收益扩展到生态和经济双重收益；生态创新的主体从企业、科研机构扩展到政府、工会、家庭等；生态创新的过程从产品的生产阶段扩展到产品的设计、生产、使用、最终处置等整个生命周期。

在国内，生态创新这一概念由生态经济学家刘思华先生首先提出并进行了较系统的分析。他认为生态创新包括生态系统本身的变革、创新的人工生态系

❶ Kemp R，Foxon T. Typology of eco-innovation [J]. Project Paper：Measuring Eco-innovation，2007.

❷ Huppes G，Kleijn R，Huele R，et al. Measuring eco-innovation：framework and typology of indicators based on causal chains：final report of the ECODRIVE Project [J]，2008.

❸ 奥斯陆手册认为，创新不仅包括新的或显著改进的产品（或服务）、流程、市场方法、组织结构的创造行为，也包括这些方法在别的企业中的采用和扩散行为。流程创新即用更少的投入获得等量的产品或服务产出。产品创新需改进已有产品或开发新产品。组织创新包括新的管理形式，如全面质量管理。

❹ OECD. Eco-innovation in industry：enabling green growth [EB/OL]. http：//browse. oecdbook-shop. org/oecd/pdfs/free/9209061e5. pdf：15.

❺ Leitner A，Wehrmeyer W，France C. The impact of regulation and policy on radical eco-innovation：The need for a new understanding [J]. Management Research Review，2010，33（11）：1022 – 1041.

统和经济社会系统生态化 3 个方面，生态创新的目标是通过增加生态资本、增强环境系统的转化能力、提高自然物质和经济物质的转化效率，来提高生态环境系统对现代经济社会发展的支撑能力。❶ 显然，这是一种较之西方学者远为广义的界定，西方学者所说的生态创新基本相当于刘思华先生生态创新概念中的经济社会系统生态化。柳杨青从人类的需要与满足的相互关系出发，提出"生态创新就是为了满足人类社会可持续发展及其产生的对生态产品不断增长的需要，在尊重和认识自然生态规律，并建立起人与自然和谐相处的新型关系基础上，通过对现有各种社会关系和技术手段的创新，不断地提高生态系统的生态产品生产能力，同时做到人类社会经济发展与生态环境和生态资本相互促进的一种过程。"❷ 这种界定的重心在于创新生态产品的生产，不同于西方学者创新工业产品的生产的认识，但最终目标都是通过创新改善生态环境，并实现人类社会经济活动与生态环境之间的良性互动。近年来，国内学者对这一概念的认识则主要借鉴了国外学者的观点。

可见，生态创新这一概念最初由国内外学者分别提出。之后，对其内涵的认识在国外经历了一个不断扩展的过程；在国内则经历了一个从宏观到微观逐渐缩小的相反变化，并最终与国际社会的主流观点接轨。

目前，对这一概念的认识主要存在两方面的争议：（1）生态创新是否应在主观上有明确的环境动机，并在客观上带来环境改善的结果？（2）生态创新除带来环境效益外，是否还需产生经济效益？创新的结果具有很大的不确定性，有动机不一定导致预期的结果，有些结果也不是在明确的动机下产生。本研究认为，只要是客观上带来了环境改善结果的创新，都应属于生态创新的范畴。按照熊彼特的观点，创新是一个经济概念，不是一个技术概念，单纯的发明创造不是创新，只有当它被用于经济活动时才成为创新。因此创新必然带来经济后果，生态创新也不例外。生态创新是导向可持续性的创新，❸ 如果一种创新带来不良的经济后果，它必然不可持续，这种创新也就不是生态创新。如

---

❶ 刘思华. 对可持续发展经济的理论思考[J]. 经济研究，1997（3）：46 - 54.

❷ 柳杨青. 生态需要的经济学研究［M］. 北京：中国财政经济出版社，2004：239.

❸ Rennings K，Markewitz P，and Vo¨gele S. Inkrementelle versus radikale Innovationen-am Beispiel der Kraftwerkstechnik［J］. Zeitschrift fu¨r Umweltpolitik und Umweltrecht，2008（4）：75 - 95.

Paul Ekins 所言，评价经济绩效时要注意时间跨度，● 许多在短时期内被视作增加了经济成本的环境创新，假以时日可能会产生经济绩效，这种创新也是生态创新。所以，从长远看，生态创新的结果应该是生态效益与经济效益双赢。

2.2.2　生态创新与可持续制造的关联

生态创新与可持续制造是两个紧密相关但并不等同的概念。从概念出现的时间看，前者的出现时间要早于后者。生态创新在国外的正式提出时间是在1996 年，在国内则是 1997 年；而可持续制造的正式提出时间是在 2001 年左右。从概念的内涵看，尽管对两者的界定至今均未在国际上形成共识，但从概念的核心要素看，二者有许多共同之处：（1）都能减轻人类活动对环境的负面影响；（2）都属于创新。生态创新本身就是创新的一种类型。可持续制造则是制造范式的一种创新；（3）主要都是通过产品、生产工艺、营销模式、管理手段、制度安排等的改变来实现目标。二者的区别在于：（1）生态创新并不局限于制造领域，其他领域，如农业也需要进行生态创新；（2）可持续制造除了需要进行生态创新以实现制造系统经济和环境维度的可持续性外，还需要进行其他创新来实现制造领域社会维度的可持续性。

从实践的角度考察，可持续制造与生态创新则常是目的与手段的关系。生态创新的最终目的是实现可持续发展，而可持续制造是实现可持续发展蓝图中必须解决的一个关键问题。因此，生态创新的目标中就自然包括了可持续制造的实现。

生态创新是实现可持续制造的重要手段。制造业的可持续发展之路历经了从污染控制→清洁生产→生态效率管理→生命周期思考→闭环生产→工业生态的演变。● 每一次演进都是由一种或多种生态创新助推的。污染控制依赖于末端治理技术的开发，从而减少或转移已在生产过程中形成的污染物；清洁生产通过采用能减少物质消耗和废物产生的技术措施以及流程优化来预防污染的产生，寻求在避免不必要的废物产生的同时，有效利用资源；生态效率管理通过

● Ekins P. Eco-innovation for environmental sustainability：concepts，progress and policies［J］. International Economics and Economic Policy，2010，7（2-3）：267-290.

● OECD. Eco-innovation in industry：enabling green growth［EB/OL］. http：//browse. oecdbookshop. org/oecd/pdfs/free/9209061e5. pdf：24-37.

制定环境战略、建立环境管理系统、进行环境监测、实施环境审计等新的组织管理手段，再造企业所有流程和责任，减少污染；生命周期思考需要企业超出常规组织边界来考虑其生产营运行为的环境影响，并与外部各相关主体，如原材料供应商、分销商、零售商、用户等，发展和维持紧密的合作关系，通过产品和工艺的生态设计、绿色供应链管理等延伸生产者责任，从而加强污染防治效果；闭环生产依赖于生产方式的重建，通过对生产中的原材料、副产品以及末期产品的循环利用来减少企业的消耗和排放；而工业生态依赖组织和制度的创新来建设环境伙伴关系和生态工业园区，通过资源的循环流动把若干闭环生产系统联系在一起，从而一个系统的废弃物被另一个系统作为输入物，在更大生态系统内取得平衡。要实现更完全的可持续制造，制造系统需在更全面的意义上应用生态创新概念，整合各种生态创新手段。这种多层面的生态创新即"系统性生态创新"，它是一种大范围的基础性转变，除技术进步外，还涉及组织结构和价值观念等的改变。

2.2.3　生态创新的类型和层级模型

对生态创新进行分类的方法很多。如按创新主体的不同，可将生态创新分为企业生态创新、行业生态创新、国家生态创新；按创新性质的不同，可将生态创新分为技术生态创新和非技术生态创新，等等。本研究重点参考以下三种以创新作用对象为依据的分类。

欧盟 MEI（measuring eco-innovation）项目组将生态创新分为环境技术、组织创新、产品（服务）创新、绿色系统创新 4 类。❶ 环境技术包括污染控制技术、污物清洁技术、清洁工艺技术、废物处理设备、环境监测的仪器化、绿色能源技术、水的供应、噪声和振动控制等；组织创新包括制定污染防治计划、环境管理和审计制度，开展连锁经营等；产品（服务）创新包括新的可以改进环境的产品、绿色金融产品、环境服务、可以减少污染或提高资源使用效率的服务等；绿色系统创新是比现有系统更环保的生产或消费系统，其实质是一种综合性、整体性的创新，包括了环境技术、组织创新和产品创新。

---

❶ Kemp R，Pearson P. Measuring eco-innovation［M］. Tokyo：United Nations University，2008：1 - 40.

董颖和石磊基于环保范式将生态创新分为末端生态创新、生产过程生态创新、产品生态创新、系统生态创新 4 种类型，分别作用于污染物/废物、生产过程、产品/服务、可再生资源供应体系/生产和消费体系/社会政治体系，可使生态效率分别提升 0 ~ 2 倍、2 ~ 4 倍、4 ~ 8 倍、8 ~ 50 倍。❶ 微观层次的创新主要是企业通过生产过程创新和产品创新，减少单位产出的物质和能源消耗；中观层次主要从行业、供应链以及产品/服务体系 3 个方面开展组织创新、商业模式创新和社会创新；宏观层次则是在区域经济、国家乃至全球的范围开展制度创新和系统创新。

OECD 从创新的目标、创新的机制、创新的影响三个维度对生态创新进行了划分和阐释（见图 2 - 6）❷。从目标维度，将生态创新分为：产品创新、工艺创新、营销模式创新、组织创新、制度创新（包括超出单一企业控制范围之外的更广泛制度安排、社会规范和文化价值观）5 类。从机制维度，将生态创新分为：改良（指小的、渐进的产品和工艺调整）、再设计（指现有产品、工艺、组织结构等的显著改变）、替代（引入作为某种产品替代品的新产品和服务）、创造（设计和引入全新的产品、工艺、程序和组织及制度设置）4 种。而生态创新的影响，从微观层面、中观层面到宏观层面，从渐进的环境改善到完全消除环境危害，均有涉及。

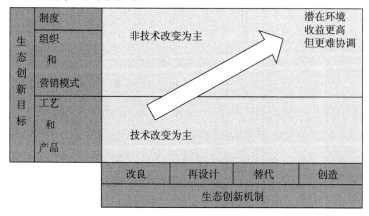

图 2 - 6 生态创新的类型 （OECD, 2009）

❶ 董颖，石磊. 生态创新的内涵、分类体系与研究进展[J]. 生态学报，2010, 30 (9)：2465 - 2474.

❷ OECD. Eco-innovation in industry：enabling green growth ［EB/OL］. http：//browse. oecdbookshop. org/oecd/pdfs/free/9209061e5. pdf：41 - 47.

综合以上三种分类方法的思想，本研究将制造系统内部的生态创新按涉及部门的多寡和实施的难易程度，划分为工艺生态创新、产品生态创新、组织生态创新、商业模式生态创新 4 个层次。将制造系统外部的生态创新按参与主体的数量和需要的时间，划分为制度生态创新和社会文化生态创新 2 个层次。制造系统内部的生态创新受外部生态创新的影响（见图 2－7）。

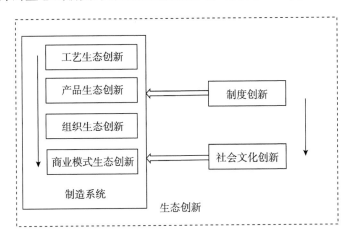

图 2－7　制造系统生态创新层级模型

存在明显的正环境外部效应是生态创新区别于普通创新的一个重要特点，这使得企业常缺乏开展内部生态创新的市场动力。因此，制造系统内部生态创新比起一般创新更需要外部政策的激励和文化的渗透。甚至有学者认为，生态创新主要是由公共政策而不是市场驱动的。❶ 制度安排不在奥斯陆手册所定义的创新概念中，而生态创新却是包括制度安排方面的改变的——由此可见一斑。

2.3　向可持续制造转型的总体行动框架

可持续制造不可能一蹴而就，而是一个需要分阶段进行，不断学习、不断创新、不断提高的过程。从生态创新的层级模型中可获得向可持续制造转型的

❶ Ekins P. Eco-innovation for environmental sustainability：concepts，progress and policies［J］. International Economics and Economic Policy，2010，7（2－3）：267－290.

分阶段行动框架。

2.3.1 制造业转型的阶段划分

根据国内企业发展的实际情况及可持续制造的判断标准，可把中国制造业向可持续制造转型的过程划分为初级、中级、高级 3 个阶段。处于不同转型阶段的企业面临的主要问题、要完成的主要任务均有不同。

处于转型初级阶段的企业生产活动能耗较高、排放较大，污染较严重；产品技术含量和附加值较低；企业技术创新能力弱，利润薄，缺乏对市场变化的有效应对能力；管理手段落后，雇员工作满意度较低。在越来越严格的环境法规和技术标准、越来越激烈的市场竞争的双重压力下，为了企业的生存被迫转型。该阶段的主要任务是：（1）通过技术改造、配备相应设施以及构建环境管理体系，减少生产活动的环境影响；（2）提高企业市场回应力和新产品开发能力，提高企业经济绩效；（3）创新管理手段，提高企业运营效率和雇员满意度。生态可持续性的改善要选择导致明显损害或利益相关者高度关注的环境问题为突破口，采用能获得明显商业利益的技术改造或能快速见效的环保措施，❶ 集中力量予以突破，使企业主要污染物的排放量指标较转型前大幅降低，对自然资源的使用效率指标明显提高。由于各企业，尤其是主要污染企业采取了有效措施，地方生态环境得以明显改观，自然资本存量恢复到能够维持当地生态系统基本服务能力的水平。经济可持续性的改善主要通过降低生产成本、向市场投放价值量更高的新产品，增加企业利润来实现。社会可持续性的改善主要体现在员工工资福利待遇增加、劳动时间与强度合理化、生产过程安全性提高等指标上。

处于转型中级阶段的企业面临的主要问题是：产品生产环节对生态系统的负面影响已经大幅减小，但其他环节的负面影响依然明显；企业当下经济绩效尚可，但竞争优势不明显，行业影响力不强，难以再上台阶；企业社会美誉度不高。该阶段的任务主要是：（1）与供应链上其他企业密切合作，减少产品生命周期其他环节对生态和社会的负面影响；（2）加大 R&D 投入，增强企业

---

❶ Nabil Nasr. Design Sustainable Manufacturing Practices ［DB/OL］. http：//www. oecd. org/green-growth/38875779. pdf.

自主创新能力和行业影响力；（3）探索新的商业模式，突破利润瓶颈；（4）设置使本企业区别于竞争对手的社会绩效目标，开展公关活动，提升企业形象。企业在对事物的生态、经济、社会影响进行排序分级的基础上，把改革目标从影响级高的扩展到影响级为中的事物，❶ 采取的改革措施从能在短期迅速见效的扩展到中长期才能见效的。由于企业间的密切协作，制造系统整体对自然资源的使用量和污染物排放量进一步减少，地方自然资本存量呈增长趋势。企业间协作水平的提高也使得单个企业得以专注核心业务，生产力水平和核心竞争力明显提高。由于采取了新的商业模式，企业利润率、投资报酬率等指标大幅上涨。伴随着生态可持续性和经济可持续性方面取得的进步，制造业形象全面提升，企业员工满意度增加，社区关系得以改善。

进入转型高级阶段的企业在完成中级阶段转型后已取得明显的生态、经济和社会绩效。改革目标进一步扩展到影响级为低的事物，即那些导致较小环境损害的、仅有限的利益相关者关注的、对商业利益和声誉影响小的问题。生态方面，由于尚未实现零排放、零污染，还需进一步降低制造系统对地方生态的影响。与此同时，应发挥制造业的技术优势，参与地方生态合作治理，共同致力于人与自然的和谐发展。经济方面，制造业内部结构不断优化，制造业与服务业等产业进一步融合。社会可持续性问题被提升到前所未有的高度，在努力提升企业内部公正度的同时，企业的发展目标更多投入到企业与社会协同发展上来。

初级阶段转型的重点是在不影响企业经济效益的前提下提高制造业的生态可持续性。中级阶段转型的重点是在进一步改善地方生态环境的前提下提高制造业的经济可持续性。而高级阶段的转型是在生态可持续和经济可持续的基础上重点提高制造业的社会可持续性。

2.3.2 转型的总体行动框架

生态创新是实现可持续制造的重要手段，依据系统性生态创新层级模型和中国制造业转型的 3 个阶段，可以勾勒出中国制造业走向可持续制造的总体行

---

❶ OECD. Sustainable manufacturing toolkit：seven steps to environmental excellence ［EB/OL］. http：// www. oecd. org/innovation/green/toolkit.

动框架（见图2-8）。在转型的初级阶段，主要依靠技术进步在企业内部进行生产工艺和产品的创新；在转型的中级阶段，需要沿着制造—服务链开展大规模的组织体系和管理模式创新，探索新的商业模式；在转型的高级阶段，则需要进行大范围的基础性转变，创新参与公共事务合作治理的模式，甚至重新定位企业发展目标。

随着转型阶段的升级，卷入的利益相关者越来越多，需要的技术手段越来越复杂，主体间协同的难度也越来越大。在可持续制造的中、高级阶段，系统多元主体间的责任边界已经很难清晰划分，各主体都无法拥有充足的知识和资源来独自解决可持续性问题。他们之间的相互依赖和相互影响决定了只有基于伙伴关系开展合作治理，才能实现可持续制造的系统目标。而政府在多元主体构成的治理网络中扮演着"元治理"角色。本研究将沿着生态创新的层级一一展开制造业转型具体路径的研究，并将落脚点放在对应的政策启示上，以使政府更好地发挥"元治理"功能，推动制造业顺利向可持续制造转型。

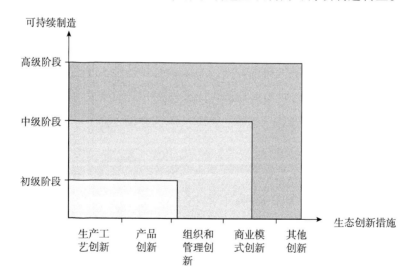

图2-8 中国制造业转型总体行动框架

3 重庆制造业发展概况及可持续性评价

重庆市位于中国内陆西南部、长江上游地区。辖区总面积 82402 平方公里，下辖 21 个区、13 个县、4 个自治县。2014 年全市常住人口 2991 万，户籍人口 3375 万，❶ 是中国面积最大、人口最多的城市。重庆是国家六大老工业基地之一，也是国务院定位的"国家重要的现代制造业基地"，目前整体上处于工业化中后期的重化工发展阶段，工业占全市经济比重超过 40%。其中制造业约占工业份额的 85%，是推动地区经济发展不可或缺的重要力量。

3.1 重庆制造业发展概况

3.1.1 发展历程回顾

重庆制造业诞生于 19 世纪末，主要经历了四次大发展。❷ 第一次大发展是在抗日战争时期，中国沿海工业企业大量内迁重庆，使重庆成为以军火工业为主的重工业城市，全国械弹有 2/3 是"重庆造"。第二次大发展是在"三线建设"时期，国家在重庆布局了一批重要工业企业、大专院校及科研院所，使重庆建立起了门类较为齐备的国防工业生产体系，拥有了可观的工业规模和较合理的产业布局。第三次大发展是在计划单列时期，重庆老工业基地改造走

---

❶ 重庆市统计局，国家统计局重庆调查总队.2014 年重庆市国民经济和社会发展统计公报 [EB/OL].http：//www.cqtj.gov.cn/html/tjsj/tjgb/15/03/7345.html
❷ 马述林.把重庆建成世界制造业中心地域 [N].重庆日报.2012 – 5 – 30（12）.

出了军民结合的路子，用军品资源生产民品、将军用技术转为民用，使得制造业基础研究和关键技术开发能力得到增强，特别是在汽车摩托车、电子技术等领域形成了较强的研发能力。第四次大发展是 1997 年重庆直辖以后，重庆制造业通过实施债转股、兼并破产、改制转机等措施，在经历了一段痛苦的调整期后，终于浴火重生，到 2002 年整体扭亏为盈，并催生出多户百亿级国企工业集团。按照《国民经济行业分类》（GB/T4754—2002）标准，在 39 个工业行业大类中，重庆有 38 个行业都有产品在生产，生产门类齐全率达到97.4%，许多重要的工业产品，如汽车、摩托车、钢材、水泥、铝材等的产量居全国前列。

重庆作为内陆城市，经济外向程度不高，2008 年爆发的全球金融危机对重庆制造业的影响相对较小。这期间，重庆制造业抓住承接国际、国内产业转移的历史机遇，一手抓传统产业升级改造，一手抓战略型新兴产业发展，进入了以科学发展为主题、以转型升级为主线的新时期。在全国制造业普遍处于持续低位的情形下，重庆制造却由于内外资的共同带动，产值节节攀升，2008年到 2012 年 4 年翻了两番多。截至 2014 年底，累计有 243 家世界 500 强企业落户重庆。

3.1.2 产业发展特征[1]

自 2004 年开始，重庆实施新型工业化战略，制造业进行大规模结构调整，其产业发展特征主要体现在 3 个方面。

1. 所有制结构：非公有制企业茁壮成长，国有控股企业仍占主导地位

2004 年以前，重庆经济一直是以公有制为主体。之后为加快转变经济增长方式，进一步深化和完善国企改革，推动国企战略性布局向纵深调整，出台了一系列鼓励非公有制经济发展的政策措施。企业所有制结构呈现出以私营企业为首的非公有制经济发展加快，公有制企业比重下降的态势。到 2014 年，非公有制经济占 GDP 的比重为 61.3%（见图 3 - 1），其中私营经济占 49.0%，外商、港澳台经济占 12.3%。

非公有制经济中的私营经济在竞争中不断壮大，私营工业企业发展方式也

---

[1] 本章数据主要根据 2008—2015 年重庆国民经济与社会发展统计年鉴上的相关数据整理。

不断优化，涉足领域从资金需求量小的轻工纺织、小型工业拓展到资金需求大的重化工业、高新技术等产业；组织形式从起步时的家庭作坊和家族企业转向有限责任公司、股份制企业，不断向规模化、现代化、科技化方向迈进。

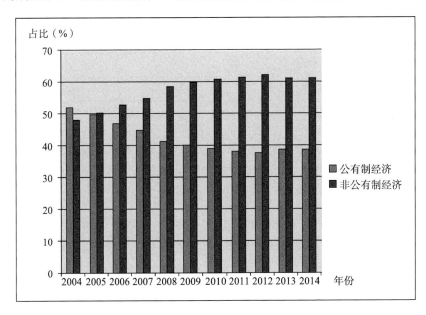

图3-1　2004—2014年不同所有制经济的GDP占比

随着改革的推进，重庆国有企业数量大幅减少。2014年国有控股企业共497个，占全市规模以上工业企业总数的8.07%。国有控股企业数量占比虽小，但产值占比较高。2008—2014年国有控股企业产值占全市规模以上工业总产值的比重虽不断下滑，但仍保持在近30%（见表3-1），且这些企业都是拥有自主知识产权、主业突出、竞争能力强的大企业集团。可见，国有及国有控股企业在重庆工业体系中依旧保持着主导地位。

表3-1　国有控股企业产值及其占规模以上工业总产值的比值

年份	规模以上工业 总产值(亿元)	国有控股企业 产值(亿元)	国有控股企业 产值占比(%)
2008	5599.26	2513.42	44.89
2009	6706.96	2679.66	39.95
2010	9087.99	3402.17	37.44

续表

年份	规模以上工业总产值(亿元)	国有控股企业产值(亿元)	国有控股企业产值占比(%)
2011	12038.52	3903.35	32.42
2012	13104.02	3874.89	29.57
2013	15785.41	4425.33	28.03
2014	18782.33	4929.49	26.25

（数据来源：根据2008—2015年重庆国民经济与社会发展统计年鉴整理）

2. 产业结构：从汽摩产业"一业独大"到电子、汽摩产业"双轮驱动"

重庆汽车、摩托车产业在全国有明显的比较优势，是全国第三大汽车生产基地和最大的摩托车生产出口基地。2010年以前，重庆工业体系中，以汽车摩托车为主的交通运输设备制造业"一业独大"，在全市制造业总产值中的占比超过35%；而其余几大支柱产业的占比都不足8%，对全市工业的支撑和牵引作用并不强（见表3-2）。这导致重庆工业高度依赖汽摩产业的发展，单一的产业结构很难抵御经济周期的波动，隐藏着较大风险。

2010年后，重庆抓住电子信息产业全球转移的机遇，成功引进培育了以笔记本电脑制造为龙头的电子设备制造业作为新的经济增长点。继惠普、宏碁、华硕三大电脑品牌商之后，笔记本电脑代工企业富士康、广达、英业达、和硕、伟创、仁宝等也陆续落户重庆，实现了笔记本电脑品牌商、代工商、零件组商的集群化发展。到2012年，电子信息产品制造业已发展成为重庆第二大支柱产业，对全市工业增长率的贡献超过了汽车摩托车产业。重庆制造业形成了汽摩、电子产业"双轮驱动"，材料、装备、化医等产业"多轮支撑"的格局。

表3-2 2004—2012制造业行业排位及在规模以上制造业总产值中的占比❶

年份	第1位	第2位	第3位	第4位
2004	交通运输设备制造业(41.4%)	化学原料及化学制品制造业(7.2%)	黑色金属冶炼及压延加工业(7.2%)	非金属矿物制品业(5.1%)

---

❶ 2010年之前与2010年之后的统计口径有所不同。

续表

年份	第1位	第2位	第3位	第4位
2006	交通运输设备制造业(39.8%)	有色金属冶炼及压延加工业(7.8%)	化学原料及化学制品制造业(6.6%)	黑色金属冶炼及压延加工业(6.1%)
2008	交通运输设备制造业(38.3%)	化学原料及化学制品制造业(7.1%)	有色金属冶炼及压延加工业(7%)	黑色金属冶炼及压延加工业(6.2%)
2010	汽车摩托车制造(30.6%)	装备制造业(18.2%)	材料制造业(14.7%)	电子信息制造业(4.4%)
2011	汽车摩托车制造业(27.2%)	装备制造业(21.9%)	电子信息制造业(16.8%)	材料制造业(15.1%)
2012	汽车摩托车制造业(27%)	电子信息产品制造业(16.7%)	材料制造业(15%)	装备制造业(9.5%)
2013	汽车制造业(18.8%)	电子信息产品制造业(18.5%)	材料制造业(14.1%)	装备制造业(9.5%)
2014	汽车制造业(20.5%)	电子信息产品制造业(19.7%)	材料制造业(14.1%)	装备制造业(9.6%)

（数据来源：根据2004—2015年重庆国民经济与社会发展统计年鉴整理）

3. 空间布局：向主城以外拓展，向特色园区集中

从前重庆制造业主要集中在主城区。由于主城区人口密集，土地资源约束明显，传统制造业产生的废水、废气、废渣和噪音一度严重影响了人们的生活。自2002年开始，重庆进行"退二进三"、"退城进园"战略性结构调整，实施主城区环境污染及安全隐患企业搬迁工程。引导主城区老工业企业在市场机制的调节下，按照产业梯度转移的原则，有序向周边、甚至向渝西和三峡库区迁移，入驻相应的特色工业园区，并在搬迁过程中实现升级改造。截止2012年，包括重庆钢铁集团、重庆电池厂、天原化工厂等在内的141家重点污染企业陆续迁离主城。此番结构调整过后，主城一环以内重点发展都市楼宇工业。利用腾出的厂房及闲置的写字楼，发展产品研发、设计等技术、人才密集型产业，以及无污染、就业能力强的手工艺品制造、服装加工等劳动密集型

产业。2013 年重庆市委在"一圈两翼"❶ 区域格局基础上，将全市划分为五个功能区域，其中的都市功能拓展区是未来重庆先进制造业集聚区，而城市发展新区作为全市制造业基地和主导产业配套产业基地，着力布局发展化工、装备制造、机械加工等重工业。❷

按照"布局集中、用地集中、产业集聚、功能集成"的原则，重庆大力开展特色工业园区和产业转移承接地建设。现有 40 多个开发区和工业园区。其中沙坪坝区的西永微电子产业园区以通信及电子设备制造业和软件业为特色；九龙坡区的西彭工业园区以铝及铝合金加工为核心；长寿区的化工产业园区细分为天然气化工区、石油化工区、精细化工区、化工新材料区四部分，分别以化学原料和化学制品制造、石油制品制造、专用化学品制造、合成材料制造为主要产业；两江新区的鱼复工业园形成了以知名整车企业为龙头，高端关键零部件为配套的汽车产业集群……开发区及工业园区都把发展先进制造业集群作为重点，是重庆制造业转型升级、结构调整的关键平台。

3.1.3 主要不足之处

尽管近年来重庆制造业发展很快，但从整体上看依然存在大而不强、盈利能力有限等问题。

1. 经济总量偏小，效益偏低

重庆虽然是中国的老工业基地，但工业总量与东部发达省市相比还有较大差距。2004 年重庆规模以上工业企业总产值 2124.7 亿元，在全国排名第 21 位，仅为排名第一的广东的 8%；到 2011 年重庆规模以上工业企业总产值为 11847.06 亿元，在全国排名第 22 位，仅为排名第一的江苏的 11%。可见，重庆工业总量虽有大幅增长，但在全国的地位并无上升，仍处于中下水平。

汽摩产业是重庆传统的优势产业，但早在 2004 年，重庆摩托车企业在全国的霸主地位就已经遭到挑战。虽然目前在我国摩托车行业前十名中，重庆企

---

❶ "一圈"是以主城为核心、1 小时车程为半径的范围。"两翼"则是以万州为中心的渝东北地区和以黔江为中心的渝东南地区。2006 年重庆市在第三次党代会上确立了"一圈两翼"的发展战略，意在破解城市对农村带动效应不强这一难题。
❷ 重庆市委、重庆市人民政府. 关于科学划分功能区域、加快建设五大功能区的意见[Z]. 2013 – 9 – 14.

业仍占半壁江山，但重庆摩托车行业同质化严重、整体水平不高；由于缺乏附加值高的车型，企业盈利能力也远低于广东和江浙的摩托车企业。重庆长安汽车股份有限公司长期排在重庆制造业50强的第一位，但其营业收入较之汽车行业前三强——上海汽车集团股份有限公司、中国第一汽车集团公司、东风汽车公司也相去甚远。2008年长安的主营业务收入仅是当年行业排名第一的"一汽"的31.9%；2010年是当年行业排名第一位的"东风"的12%；2014年则是当年行业排名第一的"上汽"的6.8%，呈快速下降趋势。汽车行业利润率也低于行业领先水平。作为重庆最大的支柱行业，汽摩企业的主营业务收入和利润偏低对于企业自身和全市制造业的可持续发展都十分不利。

2. 缺乏重量级龙头企业

尽管重庆企业生产集中度近年来持续提高，但依旧缺乏重量级产业集群龙头企业，大企业数量少且不够大。从历年全国制造业500强上榜企业名单看，重庆入围企业数量少且排位靠后。如2014年进入全国500强的重庆企业仅化医控股（集团）公司、机电控股（集团）公司、力帆控股有限公司等14家，其中排名最靠前的化医控股（集团）公司营业收入仅排在第160位，为排名第1位的中国石油化工集团公司的1%，为排名第10位的中国铝业公司的13%。进入中国民企制造业500强排行榜的重庆企业仅力帆控股有限公司、隆鑫控股有限公司、宗申产业集团有限公司等8家，其中排名最靠前的力帆控股有限公司营业收入排在第98位，营业收入仅为排名第1位的联想控股有限公司的11%，为排名第10的中天钢铁集团有限公司的25%。

3. 产业综合配套能力不足

重庆制造业虽然单机的设计制造能力和水平有了很大提高，在多个领域均拥有优势产品，如拥有国内技术领先的发电机组生产能力、具有生产高档数控机床的能力、拥有国内先进的垃圾焚烧、烟气净化、脱硫脱硝和CO_2捕集及液化装置生产技术等，❶ 但在系统设计、系统集成、总承包能力方面有待提高。企业间缺乏产业链衔接，大部分行业还没有形成以大型单机制造为核心，"整机＋配套"的有较强竞争力的产业集群。

---

❶ 重庆市人民政府. 重庆市装备制造业三年振兴规划［Z］. 2012－8－29.

4. 生产模式不合理，物流成本偏高

重庆地处内陆，四面环山，相当部分企业又采取"两头在外"的生产模式，增加了物流费用。尽管近年来靠打造水陆空立体交通枢纽和推进国际贸易大通道建设有效降低了物流成本（尤其是"渝新欧"铁路大通道的开通，在一定程度上弥补了地理环境造成的劣势），但仍比不过沿海地区。为把"两头在外"变为销售市场"一头在外"，重庆正努力实现原材料、零部件生产的本地化，但即便是汽车行业的长安、庆铃等企业，零部件市内配套率也不足一半。除新引进的电子信息产业的本地配套率在政府的大力促进下可望大幅提升外，其他产业的本地配套化仍然任重道远。

3.2　重庆制造业可持续性评价

以下依据第 2 章中设置的可持续制造评价指标体系框架（图 2-4），考虑数据的可获得性和可靠性，以及可量化测量等原则，先利用 2004—2014 年重庆统计信息网（主要是重庆国民经济与社会发展统计年鉴）上的相关指标数据，对实施新型工业化战略调整后重庆制造业发展的可持续性进行整体描述；然后选择 19 个具体指标，计算可持续性指数，对重庆制造业 2004 年和 2014 年的可持续性进行比较。

由于重庆统计年鉴中的部分指标并未单独统计制造业的相关数据，如利润总额、全员劳动生产率等，而制造业占据了重庆工业超 85% 的份额，故用工业企业的相关数据予以替代。另外，不同年度统计口径有些许差异，在计算时只能用类似指标数据予以替代。

3.2.1　经济可持续性

1. 企业经济绩效

通过产值、利润、全员劳动生产率 3 个指标进行观测。从表 3-3 可见，2004—2014 年重庆规模以上工业企业全员劳动生产率不断提高，年均增幅 15.68%。利润总额在经历了连续 6 年的较大幅度增长后，到 2012 年出现负增长，但总体保持了 27.97% 的年均增幅；制造业总产值增幅到 2012 年也有明显回落。

表 3-3 2004—2014 年全市规模以上工业企业主要经济指标

年份	全员劳动生产率（元/人年）	增幅（%）	利润总额（万元）	增幅（%）	制造业总产值（亿元）	增幅（%）
2004	66148	—	1155898	—	1905.48	—
2005	77511	17.17	1155912	—	2240.51	17.58
2006	87750	13.21	1557631	34.75	2856.97	27.51
2007	127993	45.86	2405387	54.43	3885.03	35.98
2008	156167	22.01	3086786	28.33	4935.35	27.04
2009	159484	2.12	3560248	15.34	5957.50	20.71
2010	183031	14.76	5185939	45.67	8032.21	34.83
2011	213463	16.63	6603471	27.33	10644.84	32.53
2012	223843	4.86	6453886	-2.27	11895.39	11.75
2013	230218	2.85	9076025	40.63	14479.47	21.72
2014	270083	17.32	12296456	35.48	17401.79	20.18

分行业看，2012 年全市支柱产业中，除电子设备制造业产值保持了89.9% 的高增幅，纺织服装服饰制造业增长了 37.8% 外，其余产业增幅均较低，甚至出现负增长。电子设备制造业的超高速增长如本文 3.1.2 中所述，是因为自 2010 年重庆把笔记本电脑制造业作为新的经济增长点后，一大批笔记本电脑品牌商、代工企业和零件供应商纷纷落户重庆。纺织服装产业的高速增长源于重庆作为国家级承接东部纺织业转移的基地之一，地方政府出台了扶持该产业发展的多项规划，着力培育纺织服装产业集群。政府的大力推动和扶持对这两个产业的快速发展起了主要作用。与此同时，重庆一些传统优势产业，如钢铁、机械、造船、化工等，由于国内外市场低迷，多个重点企业（如西南铝业有限责任公司、四川维尼纶厂、重庆钢铁股份有限公司等）大幅减产。

可见，近年来重庆制造业经济绩效从整体上看呈现出持续发展的态势，但波动较明显。未来一段时间，市场外需较弱、内需不足的情况仍将持续，重庆传统制造业的生存和发展面临严峻挑战。

2. 行业竞争力

通过新产品开发能力和 R&D 投入 2 个指标进行观测。2007 年第一次全国工业企业创新调查结果显示：重庆企业创新总量投入不足，创新层次偏低。2006 年全市规模以上工业企业新产品销售收入中属于国际市场新产品的占3.7%、属于国内市场新产品的占 27.6%、大多属于企业新产品，国际市场新产品、国内市场新产品的比重低于全国平均水平，❶ 显示出企业新产品开发层次较低。2009 年第二次全国 R&D 资源清查数据显示，重庆规模以上工业企业中仅 8.6%开展了自主创新活动。❷ 2014 年重庆 R&D 经费支出总量为 201.9 亿元，占 GDP 比重为 1.42%，低于全国平均水平 0.63 个百分点。可见，重庆企业对传统经济增长方式和原有发展模式的依赖性较强，R&D 投入不足、自主创新能力薄弱、新产品开发能力较低，严重影响了重庆制造业的行业竞争力。

电子设备制造业现已成为全市经济的支柱产业之一，但重庆在引进企业时，只引进了生产部分而未将其研发机构同时引进，导致计算机产业研发力量薄弱。2012 年该行业 R&D 投入强度仅为 0.16%，远低于规模以上工业企业0.91%的投入强度。

重庆制造业主要依靠历史积淀的工业基础和比较廉价的土地资源、劳动力资源在市场上谋得一席之地。随着中国经济转型和产业结构调整的深化，随着中西部多省市制造业的崛起，未来重庆制造业的传统产业基础优势和土地资源优势将逐渐褪去。而以年均 10%的涨幅上升的人力成本和劳动力的频繁流动正困扰着大量中小企业。随着人口结构变化，"刘易斯拐点"到来，劳动力价格将继续上涨，再加上原材料及燃料成本上升，低端产品市场竞争日益加剧，企业利润空间将进一步被挤压。产业结构升级也会导致市场对劳动力素质的要求不断提升，这对重庆整体较低的劳动力素质❸将形成巨大挑战。行业竞争力不足已成为重庆制造业经济可持续的短板，重庆制造业要保持经济可持续性还需找出新的比较优势。

---

❶ 重庆市统计局，重庆市科学技术委员会，重庆市经济委员会. 重庆市第一次工业企业创新调查统计公报. 科学咨询，2008（1）.

❷ 重庆市统计局，重庆市科学技术委员会，重庆市发展和改革委员会，重庆市教育委员会，重庆市财政局，重庆市国防科学技术工业办公室，重庆市经济和信息化委员会. 重庆市第二次科学研究与试验发展（R&D）资源清查主要数据公报. 2011 - 2 - 12.

❸ 根据 2010 年第六次全国人口普查数据，重庆受教育程度为初中以上人口比重低于全国平均水平；小学文化程度人口比重和文盲率高于全国平均水平，人口受教育程度居全国中下游水平。

3.2.2　生态可持续性

重庆素有"山城"之称，北部、东部及南部分别有大巴山、巫山、武陵山、大娄山环绕。主城区静风频率高，逆温层厚。这种特殊的地形特性和气象动力条件限制了大气污染物的扩散。重庆一直以来又是重工业城市，工业能耗较高，且能源结构中煤炭所占比重居高不下❶，煤炭实际利用率较低，致使重庆一度成为全国重污染城市。2004年以来，重庆在生态保护、生态修复治理等方面开展了大量工作。特别是2008年后，通过实施"森林重庆""宜居重庆"、大型工业企业环保搬迁以及创建国家环保模范城市等一系列民生工程，"三废"达标率大幅提升，CO_2排放指标持续下降。

1. 能源消耗

通过总能耗和单位GDP能耗2个指标进行度量。随着工业化、城镇化进程加快，重庆能源消费总量不断攀升，2004—2014年平均能源消耗增幅为7%（见图3-2）。得益于清洁能源工程等改造工程的实施，制造业单位GDP能耗持续下降（见图3-3）。目前大部分工业产品的单位产品能耗指标呈持续下降趋势，部分产品（如纯碱、合成氨、水泥、平板玻璃和电解铝）单耗指标已经接近甚至优于全国平均水平。但仍有部分主要工业产品（如粗钢和氧化铝等）单耗指标与全国平均水平存有较大差距。

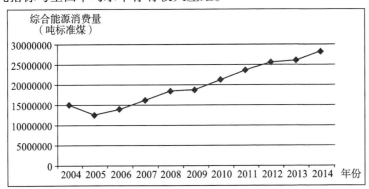

图3-2　2004—2014制造业规模以上企业综合能源消耗量

<hr />

❶　重庆规模以上工业煤炭消费比重约占70%，油料、天然气和电力等优质能源消费比重只有30%；而世界能源消费结构中，煤炭比重平均仅为30%左右。

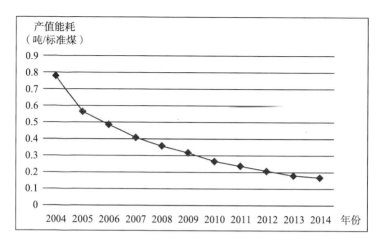

图 3 - 3 2004—2014 制造业规模以上企业产值能耗

随着高耗能行业增速放缓、企业节能降耗意识提高以及节能措施全面展开，未来重庆制造业单位产品能耗将继续降低。随着产业结构的调整，传统制造行业将进一步萎缩，高新技术行业将不断壮大，未来重庆制造业能源消费总量也有望下降。

2. 水资源及废水排放

重庆境内江河纵横，水网密布，水资源十分丰富。根据国家统计局环境统计数据，2004 年重庆水资源总量为 558.8 亿立方米，2014 年为 599.53 亿立方米，各年度波动幅度较大（见图 3 - 4）。各年度饮用水源水质达标率虽有波动，但总体趋势是水质好转（见表 3 - 4）。

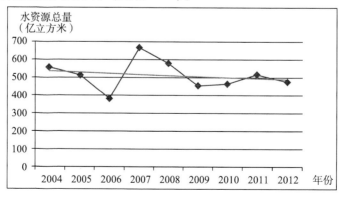

图 3 - 4 2004—2012 水资源总量

表 3 - 4　饮用水源水质达标率

年份	2004	2005	2006	2007	2008	2009	2010	2011	2012	2013	2014
达标率(%)	96.3	97.3	98.6	99.4	100	100	100	100	100	99.7	97.3

工业废水排放量减少是水质改善的重要原因。自 2007 年开始，全市工业废水排放量持续下降，2010 年和 2011 年降幅尤其显著（见图 3 - 5）。这些变化主要源于 2007 年重庆市颁布了《环境保护条例》并开始实施"碧水行动"，取缔饮用水保护区内排污口、建设污水处理厂、开展污水截留和河道整治、加大对违法排污企业的处罚力度。2010 年又对《环境保护条例》进行了修订，推行环保工作目标责任制，由市长牵头大力推进创建国家环保模范城市工作，完成了主城 25 家企业的环保搬迁，关闭了一些排污严重的企业……环境整治力度空前。

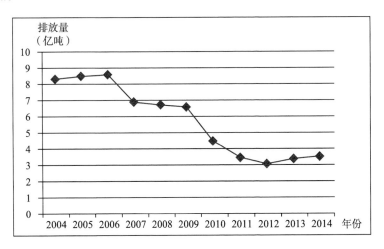

图 3 - 5　2004—2014 工业废水排放量

3. 大气资源及废气排放

能源和产业结构不合理，地理条件不利于污染物扩散，造成重庆长期以来城市空气污染较重，曾属于全国酸雨重污染区和全国空气污染城市。自 2005 年起，通过实施"蓝天行动"、进行大规模环保搬迁、推广清洁能源、强化环境监管、开展环保信用等级评价等种种措施，主城区空气质量得到显著改善，二氧化硫、二氧化氮、可吸入颗粒物浓度 3 个指标均明显下降（见图 3-6）。

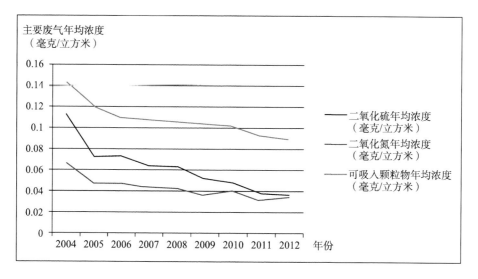

图 3-6　主城区空气质量情况

废气排放通过排放总量、二氧化硫排放量和工业烟尘排放量 3 个指标进行观测。从表 3-5 可以看出，2004—2009 年工业废气排放总量基本呈增长趋势，尤其是 2009 年涨幅较大，此后开始回落，2013 年又再次回升。2009 年工业废气排放总量上涨明显主要是因为交通运输设备制造业、专用设备制造业等重工业回升较快，而之后结构调整逐渐出现实效，以电子信息设备制造业为代表的高新技术产业进入快速发展期，导致工业废气排放总量稳定下降。二氧化硫排放量从 2007 年开始持续下降。实际上 2007 年也是全国二氧化硫排放量的"拐点"，其主要原因一是燃煤机组脱硫工程进展明显；二是关闭了一批小火电机组、淘汰了大量小炼铁、炼钢、炼焦厂。工业烟尘排放量则在 2008 年降至最低点后又有回升，2011 年后反弹尤其显著。

以上数据显示：因重庆制造业总量增加，近年来工业废气排放总量翻了两倍多，但得益于一系列有效的大气治理措施，工业废气中的有毒有害物质含量有所下降，但治理效果并不稳定。

表 3 - 5 2004—2014 工业废气排放情况

年份	废气排放总量		二氧化硫排放量		工业烟尘排放量	
	排放总量（亿标立方米）	增幅（%）	排放量（万吨）	增幅（%）	排放量（万吨）	增幅（%）
2004	3540.86	—	64.11	—	21.98	—
2005	3654.55	3.21	68.32	6.57	21.28	-3.19
2006	5066.96	38.65	71.08	4.04	20.01	-5.97
2007	7616.62	50.32	68.31	-3.90	18.23	-8.90
2008	7350.73	-3.49	62.72	-8.18	10.10	-44.60
2009	12586.52	71.23	58.61	-6.55	10.87	7.62
2010	10943.13	-13.06	57.27	-2.29	10.21	-6.07
2011	9121.07	-16.65	53.13	-7.23	17.12	67.68
2012	8359.88	-8.35	50.98	-4.05	16.61	-2.98
2013	9532.44	14.03	49.44	-3.02	17.98	8.25
2014	9289.6	-0.03	47.48	-3.96	21.47	19.41

4. 工业固体废物

通过固废产生量、处置量、综合利用量、排放量 4 个指标进行观测。2004—2014 年重庆工业固体废物产生量总体上呈增加态势（见图 3 - 7），但由于处置和利用能力提高，处置量和综合利用量不断增加，导致最终排放量下降。目前工业固体废物排放量维持在较低水平。

由以上分析可以看出，重庆制造业生态可持续性总体向好，但能源结构尚需加大力度予以优化，单位产品能耗指标需进一步降低；工业废气排放量需有效控制，大气环境治理效果需巩固和提高；应加强对传统产业转移承接地环境质量的监测和保护，不能以牺牲其他地区环境质量为代价获取主城区环境质量的提升。

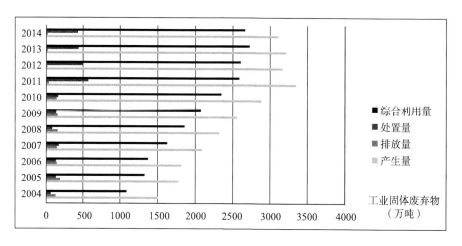

图 3 - 7　工业固体废弃物排放情况

3.2.3　社会可持续性

1. 促进社会发展

从 2004 年到 2014 年，重庆制造业增加了就业人员 80.74 万，2014 年制造业就业人数是 2004 年的 1.56 倍。从 2004 年到 2014 年，重庆制造业就业人员年平均工资保持了平稳增长。工资增长的原因：一是制造业经济发展总体态势较好；二是物价攀升和通货膨胀迫使企业不断涨薪以满足员工的生活需要；三是一些企业为了解决"招工难"现象，或者为了吸引和稳定科技人才、技术工人，防止人员流失，采取了提高工资的措施；四是政府的增资政策促进了工资增长。近年来，重庆在深化收入分配制度改革、优化收入分配结构上采取了一系列措施，如多次上调最低工资标准❶、发布主城区人力资源市场工资指导价位、推动大中型企业实行工资集体协商制度等。从这两个指标看，制造业的发展促进了社会发展。

2. 内部公正

评价公正与否很多时候是一个社会比较的结果。这里用制造业与其他行业

---

❶　2004—2014 年重庆 6 次上调最低工资标准。2011 年最低工资标准涨幅高达 32.8%，居全国之首。2012 年最低工资标准全面上调为每月 1050 元和 950 元两档，是 2004 年的 2.4 倍和 3.6 倍。2014 年最新上调为每月 1250 元和 1150 元。

平均工资的差距、工资在 GDP 中的占比、不同类型企业间工资差距、不同类型企业间社保费用差异 4 个指标进行观测。

以城镇非私营单位为例，虽然制造业的工资水平保持了年均 14.51% 的增长幅度，但仍略低于全市年均工资增幅（见表 3-6）。到 2014 年，制造业平均工资额仍低于全市平均水平。

表 3-6　城镇非私营单位职工年度平均工资

年份	非私营单位职工平均工资(元)	增幅(%)	制造业非私营单位职工平均工资(元)	增幅(%)
2004	14357	—	13751	—
2005	16630	15.83	15533	12.96
2006	19215	15.54	18163	16.93
2007	23098	20.21	21094	16.14
2008	26985	16.83	24249	14.96
2009	30965	14.75	27752	14.45
2010	35326	14.08	31960	15.16
2011	40042	13.35	36654	14.69
2012	45392	13.36	40653	10.91
2013	50006	10.16	47621	17.14
2014	55588	11.16	53207	11.73
平均	—	14.53	—	14.51

职工工资在 GDP 中的占比是衡量国民收入初次分配公平与否的重要指标，占比越高说明社会分配越公平。2012 年，重庆规模以上工业应付职工薪酬占工业增加值的比重为 14.9%，分别低于上海、天津和四川 15.0、2.0 和 2.8 个百分点。说明重庆的收入分配不尽合理，与发达地区相比还有较大差距。此外，2008—2012 年重庆 GDP 年平均增长 15.3%，而职工工资的平均年增长率仅为 8.7%，企业工资增速赶不上 GDP 的增速，收入水平落后于社会经济发展水平。

制造业内部不同类型企业间工资差距也较大，非私营单位工资水平明显高于私营单位。但由于私营单位工资涨幅稍大，两者间的差距呈缩小态势（见表 3-7）。

表3-7　制造业私营单位与非私营单位就业人员年平均工资水平比较

年份	私营单位工资水平(元)	增幅(%)	非私营单位工资水平(元)	增幅(%)	非私营单位与私营单位工资水平差距(%)
2009	16840	—	27752	—	39.3
2010	19955	18.5	31960	15.2	37.6
2011	25955	30.1	36654	14.7	29.2
2012	30214	16.4	40448	10.4	25.3
2013	35398	17.2	47621	17.7	25.7
2014	40739	15.1	53207	11.7	23.4

近年来重庆制造业缴纳的各类保险费用稳步增加，员工保障水平得到提高。2004—2012年，各类保险费年均增长13%。但不同性质、不同规模的企业之间社保费用差异明显。2012年全市规模以上企业社保费用占人工成本的比例为7.9%，其中最高的集体企业占比为11.2%，而私营企业仅为6.4%；大中型企业社保费用占人工成本的比例为4.3%，小型企业为3.7%，而微型企业仅为2.9%。说明集体企业、大中型企业有着较健全的职工社会保险制度，而私营企业、小微企业对职工社会保险缺乏应有的重视。与此同时，超时上班是重庆制造业私营企业的潜规则，大多数企业是每天8小时、每周6天的工作制。每天10小时甚至12小时的劳动时间，在诸多小型配件加工厂也已成为常态。❶

劳动所得占比持续下降而资本所有者所得和政府财政收入大幅增长、职工工资增速与GDP增速之间的差距、不同类型制造企业之间的工资福利差距、劳动强度与劳动所得不成正比等，都体现出制造业内部存在的不公正问题。要进一步提高重庆制造业的社会可持续性，还需调整国民收入分配制度，加大从业者权益保护力度和企业用工制度规范力度。

---

❶　重庆制造业之惑——大渝社区话题[EB/OL]. http：//cq. qq. com/zt/2010/bbsdaytopic/，2010第一期

3.2.4 可持续性指数的计算和比较

计算可持续性指数时，选取了表3-8中的19个指标。

表3-8 重庆制造业可持续性评价指标

维度		主题		指标		度量单位	数据来源
名称	权重	名称	权重	名称	权重		
生态	1	自然资源使用	1/2	综合能耗	1/6	吨标准煤	制造业
				产值能耗	1/6	吨标准煤/万元	制造业
				用地面积	1/6	平方公里	工业
		污染物排放	1/2	废水排放总量	1/6	万吨	工业
				废气排放总量	1/18	亿标立方米	工业
				二氧化硫排放量	1/18	万吨	工业
				烟（粉）尘排放量	1/18	万吨	工业
				固体废物排放量	1/6	万吨	工业
经济	1	企业经济绩效	1/2	产值	1/6	亿元	工业企业
				利润	1/6	万元	工业企业
				全员劳动生产率	1/6	元/人年	工业企业
		行业竞争力	1/2	新产品产值	1/8	万元	工业企业
				R&D支出	1/8	万元	工业企业
				研发人员全时当量	1/8	人年	工业企业
				专利授权量	1/8	件	工矿企业
社会	1	促进社会发展	1/2	就业人员人数	1/4	万人	制造业
				年人均工资	1/4	元	制造业城镇单位
		行业公正	1/2	国有与集体单位工资差距	1/4	%	制造业城镇单位
				制造业与社会平均工资差距	1/4	%	城镇单位

指数的计算方式是：

首先，对2004—2015年重庆统计年鉴上的相关指标数据用线性标准化法中的极值法进行处理，以消除量纲。

正向指标的计算公式是：$y_i = x_i / max(x_i)$

反向指标的计算公式是：$y_i = min(x_i) / x_i$

然后，采用各维度等权重、维度内各主题等权重、主题内不同类指标等权重的方法给各指标配置权重（见表3-8）。

接下来，对各维度内指标进行加总，分别得到2004年和2014年两个年度重庆制造业的经济可持续性指数、生态可持续性指数和社会可持续性指数。

最后，取三个维度可持续性指数的加权平均值，得到两个年度重庆制造业的总可持续性指数。

计算结果如表3-9、3-10、3-11、3-12所示。

表3-9　经济可持续性指数

年份	产值	利润	全员劳动生产率	新产品产值	R&D支出	专利授权量	研发人员全时当量	经济可持续性指数
2004	0.10	0.08	0.22	0.11	0.07	0.08	0.36	0.14
2014	0.88	0.87	0.91	0.76	0.83	0.62	0.97	0.84

表3-10　生态可持续性指数

年份	综合能耗	产值能耗	用地面积	废水排放总量	废气排放总量	二氧化硫排放量	烟(粉)尘排放量	固体废物排放量	生态可持续性指数
2004	0.87	0.19	1	0.37	1	0.67	0.46	0.06	0.53
2014	0.45	0.88	0.42	0.88	0.38	0.90	0.47	1	0.70

表3-11　社会可持续性指数

年份	就业人员人数	人均工资	制造业国有与集体单位工资差距	制造业与社会平均工资差距	社会可持续性指数
2004	0.61	0.22	0.85	1	0.67
2014	0.95	0.92	1	0.69	0.89

表 3 - 12　总可持续性指数

年份	经济可持续性指数	生态可持续性指数	社会可持续性指数	总可持续性指数
2004	0. 14	0. 53	0. 67	0. 45
2014	0. 84	0. 70	0. 89	0. 81

由上述结果可知：重庆制造业自 2004 年实施战略调整后，历时 10 年，总体上实现了经济可持续性、生态可持续性、社会可持续性和总可持续性的全面提高，其中经济可持续性提高幅度最大，而生态可持续性提高幅度最小。经济可持续性的提高主要源于企业产值和利润的增加；相比经济绩效的增加，行业竞争力的提升则略显逊色。生态科持续性的提高主要源于因企业技术改造导致的产值能耗及废水、固废排放量的减少；因重庆制造业总体规模不断加大，且高污染高能耗的传统行业比重过高，部分指标如综合能耗、占地面积、废气排放总量等不减反增。社会可持续性的提高主要源于制造业平均工资的大幅上涨和就业人数的增加；但制造业平均工资与社会平均工资的差距却进一步拉大，较低的劳动所得加之较高的劳动强度，对制造业的社会可持续性产生了负面影响。要走向可持续制造，重庆需依据经济发展阶段和区域资源禀赋等条件进一步调整产业结构；加大研发力度，提升未来的市场竞争力；开展系统性创新，改善从业人员工作环境和福利待遇。

从前面的分析中也可以看出政府在重庆制造业近年的发展中起了重要推动作用。从历史上看：重庆制造业的四次大发展也都由政府推动，可以说政府对企业的干预在以公有制为主体的重庆经济体系中有着深远的传统。但目前重庆非公有制经济占 GDP 的比重已经超过六成，非公有制经济的健康发展需要开放、自由、公正的市场环境。政府直接而过度的干预容易引发一些负面效应，如扰乱市场运作规则，不利于企业和行业长远发展；运动式环境治理不利于环保长效机制的建立和完善；滋生腐败；加大财政负担等。显然，政府在制造业可持续发展中扮演的角色也需重新定位。

3.3　重庆制造业生态创新研究数据的获取

通过开展生态创新实现从传统制造范式向可持续制造范式的转型对以重化

工业为主的重庆制造业有着尤为重要的现实意义。本研究首先通过大样本问卷调查了解重庆制造业开展生态创新的现状和采取的主要措施；在此基础上，选择典型企业展开个案研究，剖析影响制造业开展各类生态创新的主要因素及其作用机理。

3.3.1 问卷调查法

1. 问卷设计

从 2014 开始设计调查问卷，初始问卷完成后根据相关专家意见进行了第一轮修改。使用修改后的问卷进行预调查后，根据反馈信息进行了第二轮修改。最终形成现有结构式问卷。问卷内容主要包括 3 个方面：企业基本信息、企业开展各类生态创新的主要措施、管理者对生态创新的认知和态度。

2. 问卷发放和样本抽取

问卷发放方式分为两种：方式一是请重庆市两江新区党工委工作人员协助通过网络发放电子问卷；方式二是组成调研小组赴企业面对面发放纸质问卷。重庆一小时经济圈❶面积只占全市总面积的 34.8%，但工业产值占全市工业总产值的约 80%。为节省调研资源并抓住研究重点，本研究将调研样本的选择范围集中在一小时经济圈内。方式一采取聚类随机抽样法从一小时经济圈的23 个区县中抽取 5 个（渝北区、沙坪坝区、巴南区、永川区、荣昌县）作为调研地点，在每个调研地点随机抽取 70 个企业向其发放电子问卷。方式二根据产业特色，从一小时经济圈内的 32 个工业园区中抽取西永微电子产业园区（位于沙坪坝区）、巴南金竹工业园、永川港桥工业园作为调研地点，在这 3 个园区共随机抽取 30 个企业向其发放纸质问卷。

3. 问卷回收情况

2014 年重庆制造业共有法人单位 50578 个。按照要求，当研究的总体数量为 50000 时，样本数量须达到 382，才能保证 95% 的可信度和 5% 的允许误差。❷ 本研究共回收有效问卷 338 份（见表 3 - 13），样本数量略低于要求。

---

❶ 一小时经济圈包括主城 9 区，即渝中区、大渡口区、江北区、沙坪坝区、九龙坡区、南岸区、北碚区、渝北区、巴南区；和周边 14 区县，即涪陵区、万盛区、双桥区、长寿区、江津区、合川区、永川区、南川区、璧山县、铜梁县、荣昌县、潼南县、綦江县、大足县。

❷ 范柏乃，蓝志勇. 公共管理研究与定量分析方法［M］. 北京：科学出版社，2008：39.

表3-13 调研问卷回收情况

发放方式	发放数(份)	回收数(份)	回收率(%)	有效问卷数(份)	有效率(%)
方式一	350	336	96	308	88
方式二	30	30	100	30	100
小计	380	366	96.3	338	88.9

4. 样本特征

企业规模：按照《统计上大中小微型企业划分标准》，工业大型企业从业人员人数在1000以上，营业收入在40000万元以上；中型企业从业人员人数在300—1000人，营业收入在2000万—40000万元；小型企业从业人员人数在20—300人，营业收入在300万—2000万元；微型企业人数在20人以下，营业收入在300万元以下。❶ 本次调研各种规模企业的数量见表3-14。

表3-14 样本企业规模特征

企业规模	大型企业	中型企业	小型企业	微型企业
样本量(个)	38	91	172	37
占比(%)	11.24	26.92	50.89	10.95

企业性质：企业登记注册类型分为内资企业、港澳台商投资企业和外商投资企业三大类，其中内资企业包括国有企业、集体企业、股份合作企业、联营企业、有限责任公司、股份有限公司、私营公司和其他企业。❷ 根据研究需要，本调研结合所有制特征将企业性质分为：国有及国有控股企业、集体企业、私营企业和其他类型企业共4种见表3-15。

表3-15 样本企业性质特征

企业性质	国有及国有控股企业	集体企业	私营企业	其他企业
样本量(个)	24	6	270	38
占比(%)	7.10	1.78	79.88	11.24

---

❶ 国家统计局. 统计上大中小微型企业划分标准［Z］. 2011-9-2.
❷ 国家统计局，国家工商行政管理总局. 关于划分企业登记注册类型的规定［Z］. 2011-9-30.

5. 统计分析

对问卷信息进行编码和录入后，对问卷调查获得的数据使用 Stata11 进行描述性统计分析。

3.3.2 案例分析法

1. 案例选择

在选择案例企业时主要考虑三个因素：一是企业性质，主要聚焦于内资企业；二是所属行业，分别挑选重庆支柱产业的典型企业作为分析对象；三是生态创新实践的类型，每种生态创新类型选择 1~2 个典型案例进行深入研究。共选择了 4 个企业、1 个生态工业园作为案例（见表 3-16）。

表 3-16　案例基本信息

序号	名称	规模	所属行业	分析视角
1	重庆钢铁有限责任公司	大型	金属冶炼及压延加工	工艺生态创新
2	重庆长安汽车股份有限公司	大型	汽车制造	产品生态创新
3	港桥生态工业园	大、中、小型	废弃资源综合利用	组织生态创新
4	重庆通用工业有限责任公司	大型	装备制造	商业模式生态创新
5	重庆海王星集团	中型	仪表制造	商业模式创新

2. 案例资料收集

主要采用三种途径收集相关案例信息。

一是对案例企业的中（高）层管理人员进行访谈。

二是查阅企业内部有关生态创新具体措施及所取得效果的文档资料。

三是借助网络搜集企业相关公开信息。

资料收集完成后，对信息进行整理和归类。

3. 案例分析步骤

案例分析分三步：首先简要介绍企业状况；然后描述企业开展生态创新的具体方式及取得的成效；最后结合相关理论剖析影响企业开展生态创新的主要因素，解释其作用机理。

4　制造业工艺生态创新分析

在企业内部开展工艺生态创新通常是走向可持续制造的第一步。它是企业通过对生产体系进行改造或重构，在减少或避免产生不必要的废物的同时，更有效地将投入转化为产出，从而提高生产过程的经济、生态和社会绩效的过程和方法。工艺生态创新的目标主要有两个：一是实现绿色输入，主要通过减少材料的使用、使有害物质的使用最小化、用危害较小的材料替代有害材料、增加可再生和可循环材料的使用等手段，实现每单位产品消耗的不可再生资源量、限制性物质量、使用回收材料占总输入材料的比例这3个关键输入指标的改善；二是实现绿色操作，主要通过减少能源消耗、减少废物产生和排放、减少材料经济价值的损失、对生命末期物质进行再加工或再制造、设备或生产线的替换或升级等手段，实现设备水消耗量、设备能源消耗量、可再生能源使用比例、操作中温室气体排放量、产生的固废量、对大气的排放量、对水的排放量、设备的占地面积这8个关键指标的改进。❶

4.1　重庆制造业工艺生态创新概况

当前重庆制造业工艺生态创新主要是在节能减排方面采取一些措施。对调研回收的有效问卷使用stata11进行描述性统计分析，结果如下。

1. 减排措施

表4-1和表4-2统计了样本企业为减少生产过程中的排放而采取的措

---

❶ Bordt M. OECD Sustainable Manufacturing Toolkit [J]. Sustainability and US Competitiveness Summit, US Department of Commerce, 2009, 8.

施。a 为对生产过程中产生的废弃物在排放前进行无害化处理；b 为用新型环保工艺替代旧工艺，减少排放；c 为对生产中产生的废品、副产品进行回收再利用；d 为使用清洁能源；e 为采取其他办法；f 为尚未采用防治办法。样本企业中有97.34%采取了一种或多种减排措施，大多数企业同时采取了多种措施以提高防治效果。a 这种传统的"末端治理"方法仍是普遍使用的方法之一，有的企业使用；b 以67.46%的使用率略超前者，成为目前使用率最高的减排措施；c 以63.61%的使用率紧随其后；其他措施使用较少。而企业管理者选择的效果最好的减排措施，依次是 b、a、c，三者得票率亦相近（见表4-3）。可见，各减排措施的效果排序与使用率排序基本一致。这在一定程度上表明企业在减排工作中注重实效，能取得更好效果的防治措施越来越成为企业的首选。

表4-1　企业采取的减排措施频数表

减排措施	频数	百分比	累计
a	34	10.06	10.06
ab	38	11.24	21.30
abc	105	31.06	52.37
abcd	11	3.25	55.62
abcde	3	0.89	56.51
abce	2	0.59	57.10
abd	2	0.59	57.69
ac	28	8.28	65.98
ae	1	0.30	66.26
b	20	5.92	72.18
bc	36	10.65	82.83
bcd	3	0.89	83.72
bd	7	2.07	85.79
be	1	0.30	86.09
c	19	5.62	91.71

减排措施	频数	百分比	累计
cd	5	1.48	93.19
ce	3	0.89	94.08
d	6	1.78	95.86
de	5	1.48	97.34
f	9	2.66	100.00
合计	338	100.00	

表4-2　企业减排措施及其占比

减排措施	a	b	c	d	e	f
占比(%)	66.26	67.46	63.61	12.43	4.44	2.66

表4-3　减排效果最好的措施

减排措施	频数	百分比	累计
a	107	31.66	31.66
b	120	35.50	67.16
c	94	27.81	94.97
d	13	3.85	98.82
e	4	1.18	100.0
合计	338	100.00	

2. 节能措施

表4-4和表4-5统计了样本企业为节能降耗而采取的各种措施。a为使用节能设备和技术；b为制订运行维护的节能方案；c为对员工进行节能教育和培训；d为采用其他办法；e为尚未采取节能办法。样本企业中有98.22%采取了一种或多种降低能源消耗的措施，大多数企业同时采取了多种措施以提高节能效果，其中同时采用a、b、c三者且只采用了此三者的企业最多，占38.15%。目前采用得最多的节能措施是c，75.13%的企业采用了该措施；其次是a，74.85%的企业采用了该措施；再次是b，60.34%的企业采用了该措施。高达66.87%的企业管理者认为节能效果最好的措施是a，其他措施的效

果认可度均远低于该措施（见表4-6）。可见，技术创新是节能的最有效措施，教育培训、节能管理主要起辅助作用，但后两者因为操作简便也得到了普遍应用。

表4-4　企业采取的节能措施频数表

节能措施	频数	百分比	累计
a	34	10.06	10.06
ab	25	7.40	17.46
abc	129	38.15	55.61
abcd	2	0.59	56.20
ac	61	18.05	74.25
acd	1	0.30	74.55
ad	1	0.30	74.85
b	10	2.96	77.81
bc	35	10.35	88.16
bd	3	0.89	89.05
c	26	7.69	96.74
d	5	1.48	98.22
e	6	1.78	100.00
合计	338	100.00	

表4-5　企业节能措施及其占比

节能措施	a	b	c	d	e
占比（%）	74.85	60.34	75.13	3.56	1.78

表4-6　节能效果最好的措施

节能措施	频数	百分比	累计
a	226	66.87	66.87
b	48	14.20	81.07
c	50	14.79	95.86
d	14	4.14	100.00
合计	338	100.0	

　　问卷调查结果显示：重庆制造业已普遍进入以效果为导向的工艺生态创新阶段，创新的主要手段是开发或应用新技术、新工艺、新设备，辅之以相应的管理措施，多管齐下，实现生产过程的减量化、无害化、再资（能）源化。

　　调研还发现，工艺生态创新力度较大的行业主要集中于金属、化工、水泥、纸业、皮革等高污染或资源约束型行业。其原因一是这些行业承受着较大的来自政府和利益相关者的压力，企业只有进行生态创新才能降低因污染环境而遭受惩罚的风险；二是这些行业都是竞争较充分的传统行业，只有通过不断的技术创新才能取得竞争优势，赢得生存和发展的先机。这从一个侧面证实了Pereira &Vence 关于企业所属行业决定企业面临的技术创新机会❶的研究结论。

4.2　组织特征对工艺生态创新的影响

　　工艺生态创新主要是局限于组织内部的创新，组织特征必然会对创新的开展产生重要影响。本节将企业规模、所有权性质这两个基本组织特征纳入实证分析。

4.2.1　理论及假设

　　关于企业规模与创新之间关系的研究有不同的结论，归结起来主要有四种观点。

　　1. 企业规模与创新正相关

　　熊彼特最早提出创新与垄断能力存在正相关关系，企业只有具有一定的规模后才能为技术创新提供所需的资源，并承担创新存在的风险。❷ 阿罗认为：中小型企业资源不足、融资能力较差直接限制了其顺利实施创新活动。同时它们没有能力为其创新成果申请专利保护，无法阻止其他企业的模仿行为。大企业在创新方面占据诸多优势：拥有雄厚的资金、人才、设备等创新资本，更有

---

❶　Pereira Á, Vence X. Key business factors for eco-innovation: an overview of recent firm-level empirical studies [J]. Cuadernos De Gestion, 2012 (12): 73 – 103.

❷　Schumpeter J A, Bottomore T B. Capitalism, socialism and democracy [M]. London: Unwin Paperbacks, 1987.

实力进行研究、开发及市场运作；能够进行合理的分散投资，从而降低技术创新带来的风险；较大的市场规模使企业能够分摊创新成本；在成果转化阶段也有助于创新效率的改进。❶ 一些实证研究支持该观点，如刘国新对武汉市一些企业的研究，❷ 程正中、吴永林和谢朝阳对我国电子及通信设备制造企业技术创新能力的研究，❸ 都得出大规模企业的技术创新能力强于中小规模企业的结论。

2. 企业规模与创新负相关

这种观点认为，中小企业在技术创新活动中有其自身优势：组织机构简单、创新机制灵活、内部沟通顺畅、对市场需求反应敏锐、学习能力和模仿能力较强、资源投入利用率高等，这些都使得中小企业表现出更高的创新效率和水平。一些学者也发现了支持该观点的实例。如戴西超、谢守祥和丁玉梅对江苏省工业企业的分析就发现中小企业的技术创新水平高于大企业。❹

3. 企业规模与创新之间的关系存在阈值

当企业规模低于此阈值时，技术创新的密度会随企业规模的扩大而增加，随后随着企业规模继续增长，技术创新密度则下降，即企业规模与技术创新呈倒"U"型关系。❺ 也有学者提出企业规模与技术创新能力之间存在着先下降后上升的正"U"型关系。❻ 这两种说法都主张企业的技术创新存在一个适度规模，规模过大或过小都不利于技术创新。

4. 企业规模与创新之间的关系存在行业差异

有人认为在不同行业，企业规模与技术创新存在不同的关系。美国经济学家阿克斯1982年对美国34个创新最多的行业中不同企业规模的创新产出数作了比较，结论是：中小企业创新在14个行业占优势，其余的20个行业大企业

❶ 肖仁桥，王宗军，钱丽. 我国不同性质企业技术创新效率及其影响因素研究：基于两阶段价值链的视角［J］. 管理工程学报，2015，29（2）：190－202.

❷ 刘国新，李勃. 论企业规模与R&D投入相关性［J］. 管理科学学报，2001，4（4）：68－72.

❸ 程正中，吴永林，谢朝阳. 技术创新能力与企业规模的关系研究［J］. 技术经济，2008，27（6）：27－31.

❹ 戴西超，谢守祥，丁玉梅. 企业规模，所有制与技术创新——来自江苏省工业企业的调查与实证［J］. 中国软科学，2007，20（6）：114－116.

❺ 高良谋，李宇. 技术创新与企业规模关系的形成与转化［J］. 中国软科学，2008（12）：96－104.

❻ 王芳. 企业规模、所有制对技术创新能力的影响研究——以我国高新技术企业为例［D］. 太原：中北大学，2014.

占优势。❶ 彭征波对2000—2003年中国工业统计数据的研究表明：企业规模与创新之间的关系在纺织行业中呈倒"U"型曲线，而在电子、服装、化学以及机械行业呈"U"型曲线。❷

综上所述，企业技术创新既具有规模经济性，又有规模不经济性，❸ 大型企业和中小型企业在创新过程中各有特点。大企业实力雄厚，拥有的各类创新资源一般多于中小企业；小企业机制灵活，反应敏捷，也能够在各方面都处于弱势的情况下积极找到创新的突破口。即企业规模会影响企业的创新特点和采取的具体措施。据此，本文分别从减排和节能两方面分析企业规模对工艺生态创新的影响，形成两个假设。

假设1a：企业规模大小对其采取的减排措施有显著影响

假设1b：企业规模大小对其采取的节能措施有显著影响

企业所有权性质决定着企业的治理结构、资源获取与配置以及企业与外部的关系，影响企业资源的有效管理，也是企业创新研究的核心问题。

（1）国有企业的创新水平。一些学者认为国有产权意味着企业更容易借助政府的力量获取创新所需的稀缺资源，政府也能为国企创新提供有效庇护；同时，在中国经济体系中，国企需发挥引导作用，管理者迫于政府压力常常不得不实施高风险的长期创新战略，因此国有企业更具创新性。李春涛和宋敏利用世界银行2003年对中国1483家制造业企业的调查数据，检验了不同所有制下企业创新投入和产出的情况，证实了国企更具有创新性。❹ 与此相反，另一些学者认为国家所有权限制了企业创新。吴延兵选用1998—2003年中国省级工业行业数据进行实证分析，发现国有企业在创新投入、创新效率和生产效率上都不如民营企业，指出国有企业的产权属性及由此造成的严重的委托代理和预算软约束问题，导致了国有企业创新效率的损失。❺ 冯根福、温军也认为由

❶ 薛凤平.技术创新能力与企业规模关系的实证研究[J].中国海洋大学学报，2005（5）：33-37.

❷ 彭征波.企业规模、市场结构与创新——来自不同行业的经验证据[J].中南财经政法大学学报，2007（2）：106-111.

❸ 孙娜.中国工业企业规模对技术创新的影响关系研究[D].青岛：中国海洋大学，2009.

❹ 李春涛，宋敏.中国制造业企业的创新活动：所有制和CEO激励的作用[J].经济研究，2010（5）：55-67.

❺ 吴延兵.自主研发、技术引进与生产率——基于中国地区工业的实证研究[J].经济研究，2008，8：51-64.

于国有企业存在严重的多级委托代理问题，所有者缺乏能力、动机和机制来监督管理层，致使国有持股比例与企业技术创新存在反相关关系，并利用中国上市公司的数据进行了验证。❶

（2）外资企业的创新水平。一些研究认为外资企业拥有资金和技术上的优势，在研发投资和创新绩效方面拥有显著的优势。Sadowski & Sadowski-Rasters 利用 1996 年荷兰的 4780 家企业层面数据，提出无论模仿性创新还是实际性创新，外国子公司都比国内企业更具有创新性。❷ 池仁勇对浙江省 230 家企业的研究也表明外资企业技术创新效率最高。❸ 然而，也有一些研究结果表明外资所有权不利于创新。Bishop & Wiseman 基于 1996 年英国 356 份有效问卷调查构建了二阶估计模型，发现外资所有权对创新具有间接的负向影响。❹ 夏冬通过问卷调查也发现外资所有权与创新并没有显著关系，指出跨国公司为了保护其核心竞争力，并不愿意将其核心技术向他国输出。❺

（3）私营企业的创新水平。一般认为，私营企业面临更加激烈的竞争环境，生存问题往往是企业决策的前提条件，因此企业常不得不放弃可能产生巨额回报的研发项目，转而投向能够在短期带来利润的项目。另外，私营企业通常缺乏创新所需的资金和技术等资源，不像外资企业那样拥有技术优势，也不像国有企业那样拥有资金和政策支持，❻ 因而创新水平较低。但也有学者认为私营企业在降低成本、提升产品质量方面具有更强的内在动力，且许多创始人富有企业家精神，员工也具有一定的危机意识，从而使得企业技术创新效率在内资企业中处于较高水平。❼ Lin 以 2003—2009 年间中国企业的相关数据进行

---

❶ 冯根福，温军. 中国上市公司治理与企业技术创新关系的实证分析[J]. 中国工业经济，2008 (7)：91－101.

❷ Sadowski B M, Sadowski-Rasters G. On the Innovativeness of Foreign Affiliates：Evidence from Companies in The Netherlands [J]. Research Policy，2006，35（3）：447－462.

❸ 池仁勇. 企业技术创新效率及其影响因素研究[J]. 数量经济技术经济研究，2003（6）：105－108.

❹ Bishop P, Wiseman N. External Ownership and Innovation in the United Kingdom [J]. Applied Economics，1999，31（4）：443－450.

❺ 夏冬. 所有权结构与企业创新效率[J]. 南开管理评论，2003，6（3）：32－36.

❻ 张斌. 代理理论视角下所有权结构对企业创新的影响研究 [D]. 北京：北京邮电大学，2014：88－91.

❼ 肖仁桥，王宗军，钱丽. 我国不同性质企业技术创新效率及其影响因素研究：基于两阶段价值链的视角 [J]. 管理工程学报，2015，29（2）：190－202.

实证研究，发现与国有企业相比，私营企业更倾向于增加研发投入❶。吴延兵的研究结果也表明民营企业在创新投入和专利创新方面领先于国有企业和外资企业。❷

可见，不同所有权性质的企业在创新方面也各具优势。国有企业有国家的扶持，外资企业有海外母公司作后盾，私营企业则在市场高压下更具创新动机。据此，本文分别从减排和节能两方面分析所有权性质对企业工艺生态创新的影响，形成两个假设。

假设2a：企业所有权性质对其采取的减排措施有显著影响

假设2b：企业所有权性质对其采取的节能措施有显著影响

4.2.2 问卷调查结果

1. 企业规模对减排措施的影响

表4-7和表4-8中，规模-1为大型企业、规模-2为中型企业、规模-3为小型企业、规模-4为微型企业。统计分析表明，减排措施的使用在不同规模的样本企业中分布并不一致。同时采取a、b、c三种减排措施的样本比率随企业规模的缩小逐渐减少，大型企业占39.47%、中型企业占34.07%、小型企业占30.23%、微型企业占18.92%。企业规模与a的使用显著相关，随规模缩小，a的使用率逐渐减少；与b的使用接近正相关；与c、d的使用率无明显相关关系；与e的使用率显著相关，微型企业采取该措施的比率明显高于其他企业；与f的使用显著相关，随着规模的缩小，未采用任何减排措施的企业逐渐增加。假设1a总体上得到证实。

表4-7 减排措施与企业规模列联总表

减排措施	规模				
	1	2	3	4	合计
a	6	9	15	4	34
ab	2	7	28	1	38

❶ Lin C，Lin P，Song F. Property rights protection and corporate R&D：Evidence from China [J]. Journal of Development Economics，2010，93（1）：49－62.

❷ 吴延兵. 中国哪种所有制类型企业最具创新性？[J]. 世界经济，2012（6）：3－29.

续表

减排措施	规模				
	1	2	3	4	合计
abc	15	31	52	7	105
abcd	3	2	6	0	11
abcde	0	2	1	0	3
abce	1	1	0	0	2
abd	0	0	1	1	2
ac	2	11	14	1	28
ae	0	0	1	0	1
b	4	4	11	1	20
bc	4	14	12	6	36
bcd	0	2	1	0	3
bd	1	0	4	1	6
bd	0	0	0	1	1
be	0	0	0	1	1
c	0	2	13	4	19
cd	0	0	4	1	5
ce	0	1	0	2	3
d	0	3	3	0	6
de	0	2	0	3	5
f	0	0	6	3	9
合计	38	91	172	37	338

$$\text{Pearson chi2}(60) = 106.0381 \quad Pr = 0.000$$

$$gamma = 0.1444 \quad ASE = 0.060$$

$$\text{Kendall's tau} - b = 0.1076 \quad ASE = 0.045$$

表4-8 企业规模与减排措施列联分表

规模	减排措施 a			规模	减排措施 b		
	0	1	合计		0	1	合计
1	9 23.68	29 76.32	38 100.00	1	8 21.05	30 78.95	38 100.00
2	28 30.77	63 69.23	91 100.00	2	28 30.77	63 69.23	91 100.00
3	54 31.40	118 68.60	172 100.00	3	56 32.56	116 67.44	172 100.00
4	23 62.16	14 37.84	37 100.00	4	18 48.65	19 51.35	37 100.00
合计	114 33.73	224 66.27	338 100.00	合计	110 32.54	228 67.46	338 100.00
Pearson chi2(3) = 15.8734　　Pr = 0.001				Pearson chi2(3) = 6.7876　　Pr = 0.079			

规模	减排措施 c			规模	减排措施 d		
	0	1	合计		0	1	合计
1	13 34.21	25 65.79	38 100.00	1	34 89.47	4 10.53	38 100.00
2	25 27.47	66 72.53	91 100.00	2	80 87.91	11 12.09	91 100.00
3	69 40.12	103 59.88	172 100.00	3	152 88.37	20 11.63	172 100.00
4	16 43.24	21 56.76	37 100.00	4	30 81.08	7 18.92	37 100.00
合计	123 36.39	215 63.61	338 100.00	合计	296 87.57	42 12.43	338 100.00
Pearson chi2(3) = 4.9866　　Pr = 0.173				Pearson chi2(3) = 1.6697　　Pr = 0.644			

规模	减排措施 e		
	0	1	合计
1	37 97.37	1 2.63	38 100.00
2	85 93.41	6 6.59	91 100.00
3	170 98.84	2 1.16	172 100.00
4	31 83.78	6 16.22	37 100.00
合计	323 95.56	15 4.44	338 100.00
Pearson chi2(3) = 17.7430		Pr = 0.000	

规模	减排措施 f		
	0	1	合计
1	38 100.00	0 0.00	38 100.00
2	91 100.00	0 0.00	91 100.00
3	166 96.51	6 3.49	172 100.00
4	34 91.89	3 8.11	37 100.00
合计	329 97.34	9 2.66	338 100.00
Pearson chi2(3) = 8.2143		Pr = 0.042	

表4-9显示，企业规模与企业管理者认可的最佳减排措施显著相关。大中型企业对于 b、a 两种措施的效果认可度较高；小型企业对措施 c 的效果认可度较之大中型企业有所提升；微型企业对 a、b（尤其是 a）的认可度远低于其他规模的企业，却有高达一半认为 c 效果最好，对其他减排措施的认可度也较高。

表4-9 企业规模对减排措施评价的影响

规模	减排措施 redb					
	a	b	c	d	e	合计
1	14 36.84	15 39.47	8 21.05	1 2.63	0 0.00	38 100.00
2	36 39.56	33 36.26	19 20.88	3 3.30	0 0.00	91 100.00
3	54 31.40	63 36.63	47 27.33	6 3.49	2 1.16	172 100.00

规模	减排措施					
	a	b	c	d	e	合计
4	3 8.11	9 24.32	20 54.05	3 8.11	2 5.41	37 100.00
合计	107 31.66	120 35.50	94 27.81	13 3.85	4 1.18	338 100.00
	Pearson chi2(12) = 30.6464 Pr = 0.002					

2. 企业规模对节能措施的影响

表4-10和表4-11表明，节能措施的使用在不同规模的样本企业中分布并不一致。企业规模与措施 a、c 的使用显著相关，大型企业对 a 的使用率明显高于其他规模的企业，微型企业对 a 的使用率则明显偏低；中小型企业对 c 的使用率高于其他规模的企业。企业规模与措施 b、e 的使用率无明显相关关系；与措施 d 的使用接近相关，微型企业对该措施的使用率较其他办法高。假设 1b 总体上得到证实

表4-10 节能措施与企业规模列联总表

节能措施	规模				
	1	2	3	4	合计
a	8	5	16	5	34
ab	5	2	17	1	25
abc	14	38	71	6	129
abcd	0	0	2	0	2
ac	9	19	27	6	61
acd	0	0	1	0	1
ad	0	1	0	0	1
b	1	2	2	5	10

续表

节能措施	规模				
	1	2	3	4	合计
bc	0	12	16	7	35
bd	0	0	1	2	3
c	1	8	14	3	26
d	0	2	1	2	5
e	0	2	4	0	6
合计	38	91	172	37	338

Pearson chi2(36) = 69.3977　　Pr = 0.001

gamma = 0.1089　　ASE = 0.065

Kendall's tau - b = 0.0786　　ASE = 0.047

表 4-11　企业规模与节能措施列联分表

规模	节能措施 a			规模	节能措施 b		
	0	1	合计		0	1	合计
1	2 5.26	36 94.74	38 100.00	1	18 47.37	20 52.63	38 100.00
2	26 28.57	65 71.43	91 100.00	2	37 40.66	54 59.34	91 100.00
3	38 22.09	134 77.91	172 100.00	3	63 36.63	109 63.37	172 100.00
4	19 51.35	18 48.65	37 100.00	4	16 43.24	21 56.76	37 100.00
合计	85 25.15	253 74.85	338 100.00	合计	134 39.64	204 60.36	338 100.00
Pearson chi2(3) = 22.8977　　Pr = 0.000				Pearson chi2(3) = 1.8410　　Pr = 0.606			

规模	节能措施 c			规模	节能措施 d		
	0	1	合计		0	1	合计
1	14 36.84	24 63.16	38 100.00	1	38 100.00	0 0.00	38 100.00
2	14 15.38	77 84.62	91 100.00	2	88 96.70	3 3.30	91 100.00
3	41 23.84	131 76.16	172 100.00	3	167 97.09	5 2.91	172 100.00
4	15 40.54	22 59.46	37 100.00	4	33 89.19	4 10.81	37 100.00
合计	84 24.85	254 75.15	338 100.00	合计	326 96.45	12 3.55	338 100.00
Pearson chi2(3) = 12.2637　　Pr = 0.007				Pearson chi2(3) = 7.3198　　Pr = 0.062			

规模	节能措施 e		
	0	1	合计
1	38 100.00	0 0.00	38 100.00
2	89 97.80	2 2.20	91 100.00
3	168 97.67	4 2.33	172 100.00
4	37 100.00	0 0.00	37 100.00
合计	332 98.22	6 1.78	338 100.00
Pearson chi2(3) = 1.7475　　Pr = 0.626			

表 4-12 显示，企业规模与企业管理者认可的最佳节能办法显著相关。各企业都对 a 的认可度最高，但随着企业规模的缩小，对 a 的认可度趋于降低。

微型企业对 d 的认可度明显高于其他规模的企业。

表4-12 企业规模对节能措施评价的影响

规模	节能措施				
	a	b	c	d	合计
1	29 76. 32	2 5. 26	7 18. 42	0 0. 00	38 100. 00
2	62 68. 13	16 17. 58	11 12. 09	2 2. 20	91 100. 00
3	116 67. 44	23 13. 37	28 16. 28	5 2. 91	172 100. 00
4	19 51. 35	7 18. 92	4 10. 81	7 18. 92	37 100. 00
合计	226 66. 86	48 14. 21	50 14. 79	14 4. 14	338 100. 00
Pearson chi2(9) = 29. 3882　　Pr = 0. 001					

3. 企业所有权性质对减排措施的影响

表4-13 和表4-14 中,所有权-1 为国有及国有控股企业、所有权-2 为集体企业,所有权-3 为私营企业,所有权-4 为其他企业。统计分析表明减排方法的使用在不同所有权性质的样本企业中分布并不一致。国有及国有控股企业、集体企业都采取了减排措施,未采取减排措施的以私营企业居多。所有权性质与措施 a、b、c、f 的使用率无明显相关关系;与措施 d、e 显著相关,集体企业对这两种办法的使用率远高于其他性质的企业。假设 2a 只得到部分证实,总体上企业所有权性质对减排措施影响并不明显。

表4-13 减排措施与企业性质列联表

减排措施	所有权				
	1	2	3	4	合计
a	5	0	28	1	34
ab	2	0	30	6	38

续表

减排措施	所有权				
	1	2	3	4	合计
abc	6	1	85	13	105
abcd	1	0	8	2	11
abcde	0	1	1	1	3
abce	0	0	2	0	2
abd	0	0	2	0	2
ac	2	1	24	1	28
ae	0	0	1	0	1
b	3	0	16	1	20
bc	4	0	29	3	36
bcd	0	0	3	0	3
bd	1	0	6	0	7
be	0	0	0	1	1
c	0	0	18	1	19
cd	0	0	5	0	5
ce	0	1	0	2	3
d	0	0	4	2	6
de	0	2	1	2	5
f	0	0	7	2	9
合计	24	6	270	38	338

$$\text{Pearson chi2}(60) = 130.3544 \quad Pr = 0.000$$

$$gamma = 0.0590 \quad ASE = 0.087$$

$$\text{Kendall's tau} - b = 0.0324 \quad ASE = 0.048$$

表 4 - 14　企业性质与减排措施列联分表

所有权	减排措施 a			所有权	减排措施 b		
	0	1	合计		0	1	合计
1	8 33.33	16 66.67	24 100.00	1	7 29.17	17 70.83	24 100.00
2	3 50.00	3 50.00	6 100.00	2	4 66.67	2 33.33	6 100.00
3	89 32.96	181 67.04	270 100.00	3	88 32.59	182 67.41	270 100.00
4	14 36.84	24 63.16	38 100.00	4	11 28.95	27 71.05	38 100.00
合计	114 33.73	224 66.27	338 100.00	合计	110 32.54	228 67.46	338 100.00
Pearson chi2(3) = 0.9480　　Pr = 0.814				Pearson chi2(3) = 3.5312　　Pr = 0.317			

所有权	减排措施 c			所有权	减排措施 d		
	0	1	合计		0	1	合计
1	11 45.83	13 54.17	24 100.00	1	22 91.67	2 8.33	24 100.00
2	2 33.33	4 66.67	6 100.00	2	3 50.00	3 50.00	6 100.00
3	95 35.19	175 64.81	270 100.00	3	240 88.89	30 11.11	270 100.00
4	15 39.47	23 60.53	38 100.00	4	31 81.58	7 18.42	38 100.00
合计	123 36.39	215 63.61	338 100.00	合计	296 87.57	42 12.43	338 100.00
Pearson chi2(3) = 1.2742　　Pr = 0.735				Pearson chi2(3) = 9.8377　　Pr = 0.20			

所有权	减排措施 e			所有权	减排措施 f		
	0	1	合计		0	1	合计
1	24 100.00	0 0.00	24 100.00	1	24 100.00	0 0.00	24 100.00
2	2 33.33	4 66.67	6 100.00	2	6 100.00	0 0.00	6 100.00
3	265 98.15	5 1.85	270 100.00	3	263 97.41	7 2.59	270 100.00
4	32 84.21	6 15.79	38 100.00	4	36 94.74	2 5.26	38 100.00
合计	323 95.56	15 4.44	338 100.00	合计	329 97.34	9 2.66	338 100.00
Pearson chi2(3) = 71.7048		Pr = 0.000		Pearson chi2(3) = 1.8172		Pr = 0.611	

表 4-15 显示，所有权性质与企业管理者选择的最佳减排措施无明显相关关系。

表 4-15　企业性质对减排措施评价的影响

所有权	减排措施					
	1	2	3	4	5	合计
1	6 25.00	9 37.50	8 33.33	1 4.17	0 0.00	24 100.00
2	2 33.33	0 0.00	3 50.00	1 16.67	0 0.00	6 100.00
3	84 31.11	104 38.52	70 25.93	8 2.96	4 1.48	270 100.00
4	15 39.48	7 18.42	13 34.21	3 7.89	0 0.00	38 100.00
合计	107 31.66	120 35.50	94 27.81	13 3.85	4 1.18	338 100.00
Pearson chi2(3) = 15.0469　　　Pr = 0.239						

4. 企业所有权性质对节能措施的影响

表 4-16 和表 4-17 表明，节能方法的使用在不同所有权性质的样本企业中分布并不一致。企业性质与措施 a、d、e 的使用显著相关；与措施 b 的使用接近相关；与措施 c 的使用无明显相关关系。国有及国有控股企业中未采取任何节能措施的比率最高，集体企业未采取节能措施的比率最低。集体企业对 a 的使用率远低于其他性质的企业，对 b 的使用率略高于国有企业和私营企业，对 d 的使用率远高于其他性质的企业。假设 2b 得到证实。

表 4-16 节能措施与企业性质列联总表

节能措施	所有权				
	1	2	3	4	合计
a	4	0	30	0	34
ab	0	0	22	3	25
abc	11	1	99	18	129
abcd	0	0	0	2	2
ac	4	0	56	1	61
acd	0	0	1	0	1
ad	0	0	1	0	1
b	1	1	6	2	10
bc	1	2	30	2	35
bd	0	0	0	3	3
c	0	0	21	5	26
d	0	2	2	1	5
e	3	0	2	1	6
合计	24	6	270	38	338
Pearsn chi2(36) = 131.7047 Pr = 0.00					
gamma = 0.0498 ASE = 0.093					
Kendall's tau - b = 0.0262 ASE = 0.049					

表 4 – 17 企业性质与节能措施列联分表

所有权	节能措施 a			所有权	节能措施 b		
	0	1	合计		0	1	合计
1	5 20.83	19 79.17	24 100.00	1	11 45.83	13 54.17	24 100.00
2	5 83.33	1 16.67	6 100.00	2	2 33.33	4 66.67	6 100.0
3	61 22.59	209 77.41	270 100.00	3	113 41.85	157 58.15	270 100.00
4	14 36.84	24 63.16	38 100.00	4	8 21.05	30 78.95	38 100.00
合计	85 25.15	253 74.85	338 100.00	合计	134 39.64	204 60.36	338 100.00
Pearson chi2(3) = 14.7259 Pr = 0.002				Pearson chi2(3) = 6.5233 Pr = 0.089			

所有权	节能措施 c			所有权	节能措施 d		
	0	1	合计		0	1	合计
1	8 33.33	16 66.67	24 100.00	1	24 100.00	0 0.00	24 100.00
2	3 50.00	3 50.00	6 100.00	2	4 66.67	2 33.33	6 100.00
3	63 23.33	207 76.67	270 100.00	3	266 98.52	4 1.48	270 100.00
4	10 26.32	28 73.68	38 100.00	4	32 84.21	6 15.79	38 100.00
合计	84 24.85	254 75.15	338 100.00	合计	326 96.45	12 3.55	338 100.00
Pearson chi2(3) = 3.3332 Pr = 0.343				Pearson chi2(3) = 36.4243 Pr = 0.000			

所有权	节能措施 e		
	0	1	合计
1	21 87.50	3 12.50	24 100.00
2	6 100.00	0 0.00	6 100.00
3	268 99.26	2 0.74	270 100.00
4	37 97.37	1 2.63	38 100.00
合计	332 98.22	6 1.78	338 100.00
Pearson chi2（3）= 17.7572		Pr = 0.000	

表 4-18 表明所有权性质与企业管理者选择的最佳节能措施显著相关。国有及国有控股企业、私营企业、其他企业对措施 a 的效果评价明显高于其他措施；集体企业对 a、b、d 三种措施的效果评估类似，但对 c 的效果认可度极低。

表 4-18　企业性质对节能措施评价的影响

所有权	节能措施 b				
	a	b	c	d	合计
1	17 70.83	3 12.50	4 16.67	0 0.00	24 100.00
2	2 33.33	2 33.33	0 0.00	2 33.34	6 100.00
3	187 69.26	37 13.70	40 14.82	6 2.22	270 100.00

所有权	节能措施 b				
	a	b	c	d	合计
4	20 52.63	6 15.79	6 15.79	6 15.79	38 100.00
合计	226 66.86	48 14.20	50 14.80	14 4.14	338 100.00
Pearson chi2(9) = 33.3149　　　Pr = 0.000					

4.2.3　结论与讨论

1. 企业规模与工艺生态创新相关

4.2.2 节的讨论结果表明：企业规模与工艺生态创新的开展存在明显相关关系。企业规模越大，采用联合减排措施的比例越高；企业规模越小，不采取减排措施的可能性越大。企业规模越大，对"末端治理"和"工艺替代"这两种减排办法的依赖性越强，认可度高也较高；而规模小的企业更倾向于采取其他灵活多样的减排办法，对"回收再利用"等减排办法的认可度也更高。大型企业对"使用节能设备和技术"进行节能依赖性最强，中、小型企业对"节能教育和培训"有较大偏好，微型企业则更能接受其他灵活多样的节能办法。

总之，规模大的企业偏好依托技术优势进行工艺生态创新；规模小的企业倾向于选择灵活多样的创新办法；规模越小，越有可能不开展生态创新。对于一些不会明显增加企业运行成本甚至能降低企业生产成本的办法，如制订节能方案、使用清洁能源等，则不受企业规模影响。

从业人员人数和营业收入是判断企业规模的依据。规模大的企业拥有更雄厚的资金及人才资源，这些都是技术创新不可或缺的要素。但技术创新的前期投入也成为一种巨大的沉淀成本，导致大型企业对既有技术的路径依赖，阻碍了技术激进性的革新和其他层面的创新。依托技术、设备的工艺生态创新要求的大量前期投入对规模小的企业可能是难以承受的巨大负担，但同时它们亦可轻装上阵，不拘一格，独辟创新途径。如果加上政府监管大量小微企业成本高的机会主义考量，小规模企业逃避工艺生态创新的概率便增加了。

2. 企业所有权性质与工艺生态创新相关

企业所有权性质与工艺生态创新的开展也存在一定的相关关系。国有及国有控股企业采取减排措施的比例最高，而采取节能措施的比例最低；集体企业虽然开展节能减排的比例也较高，但更倾向于采取无需依赖技术与设备的其他节能减排办法；私营企业中未采取减排措施的比例最高。

究其原因，可能是国有及国有控股企业与其他性质的企业相比，承担了更多的社会责任，通常也是监管部门的重点监控对象，减排压力较大。由于政策倾斜，国企能源供应总体较充足，故节能压力较小。集体企业一方面没有了政策庇护，需要到市场上与民营企业等公平竞争；另一方面又背负了较大的历史包袱和社会责任，很多企业经营困难。因此，虽然有很大的节能减排压力，却难以使用新设备和新技术等对企业资源要求较高的办法。私营企业以营利为最终目的，从短期看，减排措施一般会增加企业的生产成本，而节能措施则常被视为降低成本的一种手段，故私营企业中有些会逃避减排，但逃避节能的可能性较小。

综上，企业规模和所有权性质等组织特征对工艺生态创新有显著影响，但对不同创新措施的影响有所不同，需具体情况具体分析。

4.3 组织特征影响工艺生态创新的作用机理

机理是指为实现某一特定功能，一定的系统结构中各要素的内在工作方式以及诸要素在一定环境条件下相互联系、相互作用的运行规则和原理。本节以钢铁生产企业为例，探索组织特征影响企业工艺生态创新的作用机理。

4.3.1 案例分析

1. 案例概况

重庆钢铁集团有限责任公司（以下简称"重钢"）是一个有着百年历史的大型钢铁联合企业，也是重庆市属最大的国有工业企业，目前总资产为 750 亿元，钢铁产能 830 万 t。在重庆的经济建设进程中一直扮演着重要角色的重钢也曾是当地的主要污染源。2007年前重钢虽然每年都投入上亿元资金进行技术改造,以减少对环境的危害,但始终无法摆脱污染大户的帽子。最终重庆市决定将其钢铁主业整体从主城的大渡口区搬迁至周边的长寿区。搬迁过程始于2007年,完成于2011年。借环保搬迁之机,重钢完全淘汰了能耗高、污染严重的落后工艺设备,全面实施技术升级。因为进行了有效的工艺生态创新,位于长寿区的重钢新产区二氧化硫、粉尘等排放指标均不到原来的1/3,吨钢综合能耗在600kgce/t以下,迈入了全国钢铁企业环保先进行列。❶

2. 主要创新措施

围绕钢铁制造流程优化与创新,重钢有43项专利。2012年其"钢铁制造流程优化与创新"项目获中国钢铁工业协会、中国金属学会冶金科学技术一等奖。其自主开发的"干式RH真空冶金技术"综合能耗仅为传统工艺的1/7左右,运行成本仅为传统工艺的1/4,被列入第五批"国家重点节能技术推广目录"。

重钢主要从三个方面进行了工艺生态创新。

一是流程紧凑化、准连续化。优化物流,取消厂区铁路,采用低物流运输成本技术,显著减少物流成本;节约用地,新重钢吨钢用地仅为0.725m^2,用地指标达到国际先进水平;集成工序,采用短流程紧凑式布置的"一罐制"铁－钢界面技术,实现吨钢综合能耗降低约7.72kg标煤,采用"辊道输送链接"的钢－轧界面技术,实现年节约燃料消耗约7.14万t标煤、节约钢坯消耗约1.12万t。

二是构建洁净钢生产平台。通过钢水预处理、转炉少渣冶炼、双联炼钢工艺、炉外精炼和减少铸造过程中对钢水的污染等技术的集成,实现了经济批量生产洁净钢的目的。

三是循环利用生产过程中的物资和能源。通过建立铁素资源、水资源和固体废弃物等的再资源化循环生产体系,实现了工业用水100%循环使用,废水零排放。对钢渣尾渣、高炉水渣、废旧耐材、烧结脱硫渣、废油脂等全量综合利用,综合利用率为97.5%。重钢新区从2010年开始利用生产中产生的余气、余热、余压发电,该指标已达世界一流水平。现自发电率已接近80%,每年

❶ 案例数据主要来源于重庆钢铁(集团)有限责任公司网站 http://www.cqgtjt.com/。

可节约电费 5 亿元，减排二氧化碳近 170 万 t。

总之，重钢的工艺生态创新是以技术创新为核心，通过单元制造过程内的优化，改善单元过程的功能—结构—效率；通过单元制造过程间的优化，尽量利用不同过程的排放物、废弃物和剩余能。❶

3. 创新的影响因素

重钢利用环保搬迁过程进行大量的工艺生态创新，一方面是因为外部压力巨大，不得不创新；另一方面是因为创新资源雄厚，有能力创新。

外部压力主要来自政府、社区、市场三个方面。自《节约能源法》《大气污染防治法》《固体废物污染环境防治法》《清洁生产促进法》等法律颁布实施之后，环境保护部发布了 30 项工业行业清洁生产评价指标体系，钢铁行业即为其中之一。重庆市先后制定实施了"企业环境保护行为信用等级评价暂行办法""环保四大行动督查工作暂行办法"等。一系列政策法规的出台给企业提供了明确的政策预期，即环境立法将越来越严格，环境执法将越来越有力，节能减排势在必行。老重钢"三废"排放一度占据重庆主城工业污染物排放总量的 60%，"污染严重、环境质量差"曾是老重钢所在的大渡口区的形象代名词。搬迁之前，该区污染物的排放量已经到了环境容量的极限，土地含有大量铜、铅等重金属污染物；居民家里每隔几天就会铺满灰尘；排污严重时附近居民不敢打开窗户……而原材料价格上涨、全球钢铁需求总体低迷、行业产能严重过剩等市场因素也倒逼钢铁企业通过节能减排降本增效。

创新资源主要包括资金资源、人力资源、信息资源和社会资源。重钢环保搬迁被列为重庆市工业投资"一号工程"，所需资金共约 300 多亿元，主要依靠出售大渡口老区土地、银行贷款、融资租赁以及政府补贴等方式筹集。在大渡口老区的土地尚未空置出来的情况下，负责收购和开发的渝富集团就向重钢提供了 100 多亿元的资金，让搬迁工程得以运转；当地商业银行以及设备租赁公司给予了搬迁工程大力支持；重庆市财政局、长寿区财政局也多次对重钢因环保搬迁而增加的经营成本进行财政补贴。其多渠道的资金资源是一般中、小企业无法企及的（即便如此，重钢仍因搬迁背上了巨额的债务包袱）。重钢拥

---

❶ 殷瑞钰. 节能、清洁生产、绿色制造与钢铁工业的可持续发展［J］. 钢铁，2002，37（8）：1 - 8.

有丰富的技术人力资源。1999 年就建立了博士后科研工作站，与重庆大学、北京科技大学、辽宁大学等联合招收博士后，对加速产学研合作和企业青年科技人才的培养发挥了重要作用。重钢构建了全流程信息化系统，利用先进的信息技术进行管理。其自主开发的"ERP 企业管理"和"流程工业生产过程综合控制系统"软件的应用可降低管理成本，加快技术进步，减少环境污染。2013 年其开发研制的"钢铁行业基于物联网技术的节能减排网络监控系统"通过了国家相关部门的技术审定。重钢有着诸多的创新合作伙伴，利用广泛的社会资源加速了创新成果的产出速度和应用效果。如联手重庆科技学院确定了焦化厂的干熄焦灰替代技术；与重庆龙大科技有限公司开展有关钢铁生产工序的节能减排项目合作；与韩国浦项钢铁签署战略合作协议，利用对方的绿色钢铁技术推进重钢的产业转型升级等。

4.3.2 组织特征的作用机理

企业能否顺利开展生态创新取决于是否具备三大要素：强烈的创新动机、充足的创新资源、适宜的创新环境。企业规模、所有权性质等组织特征主要作用于前两者，从而对企业的工艺生态创新产生影响。

通过对重钢的个案研究可以看出，企业规模大小在很大程度上决定了它的社会影响力和资源拥有量。规模大的企业对经济、生态、社会的影响也大，政府对它就更加重视，它要接受的社会监督也更严格，承受的外部压力较大。大企业开展生态创新的优势，一是拥有较多的创新资源，具备一定的技术优势；二是可利用规模经济，减少单位产品的生态创新投入；三是对市场风险的承受力较强，可为创新成果的产出和创新收益的获取赢得等待时间。

企业所有权性质则对组织文化特征和管理模式有较大影响。国有企业通常承载了更多的社会责任，其发展既有经济目标又有非经济目标，这也成为其组织文化的一种特征。环境伦理是企业社会责任的重要组成部分，❶ 也是一种卓越的组织文化。企业文化如果重视环境伦理、鼓励创新行为，则更可能将创新

---

❶ Holtbrügge D, Dögl C. How international is corporate environmental responsibility? A literature review [J]. Journal of International Management, 2012, 18（2）：180-195.

资源转化为生态创新成果。目前，国企创新受困于多级代理、组织僵化、内部交易成本高❶等管理弊端，而私企创新则为家长式管理和家族管理的缺陷所局限。

这里的创新机理是：①压力作为外因，在企业文化形成的价值观和抱负水平等内因的作用下，在适宜的管理模式的激励下，唤醒企业的创新动机；②创新动机形成后，对企业的行为起导向和维持作用。企业开始整合内外各种创新资源，并经由有效的管理，利用创新资源产出创新成果；③创新成果市场化，产生创新收益；④创新收益对创新动机、创新资源形成反馈。组织特征影响工艺流程生态创新的作用机理如图4-1所示。

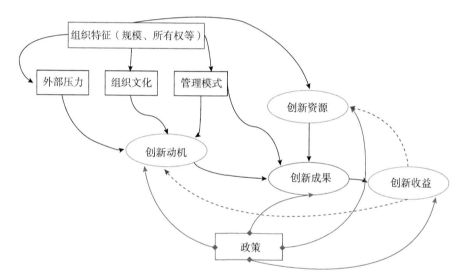

图4-1　组织特征影响工艺流程生态创新的作用机理

在利用创新资源产出创新成果的过程中，先进的管理尤为重要。如重钢为调动职工的创新积极性，大力推广创新工作室建设，目前已有22个创新工作室。其中"胡钢创新工作室"就拥有国家专利17项，5项专利已经在重钢生产线上转化为了生产成果。为激励专业技术人才潜心钻研技术，在重点专业和核心技术领域建立了技术专家制度，在重点子公司实施专业技术人才技术职称

---

❶　张秀峰，陈光华，杨国梁，等．企业所有权性质影响产学研合作创新绩效了吗？[J]．科学学研究，2015，33（6）：934-942．

津贴制度。为推动技能人才不断学习和提升技能，建立了职业技能培训鉴定体系，针对关键工种建立了选拔技能专家制度，为技能操作人员开辟了五级发展通道。管理手段的优化有利于有效调动和整合企业内外的创新资源，提高创新绩效。

4.4　政策启示

推动制造业工艺生态创新的政策应分别作用于创新动机、创新资源、创新成果、创新收益这几个关键节点。

1. 激发创新动机

如前所述，创新动机首先来自外部压力。大企业承受了较多的社会压力，而中小企业面临的压力更多的是来自市场竞争。根据耶克斯－多德森定律（Yerkes-Dodson Law），动机强度和工作效率之间是倒 U 形曲线关系，动机不足或过分强烈，都会对行为造成一定的阻碍。而最佳动机水平与任务的难易程度有关，对于比较容易的任务，较高的动机水平能提高工作效率；对于比较复杂和困难的任务，较低的动机强度下的工作效率更高。工艺生态创新是生态创新的初级水平，难度相对较小，给予较大外部压力以产生较高的创新动机水平，有利于创新效率的提高。对规模较大的企业而言，较大的压力主要是以严格的立法和执法让企业付出较高的违法成本；对规模较小的企业而言，则需要通过营造更加开放、自由的市场环境，引入激烈的竞争。

创新动机也受组织文化的影响。对国企，主要是要打破传统文化的保守倾向，❶ 鼓励创新文化的形成；对于私企，则需要引导企业建立责任文化，从以追求利润为唯一目的模式，转向既要追求利润，也要承担社会责任的多目标模式。

从问卷统计分析的结果看，大企业的工艺生态创新开展情况较好，因此，今后环境监管的重点宜适度下移。为减少因此而可能上涨的监管成本，宜扩大公众参与度，保证公众对环境信息、企业相关生产信息的知情权，使公众参与

---

❶ 沈志渔，刘兴国 . 国有企业自主创新能力发展的阻碍因素分析［J］. 学术研究，2009（10）：71－78.

监管的渠道畅通，提高公众监管的影响力。

2. 再分配创新资源

大企业，尤其是国有大型企业，拥有较多创新资源，同时一定程度上存在资源闲置、利用率低、创新产出不高的问题。中小企业则普遍面临创新资源不足的问题。政府可对创新资源的配置进行一定程度的干预。如通过对小微企业实施特别扶持政策、帮助解决民营企业融资难的问题对资金资源进行再分配；通过改革人才市场和职称评定政策对人力资源进行再分配；通过构建技术创新公共信息服务平台对信息资源进行再分配；通过推动技术创新战略联盟和协作网络对社会资源进行再分配。

将具有基础性、共性或对行业有重大影响和带动作用的技术创新视同公共资源，由政府作为投资主体组织科技攻关，也是一种对创新资源进行再分配的形式。

3. 扩散创新成果

根据罗杰斯的创新扩散模型，创新成果的扩散一开始比较慢，当采用者达到临界数量（通常这个数量是人口的 10% ~ 20%）后，扩散过程进入起飞阶段，这个过程一直延续到系统中有可能采纳创新的人大部分都已采纳创新，扩散速度才再次放慢。政策主要作用于创新扩散过程的早期，通过政策干预冲破采用、推广新技术的机构性、制度性障碍，加快创新成果采用者到达临界数量的速度。

罗杰斯认为，大众传播在向社会扩散创新相关的知识和信息方面十分有效，但在说服人们接受和使用创新方面，人际传播则更为有效。因此，政策干预的具体方式一是充分运用现代信息技术，扩大创新成果的传播范围和传播速度；二是通过技术示范、会议宣讲等方式进行人际交流推广。两种方式结合使用。推动产业集群的形成也有利于加快传播速度和人际传播效果，从而有利于创新成果的扩散。

4. 保护创新收益

如果有保护创新成果、推动成果及时转化为生产力的政策，则创新成果可获得较大收益。如重庆市为执行国家钢铁产业政策，用 3 年时间关停了 12 家"小钢厂"，为淘汰全市落后的钢铁产能，充分利用重钢的工艺生态创新成果，实现集约化绿色生产起到了重要作用。

保护创新收益需要解决两个基本问题：一是创新的外部性问题，通过加大知识产权保护力度，使创新主体的投入得到合理回报；二是竞争的公平性问题，通过合理确定资源使用价格和环境污染成本，使进行了工艺生态创新的企业在市场上更具竞争力。❶

---

❶ 王能民，孙林岩，汪应洛. 绿色制造的激励机制研究[J]. 中国机械工程，2001，12（11）：1307－1310.

5 制造业产品生态创新分析

产品生态创新是指改良某种旧产品或创造某种新产品，通过增加产品的生态属性，使其在整个生命周期中更符合可持续性的要求，在为企业和客户创造新价值的同时减少对环境产生的负面影响。影响产品生态属性的关键因素是产品的材料构成、产品的可拆卸性和可回收性、产品使用中的能源消耗和温室气体排放、产品帮助顾客的能力等。与此对应，产品生态创新的主要措施包括：用可回收或可再生材料替代不可再生材料、减少材料使用量、寻找毒性小的替代材料、降低产品的能源需求、产品运行采用新技术或新能源、提高产品的耐久性、改善产品的可回收性或生物降解能力等。

根据创新程度的不同，可将产品生态创新分为改良旧产品的生态属性和对新产品进行生态设计两种方式。产品改良是在技术原理没有重大变化的情况下，基于市场需要对现有产品进行的提升产品品质（如可靠性、安全性、耐久性等）、增加产品功能、美化产品外观样式、减少产品对环境的负面影响等改进。其中最后一种属于产品生态创新。进行产品改良所需成本较少，技术难度较小，改良后的产品便于市场推广和消费者接受，但容易被竞争者模仿，从而很快丧失竞争优势。产品生态设计是按照全生命周期理念，在产品设计开发阶段就考虑到原材料选用、产品生产、运输、使用、回收、处理等各个环节，既从保护环境的角度考虑，追求最大限度降低产品在整个生命周期中的资源消耗和环境影响；又从商业发展的角度考虑，努力降低成本、减少潜在的责任风险，提高产品竞争力。

5.1 重庆制造业产品生态创新概况

对调研回收的有效问卷使用stata11进行描述性统计分析,结果如下。

1. 产品改良

表5-1中的5种产品改良途径a~e分别为:提升产品的品质、美化产品的外观样式、改良产品的功能、减少产品的环境影响、其他改良。从调查数据可见,绝大多数企业进行了a改良(占60.35%),其次为c(21.89%),再次为e(多为降低产品成本的改良),仅10.95%的企业进行了减少产品环境影响的改良。可见,重庆制造业目前产品改良的重点是提升产品的品质,开展产品生态属性改良的比率很低。

表5-1 企业开展产品改良的途径及其占比

产品改良途径	a	b	c	d	e
比率(%)	60.36	13.31	21.89	10.95	14.20

2. 产品生态设计

表5-2显示企业在产品设计中,对产品生产过程、使用过程和废弃后的环境影响的关注程度,1为非常注重、2为比较注重、3为不太注重、4为无关注。样本企业中有95.27%已经开始关注❶产品生产过程的环境影响,有89.64%的企业关注产品使用过程的环境影响,有86.69%的企业关注产品废弃后的环境影响。随着产品生命周期的推移,企业对其环境影响的关注度呈下降趋势。仅从数据看,重庆制造业对产品生态设计的关注度似乎很高,但这种关注大多停留在认知层面,并不代表已经在行动层面予以实施。由于产品生态设计是一种比产品生态改良对企业资源要求高得多,创新难度也大得多的创新方式,可以推测,重庆制造业实际开展产品生态设计的比率应远低于开展产品生态改良的10.95%的比率。

---

❶ 本文在统计感知度时将非常注重、比较注重均计入注重,将不太注重、无关注计入不注重。对感受度的数据处理与此相同。

表5-2 产品设计中对产品生产、使用、废弃后对环境影响的关注度

生产过程的影响	频数	百分比	累计
1	188	55.63	55.63
2	134	39.64	95.27
3	7	2.07	97.34
4	9	2.66	100.00
合计	338	100.00	

使用过程的影响	频数	百分比	累计
1	168	49.70	49.70
2	135	39.94	89.64
3	21	6.22	95.86
4	14	4.14	100.00
合计	338	100.00	

废弃后的影响	频数	百分比	累计
1	179	52.96	52.96
2	114	33.73	86.69
3	19	5.62	92.31
4	26	7.69	100.00
合计	338	100.00	

3. 对来自消费者的环保压力的感受

表5-3显示企业对来自消费者的环保压力的感受度，1为感受很强，2为感受较强，3为感受较弱，4为感受很弱。随着近年来消费者环保意识的提高，已经有73.66%的企业感受到了来自消费者的环保压力，其中感受很强的占36.09%。

表5-3 企业对来自消费者的环保压力的感受度

压力感受度	频数	百分比	累计
1	122	36.09	36.09
2	127	37.57	73.66
3	59	17.46	91.12
4	30	8.88	100.00
合计	338	100.00	

4. 对生产者责任的认识

表5-4中，1为认为生产者应仅承担减少产品生产阶段对环境影响的责任，2为认为应承担生产和流通阶段对环境影响的责任，3为应承担生产、流通和使用阶段的环境责任，4为应承担生产、流通、使用和废弃物处置等所有阶段的环境责任。有高达65.68%的企业认识到生产者应承担产品整个生命周期的环境责任，仅7.69%的企业认为生产者只应承担产品生产阶段的环境责任。

表5-4　企业对其应承担的产品环境责任的认识

责任认识	频数	百分比	累计
1	26	7.69	7.69
2	61	18.05	25.74
3	29	8.58	34.32
4	222	65.68	100.00
合计	338	100.00	

问卷调查结果显示，重庆制造业开展产品生态创新的比率与工艺生态创新相比明显偏低，进行产品生态创新尚未成为企业的普遍取向。这是因为开展产品生态创新，尤其是生态设计，需要系统的思维、先进的管理和广泛的创新关系网络，比工业生态创新需要更强的创新资源基础和自主创新能力，而重庆企业目前普遍存在研发投入不足、自主创新能力薄弱的问题。如4.3.1小节中所述，工艺生态创新的外部压力分别来自政府、社区、市场三个方面，而产品生态创新的外部压力主要来自市场一个方面，目前主要是国际市场对产品生态属性要求较高。而重庆经济外向程度较低，西方国家的"绿色贸易壁垒"对重庆制造业造成的压力总体并不大，因此企业创新动机并不强烈。缺乏创新能力和创新压力共同导致重庆制造业开展产品生态创新的比率偏低。

调查结果还显示：大部分企业对来自消费者的环保压力以及自身的社会责任已经有了一定的认知，但这种认知尚未转化为普遍的产品生态创新行为。

Zhu、Sarkis 和 Geng 指出，当缺乏高层管理者的支持、缺乏相关的管理和技术知识、对某些绿色实践行为所带来的经济效益缺乏信心时，即便企业了解到生态设计、绿色供应链战略等新概念，也很难付诸实践，[1] 即便实践也很少成功。[2] 尽管国内市场上越来越多的消费者有了环保意识和需求，但产品的生态属性尚未成为影响消费者购买决策的主要因素，企业对短期内生态产品的市场需求和市场回报缺乏信心。尽管欧盟已经在《包装与包装废弃物指令》《废车辆管理指令》《报废电子电器设备指令》《电子垃圾处理法》等立法中践行了生产者责任延伸制度（Extended Producer Resposibility），但该制度在我国的立法实践中主要还停留在理念阶段，已有条文的可操作性也不强。市场需求不足和政府立法不严二者叠加，阻碍了企业将环保认知转化为产品生态创新行为。

5.2　组织特征对产品生态创新的影响

5.2.1　假设

产品生态创新是企业创新的重要组成部分，根据 4.2.1 小节中有关企业规模和所有权性质这两个基本组织特征与创新关系的理论探讨，企业规模会影响企业的创新特点和采取的具体措施，不同所有权性质的企业在创新方面各具优势。本节继续提出 4 个假设。

假设 1a：企业规模大小对其采取的产品改良方式有显著影响。

假设 1b：企业规模大小对产品生态设计有显著影响。

假设 2a：企业所有权性质对其采取的产品改良方式有显著影响。

假设 2b：企业所有权性质对产品生态设计有显著影响。

[1]　Zhu Q, Sarkis J, Geng Y. Green supply chain management in China：pressures, practices and performance [J]. International Journal of Operations & Production Management, 2005, 25 (5)：449 –468.

[2]　Zhu Q, Sarkis J. Relationships between operational practices and performance among early adopters of green supply chain management practices in Chinese manufacturing enterprises [J]. Journal of operations management, 2004, 22 (3)：265 –289.

5.2.2 问卷调查结果

1. 企业规模对产品生态创新的影响

由表5-5可知，产品改良途径在不同规模的样本企业中分布并不一致（规模-1为大型企业、规模-2为中型企业、规模-3为小型企业、规模-4为微型企业）。企业规模与a改良显著相关，大型企业开展a的比率最高，中小型企业也有过半数开展了a改良，微型企业开展该改良的比率明显偏低；企业规模与b改良接近相关，与d改良显著相关，小、微型企业进行这两种改良的比率明显高于大、中型企业；与c改良无明显相关关系；与e改良接近相关，大型企业进行该改良的比率明显低于其他规模的企业。也就是说，规模大的企业比规模小的企业更重视提升产品的品质，对美化产品外观及降低产品成本的关注度则不如规模小的企业；规模小的企业比规模大的企业更重视产品生态属性的改良。假设1a得到证实。

表5-5 企业规模与产品改良途径列联表

规模	产品改良途径 a			规模	产品改良途径 b		
	0	1	合计		0	1	合计
1	11 28.95	27 71.05	38 100.00	1	36 94.74	2 5.26	38 100.00
2	36 39.56	55 60.44	91 100.00	2	84 92.31	7 7.69	91 100.00
3	62 36.05	110 63.95	172 100.00	3	142 82.56	30 17.44	172 100.00
4	25 67.57	12 32.43	37 100.00	4	31 83.78	6 16.22	37 100.00
合计	134 39.64	204 60.36	338 100.00	合计	293 86.69	45 13.31	338 100.00
Pearson chi2(3) = 14.8047 Pr = 0.002				Pearson chi2(3) = 7.4354 Pr = 0.059			

规模	产品改良途径 c		
	0	1	合计
1	30 78.95	8 21.05	38 100.00
2	75 82.42	16 17.58	91 100.00
3	131 76.16	41 23.84	172 100.00
4	28 75.68	9 24.32	37 100.00
合计	264 78.11	74 21.89	338 100.00
Pearson chi2(3) = 1.5126 Pr = 0.679			

规模	产品改良途径 d		
	0	1	合计
1	35 92.11	3 7.89	38 100.00
2	88 96.70	3 3.30	91 100.00
3	148 86.05	24 13.95	172 100.00
4	30 81.08	7 18.92	37 100.00
合计	301 89.05	37 10.95	338 100.00
Pearson chi2(3) = 9.8335 Pr = 0.020			

规模	产品改良途径 e		
	0	1	合计
1	37 97.37	1 2.63	38 100.00
2	73 80.22	18 19.78	91 100.00
3	150 87.21	22 12.79	172 100.00
4	30 81.08	7 18.92	37 100.00
合计	290 85.80	48 14.20	338 100.00
Pearson chi2(3) = 7.4559 Pr = 0.059			

由表 5-6 可知，企业规模大小与其在产品设计中对产品全生命周期的环境影响的关注程度呈正相关关系。整体而言，规模大的企业对产品生产、使用

过程及废弃后的环境影响的关注度高于规模小的企业。假设1b得到证实。

表5-6 企业规模与产品设计对环境影响的关注度列联表

规模	产品生产影响				
	1	2	3	4	合计
1	26 68.42	12 31.58	0 0.00	0 0.00	38 100.00
2	51 56.04	39 42.86	1 1.10	0 0.00	91 100.00
3	102 59.30	62 36.05	5 2.91	3 1.74	172 100.00
4	9 24.32	21 56.76	1 2.70	6 16.22	37 100.00
合计	188 55.62	134 39.64	7 2.08	9 2.66	338 100.00
Pearson chi2(9) = 43.5716 Pr = 0.000					

规模	产品使用影响				
	1	2	3	4	合计
1	21 55.26	14 36.85	0 0.00	3 7.89	38 100.00
2	39 42.86	47 51.65	4 4.39	1 1.10	91 100.00
3	98 56.98	56 32.55	13 7.56	5 2.91	172 100.00
4	10 27.03	18 48.65	4 10.81	5 13.51	37 100.00
合计	168 49.71	135 39.94	21 6.21	14 4.14	338 100.00
Pearson chi2(9) = 29.4265 Pr = 0.001					

规模	产品处置影响				
	1	2	3	4	合计
1	20 52.63	15 39.47	0 0.00	3 7.90	38 100.00
2	45 49.45	34 37.36	8 8.79	4 4.40	91 100
3	106 61.63	47 27.33	9 5.23	10 5.81	172 100.00
4	8 21.62	18 48.65	2 5.41	9 24.32	37 100.00
合计	179 52.96	114 33.73	19 5.62	26 7.69	338 100.00
Pearson chi2(9) = 33.9694　　　Pr = 0.000					

2. 企业所有权性质对产品生态创新的影响

由表5-7可见，产品改良途径虽然在不同所有权性质的样本企业中分布并不一致（所有权-1为国有及国有控股企业、所有权-2为集体企业、所有权-3为私营企业、所有权-4为其他企业），但并未体现出明显规律。主要特点是：除集体企业外，大部分企业都将产品改良的重点放在提升产品品质上；国有企业及国有控股企业尤其注重提升产品的品质，比起其他类型的企业更不注重产品生态属性的改良；集体企业开展产品生态属性改良的比率高于其他类型的企业。假设2a仅得到部分证实。

由表5-8可知，企业所有权性质与其在产品设计中对产品生产和废弃后的环境影响的关注度显著相关，国企和集体企业（尤其是国企）的关注度较高；企业所有权性质与其在产品设计中对产品使用过程的环境影响的关注度无明显相关关系。假设2b仅得到部分证实。

表5-7 企业所有权性质与产品改良途径列联表

所有权	产品改良途径 a			所有权	产品改良途径 b		
	0	1	合计		0	1	合计
1	7 29.17	17 70.83	24 100.00	1	22 91.67	2 8.33	24 100.00
2	5 83.33	1 16.67	6 100.00	2	5 83.33	1 16.67	6 100.00
3	102 37.78	168 62.22	270 100.00	3	232 85.93	38 14.07	270 100.00
4	20 52.63	18 47.37	38 100.00	4	34 89.47	4 10.53	38 100.00
合计	134 39.64	204 60.36	338 100.00	合计	293 86.69	45 13.31	338 100.00
Pearson chi2(3) = 8.9592　　Pr = 0.030				Pearson chi2(3) = 0.9653　　Pr = 0.810			

所有权	产品改良途径 c			所有权	产品改良途径 d		
	0	1	合计		0	1	合计
1	21 87.50	3 12.50	24 100.00	1	23 95.83	1 4.17	24 100.00
2	4 66.67	2 33.33	6 100.00	2	4 66.67	2 33.33	6 100.00
3	206 76.30	64 23.70	270 100.00	3	245 90.74	25 9.26	270 100.00
4	33 86.84	5 13.16	38 100.00	4	29 76.32	9 23.68	38 100.00
合计	264 78.11	74 21.89	338 100.00	合计	301 89.05	37 10.95	338 100.00
Pearson chi2(3) = 3.9108　　Pr = 0.271				Pearson chi2(3) = 11.3293　　Pr = 0.010			

所有权	产品改良途径 e		
	0	1	合计
1	21 87.50	3 12.50	24 100.00
2	4 66.67	2 33.33	6 100.00
3	232 85.93	38 14.07	270 100.00
4	33 86.84	5 13.16	38 100.00
合计	290 85.80	48 14.20	338 100.00
Pearson chi2(3) = 1.8970 Pr = 0.594			

表 5-8 企业所有权性质与产品设计对环境影响的关注度列联表

所有权	生产影响关注度				
	1	2	3	4	合计
1	16 66.67	8 33.33	0 0.00	0 0.00	24 100.00
2	1 16.67	5 83.33	0 0.00	0 0.00	6 100.00
3	149 55.19	109 40.37	7 2.59	5 1.85	270 100.00
4	22 57.89	12 31.58	0 0.00	4 10.53	38 100.00
合计	188 55.62	134 39.65	7 2.07	9 2.66	338 100.00
Pearson chi2(9) = 18.0503 Pr = 0.035					

所有权	使用影响关注度				
	1	2	3	4	合计
1	12 50.00	12 50.00	0 0.00	0 0.00	24 100.00
2	1 16.67	5 83.33	0 0.00	0 0.00	6 100.00
3	137 50.74	105 38.89	18 6.67	10 3.70	270 100.00
4	18 47.37	13 34.21	3 7.89	4 10.53	38 100.00
合计	168 49.71	135 39.94	21 6.21	14 4.14	338 100.00
Pearson chi2(9) = 12.4754　　　Pr = 0.188					

所有权	处置影响关注度				
	1	2	3	4	合计
1	14 58.33	10 41.67	0 0.00	0 0.00	24 100.00
2	1 16.67	5 83.33	0 0.00	0 0.00	6 100.00
3	144 53.33	91 33.70	18 6.67	17 6.30	270 100.00
4	20 52.63	8 21.05	1 2.63	9 23.69	38 100.00
合计	179 52.96	114 33.73	19 5.62	26 7.69	338 100.00
Pearson chi2(9) = 26.7080　　　Pr = 0.002					

3. 组织特征对企业环保压力感受度的影响

表5-9显示，企业规模大小及所有权性质这两个组织特征都与其对来自

消费者的环保压力的感受度显著相关。企业规模越大，对市场环保压力的感受越强烈；私营企业对市场环保压力的感受与其他性质的企业相比更敏感。

表5-9　企业组织特征与其对环保压力的感受列联表

规模	压力感受度				
	1	2	3	4	合计
1	24 63.16	8 21.05	6 15.79	0 0.00	38 100.00
2	27 29.67	46 50.55	15 16.48	3 3.30	91 100.00
3	63 36.63	62 36.04	27 15.70	20 11.63	172 100.00
4	8 21.62	11 29.73	11 29.73	7 18.92	37 100.00
合计	122 36.09	127 37.57	59 17.46	30 8.88	338 100.00
Pearson chi2(9) = 34.3070　　　Pr = 0.000					

所有权	压力感受度				
	1	2	3	4	合计
1	10 41.67	6 25.00	8 33.33	0 0.00	24 100.00
2	2 33.33	2 33.33	2 33.34	0 0.00	6 100.00
3	99 36.66	104 38.52	46 17.04	21 7.78	270 100.00
4	11 28.95	15 39.47	3 7.90	9 23.68	38 100.00
合计	122 36.09	127 37.57	59 17.46	30 8.88	338 100.00
Pearson chi2(9) = 20.6884　　　Pr = 0.014					

4. 组织特征对企业环境责任认知的影响

表 5-10 显示，企业规模大小与其对环境责任的认知无明显相关关系；但企业所有权性质与其对环境责任的认知显著相关，国企当中绝大多数认为企业应承担产品整个生命周期的环境责任，私营企业中大多数也具备这一认知，而集体企业中大部分认为企业只应该承担产品生产和流通阶段的环境责任。

表 5-10 组织特征与企业环境责任认识列联表

规模	责任认识度				
	1	2	3	4	合计
1	3 7.89	3 7.89	5 13.16	27 71.06	38 100.00
2	2 2.20	17 18.68	5 5.49	67 73.63	91 100.00
3	17 9.88	32 18.61	16 9.30	107 62.21	172 100.00
4	4 10.81	9 24.32	3 8.11	21 56.76	37 100.00
合计	26 7.69	61 18.05	29 8.58	222 65.68	338 100.00
Pearson chi2(9) = 12.0010 Pr = 0.213					

所有权	责任认识度				
	1	2	3	4	合计
1	2 8.33	4 16.67	0 0.00	18 75.00	24 100.00
2	0 0.00	4 66.67	0 0.00	2 33.33	6 100.00
3	23 8.52	40 14.81	28 10.37	179 66.30	270 100.00

续表

所有权	责任认识度				
	1	2	3	4	合计
4	1 2.63	13 34.21	1 2.63	23 60.53	38 100.00
合计	26 7.69	61 18.05	29 8.58	222 65.68	338 100.00
Pearson chi2(9) = 23.5197　　　　Pr = 0.005					

5.2.3 结论与讨论

1. 企业规模与产品生态创新相关

以上结果表明：企业规模与产品生态创新的开展存在明显相关关系。规模大的企业对来自消费者的环保压力的感受高于规模小的企业；规模小的企业进行产品生态改良的比率高于规模大的企业；但规模大的企业对产品生态设计的关注度高于规模小的企业。

大规模企业就像汪洋中的巨轮，虽然较之小船更能抵抗风浪，但不如小船灵活，转向速度较慢，故而需要密切关注市场信号，对市场变化提前预判，早做准备。大规模企业一般也建立了较为完善的信息系统，具备较强的信息收集、处理、存储和利用能力，因而对市场信号的感知更为强烈。在感受到市场上的环保新风向的情况下，规模大的企业因为拥有较多创新资源，更可能从长远角度考虑潜在收益大的激进性创新——生态设计。这种创新很难被竞争对手模仿，一旦成功便能在较长时间内保持竞争优势，获得长期收益；规模小的企业受资源限制，往往将较容易开展的、风险较小的渐进性创新——产品生态属性改良作为首选。

单就产品改良而言，规模大的企业由于组织结构较复杂、规章制度较僵化，思维和行动的惯性往往更大，故而仍较多地将注意力集中在传统的产品品质改良上；而规模小的企业则更为灵活、敏捷地将注意力分散到了各种能增加产品收益的改良途径上，包括应与日俱增的环保压力而生的产品生态属性改良。

2. 企业所有权性质与产品生态创新相关

企业所有权性质与产品生态创新存在一定的相关关系。国有及国有控股企业对自身环境责任的认知最全面，对产品生态设计的关注度最高，开展产品生态改良的比率则最低；集体企业对自身环境责任的认知最受局限，对产品生态设计的关注度较高，开展产品生态改良的比率最高；私营企业对来自消费者的环保压力感受最强烈，对自身环境责任的认知也较高，但对产品生态设计的关注度低于前两者。

国企的宗旨较之其他性质的企业包含了更多的社会责任，这使它能站在更宏观、更长远的角度看待问题，对自身环境责任的认识也就更深入和全面，可延伸到产品的整个生命周期。加上现存国企一般规模较大、实力雄厚，在国家创新体系中具有独特的地位和作用，要承担国家重大科技创新任务、引领产业技术创新、参与国际科技竞争，❶ 因此更加关注深层次的、激进的技术创新（包括产品生态设计），并可能率先付诸行动。现阶段我国法律法规对产品的生态属性一般尚未设置严格的标准，国企也不是严格意义上以自身利益最大化为目标的完全市场主体，缺乏足够的压力和动力开展产品生态改良。如 4.2.3 节所述，重庆集体企业目前普遍处于举步维艰的生存困境中，无力承担更多责任，故对企业环境责任采取了选择性认知，坚持企业只应承担产品生命早期的环境责任，从而减轻自身负担。即便认识到产品生态设计的重要意义，行动上因资源和能力限制，也更务实地采取了浅层次的创新途径——产品生态改良。私营企业是完全的市场主体，关注市场消费意识和价值倾向的变化，认识企业社会责任并努力规避责任风险是其趋利避害的盈利本能所致。产品生态设计因风险大、短期市场回报预期不佳，私营企业暂未予以足够关注。

5.3 产品生态创新的特异性影响因素

Kraft 曾明确提出：影响产品创新和工艺创新的主要因素是不一样的。❷ 那

---

❶ 赵秀丽. 国家创新体系视角下的国有企业自主创新研究 [D]. 济南：山东大学，2013.

❷ Kraft K. Are product and process innovations independent of each other？[J]. Applied Economics, 2006, 22 (8): 1029-1038.

么，除了规模和所有权性质这两个影响创新的共性因素外，哪些因素是影响产品生态创新的特异性因素呢？早在1971年，英国萨塞克斯大学进行的一项名为SAPPHO的研究就通过调查和比较得出了5个对产品创新成功有特别意义的因素：对用户需求的了解；对市场的注意；开发的有效性；外部技术和对外交流的有效利用；开发管理者的高职位与权威性。❶ Cooper的研究发现：产品优势、市场信息与营销效率、技术与生产的协同效率是产品创新成功的主要因素。❷ Zirger等提出的影响产品创新的因素模型涵盖了"研究开发能力与管理""营销制造能力与合作""高层管理支持""产品对顾客非常有用""技术优越性""基于公司现有的市场""技术和生产能力""微弱的竞争""巨大而增长的市场"等9个方面。❸ Damanpour则把产品创新的影响因素归纳为组织结构、资源、组织文化3个变量，且特别重视组织文化的影响。❹ 可见，与工艺生态创新相比，产品生态创新更强调市场、更重视协同、更需要先进企业文化的催化及适宜竞争环境的涵养。

本节以汽车制造企业为例，剖析产品生态创新的特异性影响因素。汽车制造业属于资源密集型产业，汽车本身也是高能耗产品。在石油资源日益匮乏的背景下，全球汽车产业已经开始从传统能源向新能源集体转型，我国也于2012年通过了《节能与新能源汽车产业发展规划（2012—2020年)》。

5.3.1　案例概况❺

重庆长安汽车股份有限公司（以下简称"长安汽车"）隶属于中国兵器装备集团公司，是一家有30年造车积累的大型国有企业。现有重庆、北京、河北、江苏、江西、浙江、广东、安徽八大国内生产基地，27个整车及发动机

---

❶ 毕克新，朱娟，冯英浚. 中小企业产品创新研究现状和发展趋势分析[J]. 科研管理，2005，26（2）：7-16.

❷ Cooper R G, Kleinschmidt E J. New products: what separates winners from losers? [J]. Journal of product innovation management, 1987, 4 (3): 169-184.

❸ Zirger B J, Maidique M A. A model of new product development: an empirical test [J]. Management science, 1990, 36 (7): 867-883.

❹ Damanpour F. Organizational innovation: A meta-analysis of effects of determinants and moderators [J]. Academy of management journal, 1991, 34 (3): 555-590.

❺ 本节数据主要取自《长安汽车：2014年社会责任报告》。

工厂，年产汽车 260 万辆、发动机 260 万台。长安汽车把节能环保作为产品和技术研发的核心，从 2002 年开始就在新能源汽车领域展开探索。通过十余年的自主创新，掌握了混合动力、纯电动、燃料电池领域的关键核心技术。经国家发改委、科技部等部委的认定评价，长安汽车的科技创新实力连续 4 届 8 年居中国汽车行业第一位。其混合动力车、电动车已经在重庆、南昌、昆明、杭州等 13 个城市开展示范运行。长安汽车较成功的产品生态创新得益于其独特的创新格局。

渐进式创新升级——长安汽车于 1984 年进入汽车领域，早期曾与全国多数车企一样，选择通过引进合资方来增强企业的资金和技术力量。但在合资过程中长安汽车没有放弃自主创新，而是基于自身条件走了一条"技术引进、消化吸收"→"以我为主、联合开发"→"以我为主、自主开发"的渐进式创新升级之路。通过自主创新在某些领域取得了国际水平的突破，如其睿驰系列车型在 C – NCAP 碰撞测试中得分高于一些国际知名车型，被誉为最安全的车型之一。

内培外引的人才战略——创新最重要的资源是人才资源。长安汽车奉行"内培为主，外引为辅"的人才观。一方面开展"全球引智"工程，从美国、日本、德国、意大利等汽车强国引进汽车领域的高端人才 300 余人，领军企业的核心技术创新，随着产业精英的到来，多个国家级汽车实验室落户长安；另一方面全面实施"带队伍"工程，使一个专家引领一个领域创新能力的进步。

多层次的创新规划——不同产品的开发要求的技术跨度和难度不同，企业需根据自身技术力量，结合长远目标与近期目标，综合安排创新规划。在汽车行业产品生态创新技术路线尚未完全明确时，长安汽车采取了全面发展的战略。一方面聚焦节能和智能化领域，对传统汽车发动机进行生态属性改造，降低单车油耗；另一方面在混合动力车及电动车的研发上投入巨大力量。在突出研发重点、坚定地走混合动力技术路线的同时，采取"普及弱混、聚焦中混、提速纯电动/Plug-in、深入零部件"多技术路线并行的模式，分散单一技术路径的风险，增加企业的技术存量。

集成化的创新管理——产品创新是一项复杂的系统工程，加强创新管理是提高产品创新效率和效益的根本途径。❶ 集成管理整合各种单一、分散的管理思想、方法和工具，实现管理要素、功能和优势之间的互补、匹配，已成为世界各国产品创新管理的发展趋势。❷ 长安汽车除集成运用现场任务目视化管理标准、对标管理、强矩阵式项目管理等管理工具外，还探索出一套独具特色的"以开发流程为核心的汽车自主研发管理体系"（CA-PDS）。管理能力的提升使得长安汽车的产品研发周期和研发成本平均都减少了20%～30%。

5.3.2 产品生态创新的特异性影响因素分析

1. 市场导向的影响

长安汽车建立了"客户为尊，市场先导"的三层级自主创新组织架构，按照市场变化积极调整资源开展技术创新。构建了全方位、多层次的营销服务平台，在营销活动的前端，通过在全国建立的 7 个消费者研究基地和每年上千场的用户座谈会，让研发部门接触顾客、了解市场、倾听消费者声音，形成市场多维监控和快速反应机制。在营销活动的后端，搭建了 CRM 客户关系管理、OTD 订单交付管理、QIP 质量改进管理、STA 采购供应管理等体系流程，将客户导向贯通企业整个制造服务管理体系。

一般认为，市场导向会促进组织开展产品创新。持相反意见的学者认为，过分倾听市场意见会阻碍新技术的商业化，❸ 因为顾客很难超越现有消费经验预见未来的技术变迁。❹ 以市场为导向的企业倾向于跟随市场趋势，因此，市场导向更可能促进渐进式创新而阻碍激进式创新。❺ 张婧和段艳玲对这种观点进行了辩驳。她们指出：顾客导向不仅包括倾听顾客的意见，还包括理解顾客

---

❶ 胡树华，蔡铂. 论产品创新[J]. 中国机械工程，1998，9（2）：57 - 61.

❷ 李成标，胡树华. 基于产品创新的管理集成初探[J]. 科学学与科学技术管理，2002，23（9）：75 - 77.

❸ Christensen C M, Bower J L. Customer power, strategic investment, and the failure of leading firms [J]. Strategic management journal, 1996, 17 (3): 197 - 218.

❹ Christensen C M, Cook S, Hall T. Marketing malpractice [J]. Harvard business review, 2005, 83 (12): 74 - 83.

❺ Kohli A K, Jaworski B J. Market orientation: the construct, research propositions, and managerial implications [J]. The Journal of Marketing, 1990, 54 (2): 1 - 18.

未来需要的演进以及组织如何满足这些潜在的未来需要;❶市场导向不仅包括反应型市场导向，还包括先动性市场导向。因此，它无论对渐进式产品创新还是激进式产品创新都是有益的。❷

长安汽车坚持发展小排量汽车和对传统发动机进行节能改造是对市场现时需求的积极反应;致力于新能源汽车的研发则是对市场未来需求的先动性准备。该企业 2002 年就涉足新能源汽车的研发，决策者们清楚地知道"十五"到"十二五"期间的巨大研发投入要到 2020 年左右才可能有所回报。相对于技术上的大胆投入和深耕细作，该企业在新能源车的市场运作上显得非常谨慎，到目前仅有部分产品小规模上市销售。由于产品生态创新略领先于用户需求，2009 年推出的第一款量产混合动力轿车——长安杰勋 HEV 在私人消费市场遇冷。此后，长安汽车把注意力放在技术储备和改进上，同时做了大量市场调研，希望真正了解市场需求后再开始行动。直到 2015 年国内众多车企在政策红利驱动下大举进军新能源领域时，长安汽车才再度发力，公开发布了首款面向私人消费市场的纯电动轿车——逸动 EV。该款纯电动车的噪声、振动、声振粗糙度（NVH），以及动力性、操控性等已接近或超过国际同级车。为解决电池续航和充电便捷性的问题，长安汽车提出了面向私人用户的一系列配套解决方案。逸动纯电动车搭载高能量密度三元锂离子动力电池，直流快充半小时可充电 80%；还启动了随车配送充电桩的服务工程，以方便客户使用。根据北京市统计局 2016 年的调查，❸ 新能源汽车的市场需求即将爆发。而长安汽车推出的新能源战略已经包括了系统性的创新方案，除了全新的产品战略之外，运营方面将组建长安新能源汽车运营公司，以租赁为突破口，创新推广模式；服务方面将利用云服务平台实时监控车辆健康状态，按分级提供技术保障，通过定制化维修的方式为用户降低维修成本。可见，市场导向会促进组织开展产品创新，而面向长远的市场导向会促进突破性的产品生态创新和系统性

---

❶ 张婧，段艳玲.市场导向对创新类型和产品创新绩效的影响[J].科研管理，2011，32（5）：68 - 77.

❷ 张婧，段艳玲.市场导向均衡对制造型企业产品创新绩效影响的实证研究[J].管理世界，2010（12）：119 - 130.

❸ 郝少颖.调查显示：三成受访者有意买新能源车[EB/OL].http：//news.xinhuanet.com/tech/2016 - 03/07/c_ 128777984.htm.

生态创新。

2. 协同的影响

首先是企业内部各职能部门之间的协同。产品生态创新涉及企业内部的研发、采购、生产、营销等多个职能部门，需有效协同各部门对创新的认知、态度和行为，降低内部交易成本，将技术优势充分、迅速地转化为产品优势。长安汽车倡导部门和部门、员工和员工之间的无障碍沟通，形成相互信任、相互协作的组织氛围。其自主研发管理系统建立了 249 个程序文件、1995 项流程规范，实现了开发设计流程从趋势分析，直至市场反馈和设计改进的完整闭环控制，形成了项目团队对各类资源统筹协调、高效调配的长效机制。

其次是开展协同研发。当今全球性的技术竞争不断加剧，企业技术创新活动面对的技术问题越来越复杂，即使是实力雄厚的大企业也会面临技术资源的短缺。为解决这个问题，长安汽车放眼全球，构建了"五国九地、各有侧重"的协同研发布局，❶ 集合意大利的外观设计中心、日本的总布置与内饰设计中心、英国动力总成设计中心、美国的底盘设计中心以及长安汽车研究总院的综合设计能力。在国内设立了 8 个长安高校工程中心，分别与重庆大学、同济大学、上海交通大学、清华大学等开展材料、发动机性能、碰撞安全、电子技术等 27 个领域的广泛合作。"全球协同自主创新工程"系统实施后，其碰撞安全技术、汽车振动与噪声控制技术、汽车动力总成开发能力、汽车造型设计能力、中度混合动力技术等五项核心技术达到国际先进水平，增强了企业核心竞争力。

第三是整个制造网络的协同。许多国外公司发现，顾客忠诚、市场主导份额和卓越的赢利性等竞争优势，是整个价值创造网络以一系列价值增值的合作伙伴方式对众多成员企业的核心能力和资源进行整合的综合性结果，核心企业在网络中必须承担处理战略、协调、关系管理等关键活动。❷ 长安汽车就是汽车制造网络中的一个核心企业，它注重对供应商的指导和管理。除了建立和完善供应商评价标准外，还通过培训确保供应商的零部件生产和质量控制符合国

---

❶ "五国九地"分别为重庆、上海、北京、哈尔滨、江西、意大利都灵、日本横滨、英国诺丁汉、美国底特律。

❷ 汪涛，徐建平．模块化的产品创新：基于价值创造网络的思考［J］．科研管理，2006，26（5）：11－18.

家强制性标准和政策法规的要求。2009 年长安汽车领衔成立了重庆市节能与新能源汽车产业联盟，从而能更好地在技术合作、信息共享、科研攻关、政策争取等方面为 30 余家联盟企业创造机会。2010 年"中央企业电动车产业联盟"成立，旨在整合中央企业力量，快速突破核心共性技术，协调产业链上下游企业行动。长安汽车是其"整车及电驱动专业委员会"的重要成员。

3. 企业文化的影响

优秀的企业文化能够突出企业特色，形成员工共同的价值观念和精神追求；能够凝聚士气，激励员工为实现企业目标努力奋斗；能够约束员工行为，增强员工的使命感。

长安汽车的企业文化有两大特色。一是强烈的责任意识。长安汽车的前身可以追溯到 1862 年的上海洋炮局，至今已有 150 余年军工历史的积淀。军工和国企基因使它具有强烈的"救国图存""强国富民"责任意识。在早期与外企的合资合作过程中，由于核心技术被外方掌控，更换一颗螺丝钉都必须向外方报告，等待层层审批。长安人发现缺乏核心技术就没有话语权，不仅用市场换不来技术，甚至出高价也无法购买到核心技术。只有掌握核心技术，中国汽车企业才能自强，中国汽车工业才能振兴。强烈的责任意识使它拒绝受制于合资方，一步一步走出了自主创新之路，并在多个核心技术领域成功突破了外资品牌的技术壁垒和标准封锁。尽管从 2009 年开始该企业就稳居中国汽车行业自主品牌第一位，但大多数时候其自主品牌部分还是处于亏损中，收益主要靠合资部分。振兴民族汽车工业的责任意识使它始终坚持自主创新，坚持发展自主品牌。企业的责任意识超过了盈利本能。二是开放的创新精神。长安汽车的决策者认为，创新并不是科研人员的专利，好的机制能推动群众性创新实践，为企业发展提供持续的智力支撑。该企业鼓励员工立足岗位提出合理化建议，员工提出建议后，公司专家评审组两个月内便会决定是否采纳，然后交给相关部门立即组织实施。为调动职工提建议和实施建议的热情，还开展了"合理化建议奖"和"合理化建议推广奖"抽奖活动，奖品包括长安自主品牌汽车等。重奖燃起了员工的创新激情，从 2000 年到 2006 年，员工提出了 2 万余条合理化建议，为长安汽车创造了高达 6 亿元的经济价值，有 27 位员工获得汽车大奖。员工的创新激情还催生出一种群众性创新组织——技师沙龙，从公司、工厂一直延伸到车间、班组。技师沙龙平均每年能为长安汽车贡献 140 多项新技术、新工艺。完备的组织、激励、评审和推广机制营造出全员创新的文化氛围。

4. 竞争环境的影响

关于竞争强度与产品创新的关系，学术界有不同的研究结论。Weiss 通过博弈论分析指出"竞争越激烈，企业越偏向于采用产品创新，反之越倾向于采用工艺创新"❶。孙晓华和郑辉关于买方势力对创新影响的研究发现"当买方势力较强时，下游企业将通过降低中间品价格等方式压缩上游利润空间，此时上游企业倾向于通过产品创新开发新市场，形成市场抗衡力量"❷。买方势力强意味着生产企业面临激烈的市场竞争，故该研究结论也是支持激烈的市场竞争有利于产品创新的。相反的观点，如 Jan Boone 认为"竞争压力的加大会提高行业内工艺创新投资"❸。企业的创新资源是有限的，当更多的资源被投入工艺创新时，产品创新的投入会相应减少，这就意味着市场竞争过于激烈不利于产品创新。根据耶克斯 - 多德森定律，最佳动机水平与任务的难易程度有关。产品生态创新的难度高于工艺生态创新，属中等水平任务难度，中等强度创新动机为其最佳动机水平。

2014 年之前，新能源汽车的生产及营销还未成为业内主流，大部分还处于研发阶段，技术路线更是百花齐放。中国新能源汽车与世界先进水平的差距也不如传统汽车领域那么大。在这种低度竞争的环境下，长安汽车坚持既定的发展规划，潜心研发十余年，取得了一系列高水平的产品生态创新成果。但从市场效益看，产出的速度稍显迟缓，投入产出比也不够高。2014 年之后，在购车补贴、免征购置税、增加新能源车试点城市、规定公车购买新能源车的比例等一系列力度空前的政策的助推下，我国新能源汽车的产量和销量出现了爆发式增长。其中自主品牌 2014 年一年时间里就有来自比亚迪、江淮、北汽等生产厂家的数十款混合动力和电动车投入市场。政策诱发的激烈竞争的确激发

❶ Weiss C R，Wittkopp A. Retailer concentration and product innovation in food manufacturing [J]. European Review of Agricultural Economics，2005，32（2）：219 – 244.

❷ 孙晓华，郑辉. 买方势力对工艺创新与产品创新的异质性影响[J]. 管理科学学报，2013，16（10）：25 – 39.

❸ Boone J. Competitive pressure：the effects on investments in product and process innovation [J]. The RAND Journal of Economics，2000：549 – 569.

了企业的高度创新动机，但过分强烈的创新动机并没有带来高水平的创新成果和创新的高效率。2014年和2015年我国新能源车市场火爆的背后是技术含量低的廉价微型电动车抢占了大部分市场，大量产品存在质量隐患，高额的政府补贴甚至滋生出"骗补"等不当社会行为。创新动机过强会令企业处于高度紧张、焦虑的状态，影响创新效率；或者过度关注竞争者行为，诱发模仿、跟随倾向，从而分散自主创新的注意力，不利于突破性的产品创新。

本书认为，产品生态创新尤其是生态设计的难度较高，温和竞争环境激发的中等强度创新动机为其最佳动机水平。当新能源汽车市场由"政策驱动"转化为"政策与市场双驱动"，甚至"市场驱动"后，各车企将根据市场规律优胜劣汰，进入良性的温和竞争状态，并逐渐找出理性的技术路线和有效的商业模式，走上可持续发展的道路。

对长安汽车的个案分析得出以下结论：市场导向对产品生态创新具有推动作用，而面向长远的市场导向会促进突破性的产品生态创新和系统性创新；复杂的产品创新需要在组织内外乃至全球范围内开展有效的协同，优化资源配置，实现资源互补；产品生态创新需要先进的企业文化，尤其是强烈的责任意识和开放的创新精神的支持；温和的竞争环境有利于高水平的产品生态创新成果的诞生和市场化。

5.4　政策启示

产品生态创新的主体虽然是企业，但在关系产业发展的重大技术创新上，尤其在研发和生产的早期阶段，当市场尚不能为启动和吸收产品生态创新提供足够的力量之时，政府的补贴和支持非常重要。在长安汽车的产品生态创新"持久战"中，发改委、财政部、工信部、科技部，以及重庆市各级政府在资金、新能源汽车示范运行、税收等方面给予了大力支持。仅2012年重庆市政府就给予长安汽车总额超过5亿元的补贴，补贴的项目包括：奖励基金、研发补助、专项资金、创新基金、试验场项目补贴等。政策支持是长安能长期坚持突破性产品生态创新的重要后盾。

尽管重庆制造企业目前已经有了较高的环保认知，但采取产品生态创新行为的比率较低。外部压力不够、创新能力不足、创新预期收益不高是阻碍环保认知向生态创新行为转化的 3 个主要原因。政策应直接或间接作用于产品生态创新的 4 个特异性影响因素，弥补外部压力、创新能力及创新收益三方面的不足，推动环保认知转化为产品生态创新行为，如图 5-1 所示。

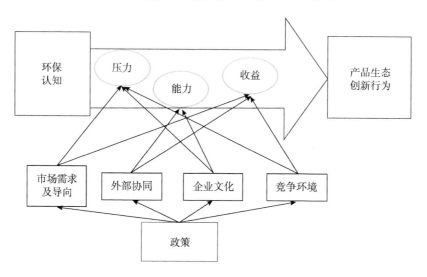

图 5-1　政策推动环保认知转向生态创新行为的作用机理图

1. 培育市场需求，增强市场导向

市场对生态产品的需求既是产品创新的重要压力来源，也是企业未来主要的收益来源。引导和刺激绿色消费可培育对生态产品的内部需求，具体政策措施如通过公共传媒传播生态产品信息、对生态产品的推广应用进行财政补贴、开展绿色公共采购等。针对重庆这样经济外向程度较低的地区的问题，搭建国际贸易平台，帮助企业拓展海外市场，在产品走上世界舞台的同时，西方国家的"绿色贸易壁垒"也可倒逼本土企业开展产品生态创新。

生产经营活动中的市场导向有助于提高企业对外部压力的敏感度和回应度，市场导向的产品创新也能保证产品投放市场后获得预期的收益。对资源雄厚的国有企业而言，增强市场导向意味着深化改革，进一步明确企业的市场主体地位。既要注重反应性市场导向，提高盈利能力，又要注重先动性市场导向，践行国家的产业振兴战略规划。对实力薄弱的集体企业和小规模企业而言，增强市场导向意味着提高信息能力，准确、及时地把握市场动向。构建开放性公共信息平台可在一定程度上弥补这些企业自身信息系统不健全的缺陷。

2. 促进外部协同

有效的外部协同可实现组织间的资源共享和优势互补，提高企业乃至整个制造网络的创新能力。有效的外部协同通过在创新组织间建立合理的成本分摊机制、风险共担机制和利益分配机制，也有助于企业获得稳定的产品创新收益。

实现创新组织的外部协同有两条路径：一是搭建公共创新网络平台，帮助企业建立广泛的产品创新关系网络，这一点对小规模企业意义尤其重大；二是培养和扶持核心企业，利用核心企业带动和协调制造网络中其他企业的创新活动，这一点能使大规模企业的创新优势得到更充分的发挥。

3. 推动文化建设

产品生态创新是高风险行为，需要先进企业文化的支撑。企业文化中的责任意识形成了一种既有认知倾向，能加强组织及其成员对生态压力和社会压力的感知和认同。企业文化中的开放意识、风险意识、竞争意识、探索精神、合作精神、冒险精神则为创新能力的形成奠定了思想基础。对失败的容忍度、对创新行为的认同感则形成了一种宽松的组织环境，为创新能力的发挥保驾护航。

根据选择性定律，新信息（尤其是与受众既有观点相冲突的新信息）需突破受众的选择性接触、选择性理解和选择性记忆三道认知防护圈，才能达到其认知领域，进而为其接受。推动企业先进文化建设可通过对相关信息广泛、深入、明确、持续的宣传，借助传播的叠加效应和泛在效应，突破企业对旧有文化的认知防护，促使其学习和形成先进的创新文化。团体力学理论认为团体规范对个体行为有明显的制约与影响作用。组织企业学习和讨论先进企业文化，藉由开放性的沟通形成团体认知，进而利用团体规范的力量能更有效地改变单个企业的观念、认识和态度。针对不同组织特征的企业，文化建设的重点也不尽相同。国有企业重点是培养竞争意识，集体企业重点是培养创新精神，私营企业重点是培养责任意识；小规模企业重点是培养合作精神，大规模企业重点是培养风险意识。

4. 调整竞争环境

通过调整竞争环境适度增加外部压力，提高产品生态创新的收益预期。具体做法如提高产品生态属性标准、加强企业社会责任立法。严格的环境管制给不太先进的竞争者增加了技术成本，❶ 加大了企业开展产品生态创新的外部压力。市场准入门槛的提高也有助于减少低技术水平的恶性竞争，创造温和的竞争环境，为高水平的生态创新保留发展空间。再如对非生态产品征收庇古税，使这类产品的负外部性内部化，或对生态产品给予补贴，使这类产品的正外部性内部化，保证市场竞争的公平性。❷ 这种政策措施可增加企业对生态产品竞争力和未来收益的信心，从而坚定开展产品生态创新的决心。

---

❶ 汤姆兹·凯杰克，阿曼德·卡兹特兰，申森．生态创新：可持续发展的重要因素[J]．绿叶，2014，（9）：17-25.

❷ 王炳成，李洪伟．绿色产品创新影响因素的结构方程模型实证分析[J]．中国人口·资源与环境，2009，19（5）：168-174.

6 制造业组织生态创新分析

　　制造系统向可持续范式转型离不开相应的组织变革。组织创新是对组织成员责、权、利关系的重构，[1] 是对内部子系统及其相互作用机制或组织与外部环境的相互作用机制的调整和完善过程。[2] 一般认为，组织创新包括组织战略、组织文化、组织结构和组织流程等方面。[3] 组织生态创新是为了提高经济和生态效益，在组织内部结构、管理方式和外部联系等方面进行的调整和变革。主要包括：①重新定位组织宗旨，实施组织环境战略，主动承担企业社会责任；②建立环境管理系统，调整部门设置，增加环境监测和管理部门或岗位；③引进新管理方法，如实行产品生命周期管理、绿色供应链管理等，延伸环境管理的深度和广度；④调整与其他企业间的关系，建立工业共生网络，通过企业之间的物质和能量传递，知识、人力资源和技术资源的交换，形成长期的合作共生关系，实现竞争效益。[4]

6.1　重庆制造业组织生态创新概况

　　围绕上述四个方面，对调研回收的有效问卷使用 stata11 进行描述性统计

　　[1] 傅家骥，姜彦福. 技术创新：中国企业发展之路 ［M］. 北京：企业管理出版社，1992.

　　[2] 郭韬. 关于经济创新含义的再思考［J］. 哈尔滨商业大学学报：社会科学版，2003 （1）：105 - 106.

　　[3] 宋东风. 我国中小企业组织创新研究 ［D］. 天津：南开大学，2009.

　　[4] Mirata M，Emtairah T. Industrial symbiosis networks and the contribution to environmental innovation：the case of the Landskrona industrial symbiosis programme ［J］. Journal of cleaner production，2005，13 （10）：993 - 1002.

分析，结果如下。

6.1.1 组织环境战略

问卷通过调查企业制定"发展战略与环保实施细则""突发环境事故应急方案"的情况来了解组织是否实施了环境战略。

图6-1显示了企业环保战略与实施细则的制定情况。1为企业发展战略中包含与节能降耗、环境保护相关的内容，且有实施细则；2为企业发展战略中包含该内容，但无实施细则；3为企业发展战略中不包含该内容，但有实施细则；4为企业发展战略中不包含该内容，且无实施细则。样本企业中大部分的发展战略中包含与环境保护相关的内容且制定了实施细则；约1/3的企业只有环境战略，但无实施细则；只有少数企业没有制定组织环境战略。

图6-2显示企业制定突发环境污染事故应急方案的情况。1为已经制定；2为正在制定中；3为打算以后制定；4为还未考虑。样本企业中近一半已经制定了环境事故应急方案，还有1/3正在制定，仅少数企业尚未考虑该问题。

可见，重庆制造企业大部分已将环境战略纳入议事日程，近一半已开始实施环境战略。

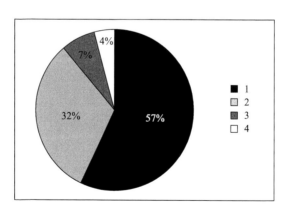

图6-1　环保战略与实施细则制定情况

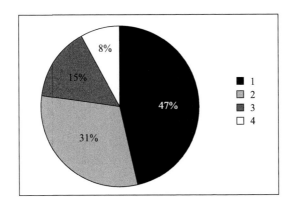

图6-2 环保应急方案制定情况

6.1.2 环境管理系统

由于组织和产业的不同，环境管理系统可有多重实施途径。最常用的框架是 ISO14001 标准和欧盟生态管理和审计体制 EMAS。问卷通过调查"开展环境认证"和"组建环境管理部门"两方面的情况来了解企业环境管理系统的构建。

图6-3 显示样本企业开展环境认证的情况。1 为已通过 ISO14000 环境管理体系、中国环境标志、环保产品认证等环保认证活动中的至少一项；2 为正在申请该类认证；3 为计划以后认证；4 为还未考虑认证。样本企业中已经通过环境认证的企业仅占 39%，有约 14% 的企业尚未考虑开展认证活动。

图6-4 显示企业环境管理部门的组建情况。1 为由专门的部门负责节能减排、防治污染等环境管理事务；2 为由其他部门兼管该类事务；3 为没有部门负责该类事务；4 为其他。样本企业中大部分都没有成立专门的环境管理部门，而是由其他部门兼管环境事务；仅有不足 1/3 的企业成立了专门的环境管理部门；还有 8% 的企业没有任何部门负责环境管理事宜。

可见，重庆制造业构建环境管理系统的总体状态并不乐观，目前大部分企业没有成立专门的环境管理机构，没有通过环境认证。

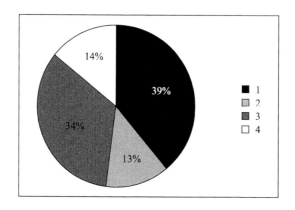

图 6-3　开展环境认证情况

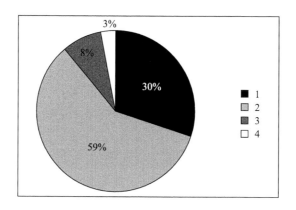

图 6-4　环境管理部门的组建

6.1.3　产品生命周期管理

产品生命周期管理需要企业超出常规组织边界来考虑其产品的环境影响。产品设计和生产两个环节已分别在第 4、5 章进行了研究。本章主要通过调查企业在"原材料选购""产品包装""运输仓储""消费使用""回收处置"等5 个环节采取的环保措施，来了解其产品生命周期管理的实施情况。

图 6-5 显示企业在采购原材料时是否注重选购对环境污染小或无污染的原材料。1 为非常注重；2 为比较注重；3 为不太注重；4 为无关注。约 89%的样本企业非常或比较注重原材料的环保属性，不注重原材料环保属性的企业仅 11%。

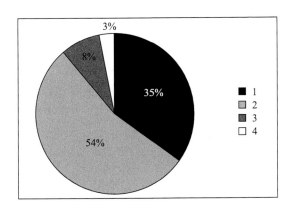

图6-5 原材料选购

表6-1显示企业为减少产品包装对环境造成的污染所采取的措施。绝大部分样本企业都采用了一种或多种减少产品包装污染的措施。采用得最多的是"使用环保包装材料";其次为"采用可重复使用的包装";再次为"简化产品包装";仅0.59%的企业尚未采取相关措施。企业对"使用环保包装材料"的效果认可度最高,有43.49%的企业认为它是效果最好的措施。对各措施效果的认可度与其使用率成正比,即使用率越高的措施,效果认可度也越高。

表6-1 减少产品包装环境影响的办法使用率及效果认可度

办法	1-简化 产品包装	2-使用环保 包装材料	3-采用可重复 使用的包装	4-其他 办法	5-尚未 采取措施
使用率(%)	48.07	71.89	56.51	5.33	0.59
效果认可度(%)	20.71	43.49	31.36	4.44	0

表6-2显示企业为减少运输和仓储过程中的环境污染而采取的措施。绝大部分样本企业都采用了一种或多种减少该类污染的措施。使用率最高的是"规划合理的运输配送网络";其次为"选择对环境污染小的运输工具"和"减少库存";极少数企业未采取任何措施。有近一半的企业认为"规划合理的运输配送网络"效果最佳,对该措施的效果认可度明显高于其他几种措施。

表6-2 减少运输和仓储过程环境影响的办法的使用率及效果认可度

办法	1－减少库存	2－选择对环境污染小的运输工具	3－规划合理的运输配送网络	4－其他措施	5－尚未采取措施
使用率(%)	52.07	54.73	67.16	8.88	2.07
效果认可度(%)	26.33	19.53	47.63	6.51	0

表6-3显示企业为减少产品使用过程造成的资源浪费和环境影响而采取的措施。绝大部分样本企业都采用了一种或多种减少产品使用过程污染的措施。63.61%的企业使用了"对使用中的产品进行维护升级"这一措施，该措施使用率略高于"开发节能环保型产品"和"指导消费者正确使用产品"，仅1.78%的企业尚未采取相关措施。对"开发节能环保型产品"这一措施的效果认可度最高，对该措施的效果认可度远高于另外几种措施。

表6-3 减少产品使用过程环境影响的办法的使用率及效果认可度

办法	1－开发节能环保型产品	2－对使用中的产品进行维护升级	3－指导消费者正确使用产品	4－其他措施	5－尚未采取措施
使用率(%)	61.54	63.61	52.07	5.33	1.78
效果认可度(%)	55.03	26.04	13.91	5.03	0

表6-4显示企业对客户用后废弃的产品采取的主要处理措施。约一半的企业选择对用后废弃的产品进行回收再利用，有20.12%的企业未采取任何回收处理措施。

表6-4 对用后废弃的产品采取的处理措施

办法	1－未采取任何回收处理措施	2－回收后再利用	3－回收后进行焚烧、填埋等处置	4－其他措施
使用率(%)	20.12	56.51	10.95	12.43

可见，重庆制造企业绝大部分都在实际运营行动中采取了一种或多种措施实施产品生命周期管理。在各种减少产品包装的环境影响的措施中，"使用环

保包装材料"的使用率要明显高于其他措施，可能是因为这种措施效果明显、操作简单，且不会对现有产品生产造成影响。在各种减少产品仓储运输过程环境影响的措施中，"规划合理的运输配送网络"的使用率和效果认可度最高，概因这种措施在减少环境污染的同时更能减少企业运营成本。在各种减少产品使用过程的环境影响的措施中，尽管大部分企业认为效果最好的是"开发节能环保型产品"，但使用得最多的却是"对使用中的产品进行维护升级"，原因还是在于环保型产品的开发及市场推广并非易事。

6.1.4 供应链管理

绿色供应链管理的概念由产品生命周期思维而来，要求企业与卷入材料提取加工、零部件生产、产品包装运输、产品销售以及回收处置的上、下游合作伙伴发展和维持紧密的合作关系。

图6-6显示企业在选择供应链合作伙伴时最注重的项目。1为价格，2为质量，3为信誉，4为长期合作关系，5为其他。有接近一半的企业最重视的是质量，其次为企业信誉，再次为长期合作关系的构建和维持。

图6-7显示企业在选择供应链合作伙伴时对其环境绩效的关注度。1为非常注重，2为比较注重，3为不太注重，4为无关注。样本企业中有82%的企业关注合作伙伴的环境绩效。

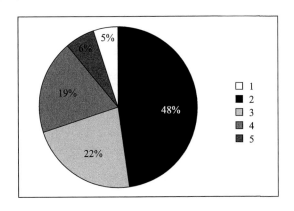

图6-6　合作伙伴的选择

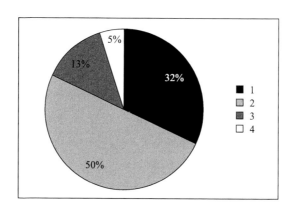

图6-7 对合作伙伴环境绩效的关注度

可见，重庆制造业已经走出了仅靠低价格产品赢得市场的早期竞争阶段，进入靠质量取胜、关注长期效益的发展阶段；大部分企业已经开始关注绿色供应链管理。

6.1.5 工业共生关系的构建

工业共生是传统意义上的企业通过资源交换，以合作的方式来共同提高企业的竞争力。❶ 通常情况下有三种资源交换方式：副产品的再利用（一家企业的副产品作为另一家企业生产的原材料）；基础资源的共享（能量、水、废水等的共同管理或排放）；服务的联合提供（消防服务、运输和食品的联合供应等）。❷ Ehrenfeld 指出工业共生的研究还应包括技术创新、知识共享、学习机制等内容。❸ 本节研究的工业共生关系包括两个方面：一是制造系统各企业之间围绕产品建立紧密的合作关系，通过利益联盟实现共生；二是践行工业生态学，各企业围绕工业生产中产生的副产品建立资源和能源的循环流动关系，实现闭环生产。

图6-8显示企业在产品设计开发、生产、售后服务、回收处置等环节中

❶ Chertow M R. Industrial symbiosis：literature and taxonomy [J]. Annual review of energy and the environment，2000，25（1）：313 – 337.

❷ Chertow M R，Ashton W S，Espinosa J C. Industrial symbiosis in Puerto Rico：Environmentally related agglomeration economies [J]. Regional Studies，2008，42（10）：1299 – 1312.

❸ Ehrenfeld J. Industrial ecology：a new field or only a metaphor？[J]. Journal of Cleaner Production，2004，12（8）：825 – 831.

与其他企业的合作情况。1 为较多合作，2 为较少合作，3 为偶尔合作，4 为从未合作。样本企业无论在产品价值链上的哪个环节，与其他企业开展较多合作的均不足一半；且越往产业链下游合作得越少；超过 10% 的企业从未与其他企业进行合作。

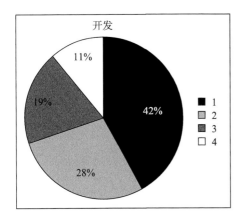
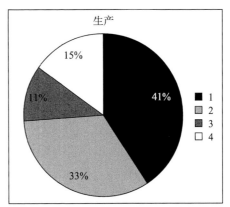
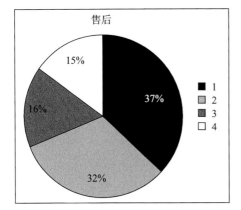
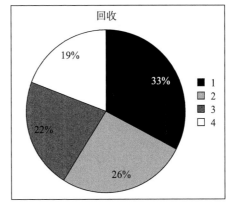

图 6-8　企业间合作情况

图 6-9 显示企业对在本行业构建生态产业链的认知。1 为认为其所在行业在生产中很有可能实现"一个企业使用另一个企业的生产废弃物作为能源或材料"，从而在整体上节能减排；2 为认为有点可能；3 为认为不大可能；4 为认为完全不可能。有 66% 的企业认为这种工业共生关系的构建是有可能的。

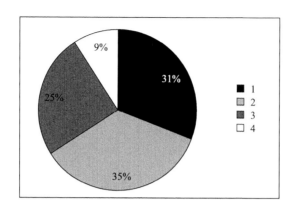

图 6 - 9　对构建生态产业链的认知

从问卷统计结果可知，大部分企业已将环境战略纳入议事日程，但其中相当一部分并未构建较完善的环境管理系统。由此可以推测，组织环境战略的实际实施情况远不如环境战略的制定情况。但在对产品生命周期管理和绿色供应链管理的调查中又发现，事实上绝大部分企业都在实际运营活动中采取了一种或多种与环境管理相关的措施。由此得出结论：重庆制造企业大部分都已经在一定程度上实施了组织生态创新。大部分企业已经认识到环境管理战略的重要性，在实际运营活动中也采取了相关环保措施。只有少数企业将组织环境管理专业化、职能化，实施了系统的环境管理措施。

6.2　组织特征与组织生态创新的关联

6.2.1　理论与假设

本书第 4、5 章已经论证了规模大小和所有权性质这两个组织特征与企业工艺创新和产品创新的开展之间存在相关关系。而产品创新，特别是那些具有产品结构转型意义的重大创新，往往会引起企业的研发、生产、营销等部门的深刻变化；工艺创新通过设备的机械化、自动化、信息化水平的提高，也会使企业的战略、规模和文化发生一系列的变化。❶ 也就是说工艺创新和产品创新

---

❶　张钢. 我国企业组织创新的源与模式研究[J].科研管理，2001，22（2）：74 - 82.

对组织创新有明显诱导作用。由此可以推论，规模和所有权性质与组织创新之间也应存在一定的相关关系。

本章分别从环境战略的制定、环境管理系统的构建、产品生命周期管理、绿色供应链管理的实施、工业共生体系的构建5个方面分析规模和所有权性质对组织生态创新的影响，形成如下假设。

假设1a：企业规模大小对其环境战略的制定有显著影响。

假设1b：企业所有权性质对其环境战略的制定有显著影响。

假设2a：企业规模大小对其环境管理系统的构建有显著影响。

假设2b：企业所有权性质对其环境管理系统的构建有显著影响。

假设3a：企业规模大小对其实施产品生命周期管理有显著影响。

假设3b：企业所有权性质对其实施产品生命周期管理有显著影响。

假设4a：企业规模大小对其实施供应链管理有显著影响。

假设4b：企业所有权性质对其实施供应链管理有显著影响。

假设5a：企业规模大小对工业共生关系的构建有显著影响。

假设5b：企业所有权性质对工业共生关系的构建有显著影响。

6.2.2 问卷调查结果

1. 组织特征与组织环境战略的关系

从表6-5可以看出，环境战略的制定与企业规模呈正相关关系。大型企业中有81.58%既把环保列入企业发展战略中，又制定了实施细则；而微型企业中该比例仅10.81%，大部分是仅有战略规划，并无实施细则；未制定环境战略的多为微型企业。环境战略的制定与企业所有权性质也有明显相关关系。国有及国有控股企业中有75%既把环保列入企业发展战略中，又制定了实施细则；集体企业多是仅有战略规划，并无实施细则，无环境战略的企业以集体企业居多；私营企业中也有半数企业既有环境战略规划，又制定了实施细则。

表6-5　企业规模和所有权性质与组织环境战略制定情况的关系

规模	战略制定				
	1	2	3	4	合计
1	31 81.58	6 15.79	1 2.63	0 0.00	38 100.00
2	52 57.14	32 35.16	4 4.40	3 3.30	91 100.00
3	105 61.05	54 31.40	11 6.40	2 1.15	172 100.00
4	4 10.81	18 48.65	8 21.62	7 18.92	37 100.00
合计	192 56.81	110 32.54	24 7.10	12 3.55	338 100.00
Pearson chi2(9) = 66.7768　　　Pr = 0.000					

所有权	战略制定				
	1	2	3	4	合计
1	18 75.00	5 20.83	1 4.17	0 0.00	24 100.00
2	1 16.67	3 50.00	0 0.00	2 33.33	6 100.00
3	148 54.82	91 33.70	22 8.15	9 3.33	270 100.00
4	25 65.79	11 28.95	1 2.63	1 2.63	38 100.00
合计	192 56.81	110 32.54	24 7.10	12 3.55	338 100.00
Pearson chi2(9) = 23.8365　　　Pr = 0.005					

　　从表6-6可以看出，环境应急方案的制定与企业规模正相关，规模越大的企业制定该方案的比率越高；与企业所有权性质则无明显相关关系。

表6-6　企业规模和所有权性质与环境应急方案制定情况的关系

规模	应急方案				
	1	2	3	4	合计
1	28 73.69	7 18.42	3 7.89	0 0.00	38 100.00
2	46 50.55	25 27.47	16 17.58	4 4.40	91 100.00
3	83 48.26	57 33.14	17 9.88	15 8.72	172 100.00
4	2 5.41	15 40.54	13 35.13	7 18.92	37 100.00
合计	159 47.04	104 30.77	49 14.50	26 7.69	338 100.00
Pearson chi2(9) = 48.9717　　Pr = 0.000					

所有权	应急方案				
	1	2	3	4	合计
1	14 58.33	7 29.17	2 8.33	1 4.17	24 100.00
2	1 16.67	3 50.00	2 33.33	0 0.00	6 100.00
3	126 46.67	82 30.37	38 14.07	24 8.89	270 100.00
4	18 47.37	12 31.58	7 18.42	1 2.63	38 100.00
合计	159 47.04	104 30.77	49 14.50	26 7.69	338 100.00
Pearson chi2(9) = 7.7509　　Pr = 0.559					

　　由以上分析可知，企业规模大小与组织环境战略的制定有明显相关关系：规模大的企业环境战略、实施细则、应急方案的制定情况均好于规模小的企

业。假设 1a 得到证实。企业所有权性质与组织环境战略的制定有一定相关关系：国有及国有控股企业整体情况最佳，私营企业情况居中，集体企业情况较差。假设 1b 得到部分证实。

2. 组织特征与环境管理体系的关系

从表 6-7 可以看出，环境认证活动的开展比率与企业规模正相关：规模越大的企业通过认证的越多，大型企业绝大多数都通过了环境认证；规模越小的企业尚未考虑认证问题的越多，微型企业未考虑认证问题的高达 37.84%。环境认证活动的开展与企业所有权性质也有明显相关关系：国有及国有控股企业绝大多数都通过了认证；集体企业也有一半通过了认证；私营企业仅 1/3 通过了认证。

表 6-7　企业规模和所有权性质与环境认证情况的关系

规模	环境认证				
	1	2	3	4	合计
1	36 94.74	2 5.26	0 0.00	0 0.00	38 100.00
2	40 43.96	14 15.38	33 36.26	4 4.40	91 100.00
3	55 31.98	26 15.12	62 36.05	29 16.85	172 100.00
4	1 2.70	3 8.11	19 51.35	14 37.84	37 100.00
合计	132 39.05	45 13.31	114 33.73	47 13.91	338 100.00
Pearson chi2(9) =92.9652　　Pr = 0.000					

所有权	环境认证				
	1	2	3	4	合计
1	22 91.66	1 4.17	1 4.17	0 0.00	24 100.00

续表

所有权	环境认证				
	1	2	3	4	合计
2	3 50.00	1 16.67	0 0.00	2 33.33	6 100.00
3	89 32.96	38 14.07	102 37.78	41 15.19	270 100.00
4	18 47.37	5 13.16	11 28.95	4 10.52	38 100.00
合计	132 39.05	45 13.31	114 33.73	47 13.91	338 100.00
Pearson chi2(9) = 37.5182 Pr = 0.000					

从表6-8可以看出，企业内部环境管理部门的构建与企业规模明显相关：大型企业中有71.05%成立了专门的环境管理部门；中、小、微型企业大部分是由其他部门兼管环境管理事务；微型企业中有21.62%没有负责环境管理事务的部门。环境管理部门的组建与企业所有权性质也有明显相关关系：国有及国有控股企业中有62.5%成立了专门的环境管理部门；集体企业和私营企业主要是由其他部门兼管环境事务；私营企业尚有9.63%没有部门负责环境管理事务。

表6-8　企业规模和所有权性质与环境管理部门构建情况的关系

规模	管理部门				
	1	2	3	4	合计
1	27 71.05	11 28.95	0 0.00	0 0.00	38 100.00
2	26 28.56	59 64.84	4 4.40	2 2.20	91 100.00
3	49 28.49	104 60.47	16 9.30	3 1.74	172 100.00

续表

规模	管理部门				
	1	2	3	4	合计
4	1 2.70	24 64.87	8 21.62	4 10.81	37 100.00
合计	103 30.47	198 58.58	28 8.29	9 2.66	338 100.00
Pearson chi2(9) = 60.7116　　Pr = 0.000					

所有权	管理部门				
	1	2	3	4	合计
1	15 62.50	9 37.50	0 0.00	0 0.00	24 100.00
2	2 33.33	4 66.67	0 0.00	0 0.00	6 100.00
3	69 25.56	168 62.22	26 9.63	7 2.59	270 100.00
4	17 44.74	17 44.74	2 5.26	2 5.26	38 100.00
合计	103 30.47	198 58.58	28 8.28	9 2.65	338 100.00
Pearson chi2(9) = 21.7789　　Pr = 0.010					

企业规模与组织环境管理部门的构建呈明显相关关系，规模大的企业环境管理部门的构建状况明显好于规模小的企业。企业所有权性质与组织环境管理部门的构建也有明显相关关系，国有及国有控股企业的状况最佳，集体企业次之，私营企业最差。假设 2a 和假设 2b 得到证实。

3. 组织特征与产品生命周期管理的关系

从表 6-9 可以看出，对环保原材料的关注度与企业规模显著相关：大型企业关注的最多；微型企业最不关注。对环保原材料的关注度与企业所有权性质显著相关：国有及国有控股企业的关注度最高，达95.83%；集体企业的关注度最低，仅66.67%；私营企业居中。

表6-9　企业规模和所有权性质与企业对环保原材料关注度的关系

规模	原材料				
	1	2	3	4	合计
1	15 39.48	22 57.89	1 2.63	0 0.00	38 100.00
2	24 26.37	58 63.74	9 9.89	0 0.00	91 100.00
3	75 43.60	83 48.26	11 6.40	3 1.74	172 100.00
4	4 10.81	19 51.35	7 18.92	7 18.92	37 100.00
合计	118 34.91	182 53.85	28 8.28	10 2.96	338 100.00
Pearson chi2(9) = 58.8875　　Pr = 0.000					

所有权	原材料				
	1	2	3	4	合计
1	9 37.50	14 58.33	1 4.17	0 0.00	24 100.00
2	1 16.67	3 50.00	2 33.33	0 0.00	6 100.00
3	98 36.30	146 54.07	20 7.41	6 2.22	270 100.00
4	10 26.32	19 50.00	5 13.16	4 10.52	38 100.00

续表

所有权	原材料				
	1	2	3	4	合计
合计	118 34.91	182 53.85	28 8.28	10 2.96	338 100.00
Pearson chi2(9) = 16.8981 Pr = 0.050					

　　从表6-10可以看出，企业为减少产品包装对环境造成的污染所采取的办法与企业规模无明显相关关系。与企业所有权性质则有一定相关关系，国企主要采用"简化产品包装"和"使用环保包装材料"；集体企业主要采用"可重复使用的包装"和"使用环保包装材料"，采用其他办法的比率也较高；私营企业主要采用"使用环保包装材料"和"采用可重复使用的包装"。从表6-11可以看出，对各种办法效果的评价与企业规模无明显相关关系，但与企业所有权性质显著相关，国有企业和私营企业认可度最高的是"使用环保包装材料"，集体企业认可度最高的则是"其他办法"。

表6-10　企业规模和所有权性质与减少产品包装污染办法的关系

规模	包装 a		
	0	1	合计
1	20 52.63	18 47.37	37 100.00
2	42 46.15	49 53.85	91 100.00
3	86 50.00	86 50.00	172 100.00
4	27 72.97	10 27.03	37 100.00
合计	175 51.93	162 48.07	338 100.00
Pearson chi2(3) = 8.1031 Pr = 0.044			

规模	包装 b		
	0	1	合计
1	6 15.79	32 84.21	38 100.00
2	30 32.97	61 67.03	91 100.00
3	48 27.91	124 72.09	172 100.00
4	11 29.73	26 70.27	37 100.00
合计	95 28.11	243 71.89	338 100.00
Pearson chi2(3) = 3.9685 Pr = 0.265			

规模	包装 c		
	0	1	合计
1	16 42.11	22 57.89	38 100.00
2	36 39.56	55 60.44	91 100.00
3	77 44.77	95 55.23	172 100.00
4	18 48.65	19 51.35	37 100.00
合计	147 43.49	191 56.51	338 100.00

Pearson chi2(3) = 1.1163　　Pr = 0.773

规模	包装 d		
	0	1	合计
1	38 100.00	0 0.00	38 100.00
2	85 93.41	6 6.59	91 100.00
3	163 94.77	9 5.23	172 100.00
4	34 91.89	3 8.11	37 100.00
合计	320 94.67	18 5.33	338 100.00

Pearson chi2(3) = 2.9989　　Pr = 0.392

规模	包装 e		
	0	1	合计
1	38 100.00	0 0.00	38 100.00
2	91 100.00	0 0.00	91 100.00
3	171 99.42	1 0.58	172 100.00
4	36 97.30	1 2.70	37 100.00
合计	336 99.41	2 0.59	338 100.00

Pearson chi2(3) = 3.5713　　Pr = 0.312

所有权	包装 a		
	0	1	合计
1	9 37.50	15 62.50	24 100.00
2	6 100.00	0 0.00	6 100.00
3	134 49.63	136 50.37	270 100.00
4	26 68.42	12 31.58	38 100.00
合计	175 51.93	162 48.07	337 100.00

Pearson chi2(3) = 12.1783　　Pr = 0.007

所有权	包装 b		
	0	1	合计
1	9 37.50	15 62.50	24 100.00
2	3 50.00	3 50.00	6 100.00
3	67 24.81	203 75.19	270 100.00
4	16 42.11	22 57.89	38 100.00
合计	95 28.11	243 71.89	338 100.00
Pearson chi2(3) = 7.6043		Pr = 0.055	

所有权	包装 c		
	0	1	合计
1	17 70.83	7 29.17	24 100.00
2	2 33.33	4 66.67	6 100.00
3	118 43.70	152 56.30	270 100.00
4	10 26.32	28 73.68	38 100.00
合计	147 43.49	191 56.51	338 100.00
Pearson chi2(3) = 12.1187		Pr = 0.007	

所有权	包装 d		
	0	1	合计
1	21 87.50	3 12.50	24 100.00
2	4 66.67	2 33.33	6 100.00
3	260 96.30	10 3.70	270 100.00
4	35 92.11	3 7.89	38 100.00
合计	320 94.67	18 5.33	338 100.00
Pearson chi2(3) = 13.6914		Pr = 0.003	

所有权	包装 e		
	0	1	合计
1	24 100.00	0 0.00	24 100.00
2	6 100.00	0 0.00	6 100.00
3	268 99.26	2 0.74	270 100.00
4	38 100.00	0 0.00	38 100.00
合计	336 99.41	2 0.59	338 100.00
Pearson chi2(3) = 0.5067		Pr = 0.917	

表6-11 企业规模和所有权性质与对减少产品包装污染办法的评价的关系

规模	减少包装污染的办法				
	1	2	3	4	合计
1	6 15.79	21 55.26	11 28.95	0 0.00	38 100.00
2	17 18.68	41 45.06	28 30.77	5 5.49	91 100.00
3	41 23.83	70 40.70	56 32.56	5 2.91	172 100.00
4	6 16.22	15 40.54	11 29.73	5 13.51	37 100.00
合计	70 20.71	147 43.49	106 31.36	15 4.44	338 100.00
Pearson chi2(9) = 13.3244			Pr = 0.148		

所有权	减少包装污染的办法				
	1	2	3	4	合计
1	6 25.00	8 33.33	7 29.17	3 12.50	24 100.00
2	0 0.00	1 16.67	2 33.33	3 50.00	6 100.00
3	59 21.85	123 45.56	84 31.11	4 1.48	270 100.00
4	5 13.16	15 39.47	13 34.21	5 13.16	38 100.00

续表

所有权	减少包装污染的办法				
	1	2	3	4	合计
合计	70 20.71	147 43.49	106 31.36	15 4.44	338 100.00
Pearson chi2(9) = 48.1980 Pr = 0.000					

从表6-12可以看出，企业为减少产品运输和仓储过程中的环境影响所采取的办法与企业规模似有一定相关关系，但未体现出明显规律。办法的选择与企业所有权性质似无明显相关关系。从表6-13可以看出，对各种办法的评价与企业规模显著相关：企业规模越大，对"规划合理的运输配送网络"和"减少库存"的认可度越高；企业规模越小，对"选择对环境污染小的运输工具"和"其他办法"的认可度越高。这种评价与企业所有权性质也显著相关：国有企业最认可"规划合理的运输配送网络"；集体企业最认可"选择对环境污染小的运输工具"；私营企业最认可"规划合理的运输配送网络"和"减少库存"。

表6-12 企业规模和所有权性质与减少产品运输存储污染的办法的关系

规模	运输 a			规模	运输 b		
	0	1	合计		0	1	合计
1	14 36.84	24 63.16	38 100.00	1	20 52.63	18 47.37	38 100.00
2	41 45.05	50 54.95	91 100.00	2	36 39.56	55 60.44	91 100.00
3	82 47.67	90 52.33	172 100.00	3	81 47.09	91 52.91	172 100.00
4	25 67.57	12 32.43	37 100.00	4	16 43.24	21 56.76	37 100.00
合计	162 47.93	176 52.07	338 100.00	合计	153 45.27	185 54.73	338 100.00
Pearson chi2(3) = 7.8950 Pr = 0.048				Pearson chi2(3) = 2.3206 Pr = 0.509			

规模	运输 c		
	0	1	合计
1	9 23.68	29 76.32	38 100.00
2	19 20.88	72 79.12	91 100.00
3	59 34.30	113 65.70	172 100.00
4	24 64.86	13 35.14	37 100.00
合计	111 32.84	227 67.16	338 100.00
Pearson chi2(3) = 24.7190 Pr = 0.000			

规模	运输 d		
	0	1	合计
1	37 97.37	1 2.63	38 100.00
2	83 91.21	8 8.79	91 100.00
3	162 94.19	10 5.81	172 100.00
4	26 70.27	11 29.73	37 100.00
合计	308 91.12	30 8.88	338 100.00
Pearson chi2(3) = 23.7212 Pr = 0.000			

规模	运输 e		
	0	1	合计
1	38 100.00	0 0.00	38 100.00
2	91 100.00	0 0.00	91 100.00
3	166 96.51	6 3.49	172 100.00
4	36 97.30	1 2.70	37 100.00
合计	331 97.93	7 2.07	338 100.00
Pearson chi2(3) = 4.5046 Pr = 0.212			

所有权	运输 a		
	0	1	合计
1	13 54.17	11 45.83	24 100.00
2	6 100.00	0 0.00	6 100.00
3	117 43.33	153 56.67	270 100.00
4	26 68.42	12 31.58	38 100.00
合计	162 47.93	176 52.07	338 100.00
Pearson chi2(3) = 15.5714 Pr = 0.001			

所有权	运输 b			所有权	运输 c		
	0	1	合计		0	1	合计
1	10 41.67	14 58.33	24 100.00	1	6 25.00	18 75.00	24 100.00
2	3 50.00	3 50.00	6 100.00	2	3 50.00	3 50.00	6 100.00
3	129 47.78	141 52.22	270 100.00	3	91 33.70	179 66.30	270 100.00
4	11 28.95	27 71.05	38 100.00	4	11 28.95	27 71.05	38 100.00
合计	153 45.27	185 54.73	338 100.00	合计	111 32.84	227 67.16	338 100.00
Pearson chi2(3) = 4.9516　　Pr = 0.175				Pearson chi2(3) = 1.8223　　Pr = 0.610			

所有权	运输 d			所有权	运输 e		
	0	1	合计		0	1	合计
1	21 87.50	3 12.50	24 100.00	1	24 100.00	0 0.00	24 100.00
2	4 66.67	2 33.33	6 100.00	2	6 100.00	0 0.00	6 100.00
3	250 92.59	20 7.41	270 100.00	3	264 97.78	6 2.22	270 100.00
4	33 86.84	5 13.16	38 100.00	4	37 97.37	1 2.63	38 100.00
合计	308 91.12	30 8.88	338 100.00	合计	331 97.93	7 2.07	338 100.00
Pearson chi2(3) = 6.4086　　Pr = 0.093				Pearson chi2(3) = 0.7238　　Pr = 0.868			

表6-13 企业规模和所有权性质与对减少产品运输存储污染办法的评价的关系

规模	减少运输污染的办法				
	1	2	3	4	合计
1	12 31.58	4 10.53	21 55.26	1 2.63	38 100.00
2	28 30.77	18 19.78	45 49.45	0 0.00	91 100.00
3	42 24.42	35 20.35	81 47.09	14 8.14	172 100.00
4	7 18.92	9 24.32	14 37.84	7 18.92	37 100.00
合计	89 26.33	66 19.53	161 47.63	22 6.51	338 100.00

Pearson chi2(9) = 21.7057　　　Pr = 0.010

所有权	减少运输污染的办法				
	1	2	3	4	合计
1	5 20.83	4 16.67	12 50.00	3 12.50	24 100.00
2	0 0.00	5 83.33	1 16.67	0 0.00	6 100.00
3	81 30.00	51 18.89	128 47.41	10 3.70	270 100.00
4	3 7.89	6 15.79	20 52.64	9 23.68	38 100.00

续表

所有权	减少运输污染的办法				
	1	2	3	4	合计
合计	89 26.33	66 19.53	161 47.63	22 6.51	338 100.00
Pearson chi2(9) = 44.7181　　Pr = 0.000					

从表6-14可以看出，企业为减少产品使用过程对环境造成的污染所采取的办法与企业规模及所有权性质均无明显相关关系。从表6-15可以看出，企业对各办法效果的评价与规模大小和所有权性质有明显相关关系：规模小的企业对"指导消费者使用"和"其他办法"的认可度高于规模大的企业；国有及国有控股企业对"产品维护升级"的认可度较高；集体企业对"开发节能环保产品"的认可度低于其他性质的企业，对"产品维护升级"和"其他办法"的认可度较高；私营企业对"开发节能环保产品"的认可度最高。

表6-14　企业规模和所有权性质与减少产品使用过程污染的办法的关系

规模	使用 a			规模	使用 b		
	0	1	合计		0	1	合计
1	13 34.21	25 65.79	38 100.00	1	19 50.00	19 50.00	38 100.00
2	29 31.87	62 68.13	91 100.00	2	23 25.27	68 74.73	91 100.00
3	64 37.21	108 62.79	172 100.00	3	72 41.86	100 58.14	172 100.00
4	24 64.86	13 35.14	37 100.00	4	9 24.32	28 75.68	37 100.00
合计	130 38.46	208 61.54	338 100.00	合计	123 36.39	215 63.61	338 100.00
Pearson chi2(3) = 12.9735　Pr = 0.005				Pearson chi2(3) = 12.4485　Pr = 0.006			

156

规模	使用 c		
	0	1	合计
1	16 42.11	22 57.89	38 100.00
2	44 48.35	47 51.65	91 100.00
3	77 44.77	95 55.23	172 100.00
4	25 67.57	12 32.43	37 100.00
合计	162 47.93	176 52.07	338 100.00
Pearson chi2(3) = 6.9296		Pr = 0.074	

规模	使用 d		
	0	1	合计
1	36 94.74	2 5.26	38 100.00
2	86 94.51	5 5.49	91 100.00
3	164 95.35	8 4.65	172 100.00
4	34 91.89	3 8.11	37 100.00
合计	320 94.67	18 5.33	338 100.00
Pearson chi2(3) = 0.7288		Pr = 0.866	

规模	使用 e		
	0	1	合计
1	38 100.00	0 0.00	38 100.00
2	91 100.00	0 0.00	91 100.00
3	168 97.67	4 2.33	172 100.00
4	35 94.59	2 5.41	37 100.00
合计	332 98.22	6 1.78	338 100.00
Pearson chi2(3) = 5.4267		Pr = 0.143	

所有权	使用 a		
	0	1	合计
1	10 41.67	14 58.33	24 100.00
2	4 66.67	2 33.33	6 100.00
3	102 37.78	168 62.22	270 100.00
4	14 36.84	24 63.16	38 100.00
合计	130 38.46	208 61.54	338 100.00
Pearson chi2(3) = 2.2163		Pr = 0.529	

所有权	使用 b		
	0	1	合计
1	10 41.67	14 58.33	24 100.00
2	2 33.33	4 66.67	6 100.00
3	94 34.81	176 65.19	270 100.00
4	17 44.74	21 55.26	38 100.00
合计	123 36.39	215 63.61	338 100.00
Pearson chi2(3) = 1.7460 Pr = 0.627			

所有权	使用 c		
	0	1	合计
1	7 29.17	17 70.83	24 100.00
2	5 83.33	1 16.67	6 100.00
3	135 50.00	135 50.00	270 100.00
4	15 39.47	23 60.53	38 100.00
合计	162 47.93	176 52.07	338 100.00
Pearson chi2(3) = 7.9513 Pr = 0.047			

所有权	使用 d		
	0	1	合计
1	22 91.67	2 8.33	24 100.00
2	6 100.00	0 0.00	6 100.00
3	256 94.81	14 5.19	270 100.00
4	36 94.74	2 5.26	38 100.00
合计	320 94.67	18 5.33	338 100.00
Pearson chi2(3) = 0.7790 Pr = 0.854			

所有权	使用 e		
	0	1	合计
1	24 100.00	0 0.00	24 100.00
2	6 100.00	0 0.00	6 100.00
3	264 97.78	6 2.22	270 100.00
4	38 100.00	0 0.00	38 100.00
合计	332 98.22	6 1.78	338 100.00
Pearson chi2(3) = 1.5384 Pr = 0.673			

表6-15 企业规模和所有权性质与对减少产品使用过程污染办法的评价的关系

规模	减少使用污染的办法				
	1	2	3	4	合计
1	22 57.89	13 34.21	2 5.26	1 2.64	38 100.00
2	54 59.34	21 23.08	10 10.99	6 6.59	91 100.00
3	97 56.40	43 25.00	28 16.28	4 2.32	172 100.00
4	13 35.14	11 29.73	7 18.92	6 16.21	37 100.00
合计	186 55.03	88 26.04	47 13.91	17 5.02	338 100.00
Pearson chi2(9) = 21.1763　　Pr = 0.012					

所有权	减少使用污染的办法				
	1	2	3	4	合计
1	8 33.33	10 41.67	5 20.83	1 4.17	24 100.00
2	1 16.67	2 33.33	1 16.67	2 33.33	6 100.00
3	157 58.15	73 27.04	30 11.11	10 3.70	270 100.00
4	20 52.63	3 7.89	11 28.95	4 10.53	38 100.00
合计	186 55.03	88 26.04	47 13.91	17 5.02	338 100.00
Pearson chi2(9) = 32.8360　　Pr = 0.000					

从表6-16可以看出，企业对用后废弃的产品采取的处理措施与规模大小显著相关：规模越大，选择"回收再利用"的比率越高；规模越小，采取其

他措施或未采取回收处理措施的比率越高。企业对用后废弃的产品采取的处理措施与所有权性质无明显相关关系。

表 6-16 规模、所有权性质与产品最终处置方法的关系

规模	处置方法				
	1	2	3	4	合计
1	3 7.89	26 68.42	8 21.06	1 2.63	38 100.00
2	16 17.58	56 61.54	11 12.09	8 8.79	91 100.00
3	38 22.09	98 56.98	13 7.56	23 13.37	172 100.00
4	11 29.73	11 29.73	5 13.51	10 27.03	37 100.00
合计	68 20.11	191 56.51	37 10.95	42 12.43	338 100.00
Pearson chi2(9) = 27.2626 Pr = 0.001					

所有权	处置方法				
	1	2	3	4	合计
1	6 25.00	9 37.50	4 16.67	5 20.83	24 100.00
2	1 16.67	5 83.33	0 0.00	0 0.00	6 100.00
3	54 20.00	155 57.41	29 10.74	32 11.85	270 100.00
4	7 18.42	22 57.89	4 10.53	5 13.16	38 100.00
合计	68 20.11	191 56.51	37 10.95	42 12.43	338 100.00
Pearson chi2(9) = 6.3157 Pr = 0.708					

整体而言，企业规模与产品生命周期管理呈现一定的相关关系：规模大的企业更关注环保原材料的选购，对"规划合理的运输配送网络""减少库存""产品回收再利用"等对企业运营管理能力要求较高的措施的认可度较高。企业所有权性质与产品生命周期管理也呈一定相关关系：无论是对采购环保原材料的关注度，还是为减少在产品包装的环境影响所采取的具体措施，不同所有权性质的企业都表现出较明显的差异，对不同环保措施的效果评价也有所不同。假设3a和假设3b均只得到部分证实。

4. 组织特征与供应链管理的关系

从表6-17可以看出，企业规模与其在选择供应链合作伙伴时最关注的项目及对合作伙伴环境绩效的关注度都有明显相关关系。大型企业最关注"质量"和"长期合作关系"，中小微型企业最关注"质量"和"信誉"；规模大的企业比规模小的企业更关注合作伙伴的环境绩效。企业所有权性质与其在选择供应链合作伙伴时最关注的项目及对合作伙伴环境绩效的关注度均无明显相关关系。假设4a得到证实，而假设4b未得到证实。

表6-17 企业规模和所有权与其选择供应链合作伙伴的关系

规模	供应链					
	1	2	3	4	5	合计
1	2 5.26	17 44.74	7 18.42	12 31.58	0 0.00	38 100.00
2	2 2.20	50 54.95	22 24.18	17 18.67	0 0.00	91 100.00
3	10 5.81	76 44.19	39 22.67	33 19.19	14 8.14	172 100.00
4	2 5.41	20 54.05	7 18.92	3 8.11	5 13.51	37 100.00
合计	16 4.73	163 48.22	75 22.19	65 19.23	19 5.63	338 100.00
Pearson chi2(12) = 22.8095　　Pr = 0.029						

所有权	供应链					
	1	2	3	4	5	合计
1	0 0.00	14 58.34	5 20.83	5 20.83	0 0.00	24 100.00
2	1 16.67	4 66.66	1 16.67	0 0.00	0 0.00	6 100.00
3	14 5.19	129 47.78	58 21.48	55 20.37	14 5.18	270 100.00
4	1 2.62	16 42.11	11 28.95	5 13.16	5 13.16	38 100.00
合计	16 4.73	163 48.22	75 22.19	65 19.23	19 5.63	338 100.00
Pearson chi2(12) = 13.3098 Pr = 0.347						

规模	伙伴关系				
	1	2	3	4	合计
1	18 47.37	13 34.21	3 7.89	4 10.53	38 100.00
2	30 32.97	43 47.25	16 17.58	2 2.20	91 100.00
3	59 34.30	88 51.16	19 11.05	6 3.49	172 100.00
4	2 5.41	24 64.86	6 16.22	5 13.51	37 100.00
合计	109 32.25	168 49.70	44 13.02	17 5.03	338 100.00
Pearson chi2(12) = 27.7982 Pr = 0.001					

所有权	伙伴关系				
	1	2	3	4	合计
1	11 45.84	9 37.50	2 8.33	2 8.33	24 100.00
2	1 16.67	3 50.00	2 33.33	0 0.00	6 100.00
3	85 31.48	140 51.85	32 11.85	13 4.82	270 100.00
4	12 31.58	16 42.11	8 21.05	2 5.26	38 100.00
合计	109 32.25	168 49.70	44 13.02	17 5.03	338 100.00
Pearson chi2(12) = 8.6158 Pr = 0.473					

5. 组织特征与工业共生关系构建的关系

从表6-18可以看出，总体上，企业规模与其在产品设计、售后服务、回收处置等环节中与其他企业的合作情况有明显相关关系：规模大的企业的合作要多于规模小的企业。企业所有权性质与其在产品设计、生产、回收处置等环节中与其他企业的合作情况也有明显相关关系：民营企业合作最多，国企次之，集体企业合作最少。

表6-18 企业规模和所有权与企业间合作情况的关系

规模	合作设计				
	1	2	3	4	合计
1	23 60.53	9 23.68	5 13.16	1 2.63	38 100.00
2	44 48.35	29 31.87	12 13.19	6 6.59	91 100.00

续表

规模	合作设计				
	1	2	3	4	合计
3	63 36.63	47 27.33	39 22.67	23 13.37	172 100.00
4	10 27.03	11 29.73	9 24.32	7 18.92	37 100.00
合计	140 41.42	96 28.40	65 19.23	37 10.95	338 100.00
Pearson chi2(9) = 19.0498 Pr = 0.025					

所有权	合作设计				
	1	2	3	4	合计
1	9 37.50	5 20.83	7 29.17	3 12.50	24 100.00
2	1 16.67	2 33.33	3 50.00	0 0.00	6 100.00
3	122 45.19	74 27.41	50 18.51	24 8.89	270 100.00
4	8 21.05	15 39.47	5 13.16	10 26.32	38 100.00
合计	140 41.42	96 28.40	65 19.23	37 10.95	338 100.00
Pearson chi2(9) = 22.9157 Pr = 0.006					

规模	合作生产				
	1	2	3	4	合计
1	17 44.74	9 23.68	6 15.79	6 15.79	38 100.00
2	37 40.66	36 39.56	11 12.09	7 7.69	91 100.00
3	75 43.60	54 31.40	16 9.30	27 15.70	172 100.00
4	11 29.73	12 32.43	4 10.81	10 27.03	37 100.00
合计	140 41.42	111 32.84	37 10.95	50 14.79	338 100.00
Pearson chi2(9) = 12.1790　　Pr = 0.203					

所有权	合作生产				
	1	2	3	4	合计
1	9 37.50	6 25.00	6 25.00	3 12.50	24 100.00
2	2 33.33	2 33.33	2 33.34	0 0.00	6 100.00
3	122 45.19	88 32.59	24 8.89	36 13.33	270 100.00
4	7 18.42	15 39.47	5 13.16	11 28.95	38 100.00
合计	140 41.42	111 32.84	37 10.95	50 14.79	338 100.00
Pearson chi2(9) = 21.7238　　Pr = 0.010					

规模	合作服务				
	1	2	3	4	合计
1	16 42.11	12 31.58	7 18.42	3 7.89	38 100.00
2	30 32.97	39 42.86	15 16.48	7 7.69	91 100.00
3	72 41.86	44 25.58	23 13.37	33 19.19	172 100.00
4	7 18.92	13 35.14	9 24.32	8 21.62	37 100.00
合计	125 36.98	108 31.95	54 15.98	51 15.09	338 100.00

Pearson chi2(9) = 20.7920   Pr = 0.014

所有权	合作服务				
	1	2	3	4	合计
1	9 37.50	8 33.33	4 16.67	3 12.50	24 100.00
2	1 16.67	2 33.33	3 50.00	0 0.00	6 100.00
3	108 40.00	81 30.00	42 15.56	39 14.44	270 100.00
4	7 18.42	17 44.74	5 13.16	9 23.68	38 100.00
合计	125 36.98	108 31.95	54 15.98	51 15.09	338 100.00

Pearson chi2(9) = 14.6803   Pr = 0.100

规模	合作处置				
	1	2	3	4	合计
1	14 36.84	8 21.05	8 21.05	8 21.05	38 100.00
2	35 38.46	26 28.57	27 29.67	3 3.30	91 100.00
3	57 33.14	41 23.84	31 18.02	43 25.00	172 100.00
4	5 13.51	13 35.14	8 21.62	11 29.73	37 100.00
合计	111 32.84	88 26.04	74 21.89	65 19.23	338 100.00
Pearson chi2(9) = 28.2388　　Pr = 0.001					

所有权	合作处置				
	1	2	3	4	合计
1	8 33.33	4 16.67	5 20.83	7 29.17	24 100.00
2	1 16.67	2 33.33	3 50.00	0 0.00	6 100.00
3	94 34.82	67 24.81	63 23.33	46 17.04	270 100.00
4	8 21.05	15 39.48	3 7.89	12 31.58	38 100.00
合计	111 32.84	88 26.04	74 21.89	65 19.23	338 100.00
Pearson chi2(9) = 18.0389　　Pr = 0.035					

从表 6-19 可以看出，企业规模和企业所有权性质与其对构建生态产业链的认知之间均无明显相关关系。

当提到工业共生的时候，一般更多地将其理解为生态产业链的构建，而不是企业间沿产品价值链开展的合作。从这个意义上讲，假设 5a 和假设 5b 均未得到证实。

表 6-19 企业规模、所有权与其对构建生态产业链的认知的关系

规模	生态产业链				
	1	2	3	4	合计
1	17 44.74	8 21.05	9 23.68	4 10.53	38 100.00
2	33 36.26	34 37.37	18 19.78	6 6.59	91 100.00
3	45 26.16	67 38.95	47 27.33	13 7.56	172 100.00
4	9 24.32	10 27.03	11 29.73	7 18.92	37 100.00
合计	104 30.77	119 35.21	85 25.15	30 8.87	338 100.00
Pearson chi2(9) = 15.5594　　　Pr = 0.077					

所有权	生态产业链				
	1	2	3	4	合计
1	10 41.66	7 29.17	7 29.17	0 0.00	24 100.00
2	1 16.67	2 33.33	3 50.00	0 0.00	6 100.00
3	82 30.37	95 35.19	67 24.81	26 9.63	270 100.00
4	11 28.95	15 39.47	8 21.05	4 10.53	38 100.00
合计	104 30.77	119 35.21	85 25.15	30 8.87	338 100.00
Pearson chi2(9) = 6.6656　　　Pr = 0.672					

6.2.3 结论与讨论

通过以上分析发现，总体上企业规模大小和所有权性质这两个组织特征与组织生态创新的开展之间均存在一定的相关关系。但因"组织"这一概念内涵十分丰富，组织生态创新的表现形式也很多，在具体到某一内容的时候，也会有所差异。

规模大的企业不仅制定环境战略的比率高于规模小的企业；而且大多组建了专门的部门实施环境管理；实践中采取的具体产品生命周期管理措施也较充分地发挥了资源优势，较多地选择了对企业技术能力、管理能力要求较高的办法；对供应链合作伙伴环境绩效的关注度也更高；与其他企业的合作也更多。规模小的企业制定环境战略的比率较低；且多由其他部门兼管环境事务；实践中采取的具体产品生命周期管理措施也更多地需要借助外部力量予以实施；对供应链合作伙伴环境绩效的关注度较低；与其他企业的合作较少。随着规模的扩大，企业组织结构的复杂性、组织对外部的影响力都会随之增加，需要通过组织生态创新提高管理效率，减小环境压力。小规模企业由于自身创新资源和能力的限制，本来更需要借助其他企业的力量实现合作共生，但实际上却比实力雄厚的大规模企业更少合作，这是导致重庆小规模制造企业"死亡率"较高的重要原因。提高企业发展战略的高度和远见，增强企业间合作能力，借助工业共生来弥补自身资源的不足，是重庆小规模制造企业实现可持续发展的重要途径。

国有及国有控股企业大部分制定了环境战略及实施细则；成立了专门的环境管理部门；通过了环境认证；对产品生命周期管理的关注度更高，采取的具体措施或对措施的认可度体现出对技术本身及对企业既有技术路径较多的依赖。集体企业多数仅制定了环境战略但无实施细则；由企业其他部门兼管环境事务；有半数通过了环境认证；对产品生命周期管理的关注度较低，采取的具体措施或对措施的认可度体现出较强的技术无奈感和成本节约倾向；与其他企业的合作最少。私营企业环境战略的制定情况居于前两者之间；环境管理的实施情况逊于前两者；采取的产品生命周期管理措施或对措施的认可度体现出较大的市场和结果导向性；与其他企业的合作最多。这个结果再次验证了重庆国企大多技术资源雄厚、承担着更多的社会和环境责任的特征；集体企业大多对社会和环境责任有心却乏力，努力维持企业运营的现状；私营企业有强烈的逐利性质。从组织生态创新的角度看，国企需降低组织结构的集权化，增加灵活性，避免因组织僵化而妨碍创新；集体企业需加强与其他组织的合作，通过合作突破自身的技术瓶颈；私营企业则需完善环境管理体系，通过环境认证提升企业形象。

生态产业链的构建与企业规模大小和所有权性质并无明显相关关系。企业的数量、企业规模的多样性、企业之间相互作用的内容和强度❶决定共生网络的复杂性，而网络的复杂性决定着整个系统的稳定性和抗干扰能力。显然，健康的工业共生网络需要异质性的企业共同参与其中。

6.3　工业共生案例分析

工业共生网络的构建是现代工业企业模仿自然生态系统的组织创新模式。❷最常见的方式是在产业系统中建立起"生产者——消费者——分解者"的循环途径，即生态产业链，提高物料利用效率，副产品交换、废物再用和能量梯度利用的机会。生态产业链有企业层面、园区层面、虚拟关联三个层面。本节以园区层面，即生态工业园的建设为例，分析构建工业共生网络的核心要素。

6.3.1　案例基本情况❸

生态工业园是一种以追求更高物质利用率和能量转化效率、更少废物排放甚至零排放为目标的企业地域分布形式。❹永川港桥生态工业园（以下简称"港桥工业园"）是国家级生态工业示范园区，也是国家"城市矿产"❺示范基地。该工业园按照"配套关联、协调发展"的原则进行产业定位，现已建

---

❶ 钟书华. 生态工业园区：可持续发展经济布局的新探索[J]. 科学管理研究，2004，22（1）：1-4.

❷ 齐振宏. 生态工业园企业共生机理与运行模式研究[J]. 商业经济与管理，2008（3）：36-43.

❸ 主要根据港桥生态工业园官方网站资料和园区相关负责人提供的内部文档整理而成.

❹ 钟书华. 工业生态学与生态工业园区[J]. 科技管理研究，2003，23（1）：58-60.

❺ "城市矿产"是工业化和城镇化过程中产生和蕴藏于废旧机电设备、电线电缆、通讯工具、汽车、家电、电子产品、金属和塑料包装物以及废料中，可循环利用的钢铁、有色金属、塑料、橡胶等资料.（见中国城市矿产行业现状调研分析及发展趋势预测报告 2015 版）

设产能 20 万吨再生铝、1.5 万辆报废汽车拆解、2 万吨废塑料综合利用、30 万吨再生纸等一批循环经济项目。2013 年园区规模以上工业总产值为 55 亿元，2014 年则超过了 100 亿元。

港桥工业园主要包括三大产业集群，每个集群均由核心企业带动。第一个是以"新格铝业"为核心的有色金属冶炼及压延加工产业集群，集聚项目 24 个，集"回收—拆解—冶炼—研发—压铸—制造"等产业为一体；第二个是以"理文造纸"为核心的造纸及纸制品加工产业集群，配套引进了辅料生产企业，并带动上游竹木种植业和下游高档生活、文化用纸、差别化化纤原料、包装印刷等产业发展；第三个是以"东方希望集团"下属企业为核心的建材产业集群，"东方希望粉磨站"项目主要依托该集团在重庆丰都建设的水泥公司的水泥熟料，结合港桥工业园企业在生产过程中产生的大量粉煤灰、煤渣、石膏及工业废渣等，利用先进的闭路联合粉磨系统生产水泥，并就近配套建设供原料进厂和成品出厂的长江水运码头。目前正在建设的区域性再生资源集散市场和城市回收网络体系主要由青岛新天地环境服务集团承建，旨在吸纳西南地区再生资源经营企业入园，提高再生资源聚集能力，为园区下游企业提供充足的原料。具体结构如图 6-10 所示（外围虚线标注园区范围，灰色框标注核心企业，内部虚线标注三个主要的产业共生群落）。

该工业园集供应型企业、生产型企业、消费型企业（部分）、回收型企业为一体。园区虽然以造纸、冶炼等能源消耗大、环境污染重的传统产业为主，但通过"5R"原则（Reduce，Reevaluate，Reuse，Recycle，Rescue）将传统产业的"线形"结构变成循环经济的"环形"结构，一定程度上实现了资源和能源的高效转化和循环利用。

园区产业结构形成一个多中心依托型共生网络。三个核心企业是整个工业共生网络最重要的节点，其他企业主要是为它们提供生产材料或者利用它们的产品和副产品。因此，核心企业决定了共生网络能否持续发展的技术可行性。[1]"多中心"则避免了对单一核心企业的过度依赖，提高了园区经济的安

---

❶ 曹永辉. 生态工业园共生网络运作模式研究[J]. 生态经济，2013，11：029.

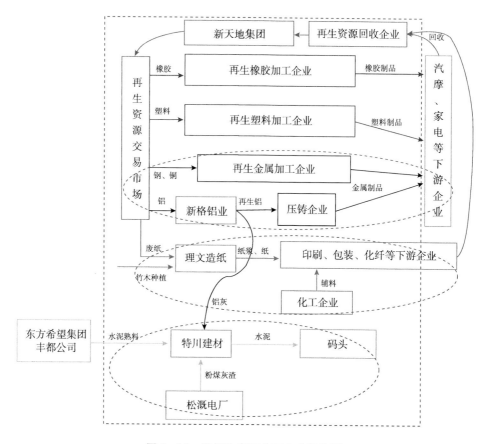

图6-10 港桥生态工业园产业结构图

全性和网络整体的稳定性。❶

6.3.2 构建工业共生网络的核心要素

目前世界上的生态工业园大多由政府主导构建，结合港桥工业园个案发现，构建这种"他组织"的工业共生网络有4个核心要素。

1. 产业链规划

生态工业园规划宜立足长远，凸显区域产业优势，形成完整的产业链，发挥集聚效应。港桥工业园城市矿产产业链的规划选择再生金属产业（拆解、

---

❶ 王兆华，尹建华．生态工业园中工业共生网络运作模式研究[J]．中国软科学，2005（2）：80-85．

熔炼、加工）为核心是因为重庆是西南机械制造、汽车、摩托车制造基地，对金属产品有较多需求。以此为产业链中端，向前延伸至再生金属交易市场和回收网络的建设，向后延伸至压铸产业园的建设，形成了较完整的闭合产业链。"上中下游产业链一体化"建设减少了园区企业原料搜索成本、谈判成本、订约成本、监督成本、交通运输成本等交易费用，如新格公司的铝热液直供技术就可为园区下游压铸企业节约成本 900 多元/吨，集聚效应明显。

2. 企业的选择和匹配

首先是依据园区产业规划引进或培育技术领先、节能环保效益明显的"关键种"企业。"关键种"企业是在共生群落中起关键作用的企业，它直接或间接调控着其他企业的分布和多度，决定着群落的稳定性或变化。❶ 港桥工业园的三大产业集群都由实力雄厚的大型企业带动，"新格铝业"是全球最大的再生铝企业，"理文造纸"是全国轻工造纸 10 强，"特川建材"是中国最大的民营企业之一"东方希望集团"的下属企业。

其次是围绕"关键种"大力引进上游和下游企业，注重产业和企业之间的横向和纵向耦合，从而使资源得到最优化利用。港桥工业园火电厂每年都产生数十万吨粉煤灰，本是一个巨大的污染源，但在引进东方希望集团的粉磨站项目后，这些粉煤灰就变成了水泥生产的原料之一，"废弃物"变成了"剩余物"和"原材料"。

最后是增加共生网络的复杂度和冗余度，提高整个网络的稳定性。港桥工业园共生网络主要是围绕"关键种"企业延伸产业链进行的纵向联结，各核心节点间、非核心节点间相互的横向联结数量较少，网络整体结构比较松散、简单，稳定性较弱。节点企业冗余度很小，外部干扰经某一节点可迅速传导至整个产业链，影响产业链的正常运行，甚至导致产业链瘫痪。增加系统冗余度可通过代偿和缓冲作用，提高系统的抗干扰能力和可靠性。

3. 共生机制

生态工业链的稳定运营是需要经过市场检验的。❷ "他组织"的工业共生

---

❶ 齐振宏. 生态工业园企业共生机理与运行模式研究[J]. 商业经济与管理，2008（3）：36 - 43.

❷ 罗柳红，张征. Shapley 值下的生态工业链风险联抗机制探讨[J]. 生态经济，2013，3：106 - 110.

网络如果缺乏经济利益的吸引和长期制度的保证，企业就很可能只是暂时参与其中，而很难持续维系这种共生关系，更难以主动发现和建立新的产业共生链。❶ 建立生态化的共生机制首先需要提供按照生态模式运作所必需的基础设施作为共生体的"培养基"，包括道路交通系统、物资和能源的供应系统、各类废弃物处理系统以及防灾系统等。❷ 港桥工业园的"基础设施配套一体化""物流配送服务一体化"和"生产生活环保生态管理一体化"战略，不仅为园区企业提供便利的服务和良好的发展环境，也为园区工人提供环境优美、功能完善的生活环境。其"水电气热联供一体化"不仅实现了水和天然气的集中供给，还实现了电力和蒸汽的园区内直供，降低了企业的能源成本。其次需要搭建企业合作降本的制度支撑体系作为共生关系形成的"催化剂"，包括帮助企业创造稳定的合作机会、促使企业合理利用整个共生网络的资源、通过副产品交换与资源互补降低生产成本等。此外还需建立起企业间的沟通信任机制和风险预警机制作为维护共生关系的"润滑剂"。

4. 环境评估与监控

生态工业园对环境质量要求高，尤其是港桥工业园这样集聚传统产业和蕴含着巨大环境风险的城市矿产产业的产业园，在规划时就进行园区生态承载力的评估尤其重要。通过评估，了解工业生态系统自我维持、自我调节的能力，资源与环境子系统的供给能力，❸ 防止产业集聚规模和密度过大、生产活动强度超过区域生态承载力临界值。

在园区建设中和建成后，需对企业的建设和生产活动进行严格的环境监控，提高环境污染风险识别和应急能力，严防集群企业长期排放类似污染物产生的累积效应和污染放大效应。港桥工业园地理位置紧邻长江，故防止工业废水对水体的污染被当作环境监控的重点，为此实施了环境安全四级防控体系：一是每个企业建设污水处理设施，对污水进行初次处理；二是园区建设集中污

---

❶ 郭莉，胡筱敏. 产业共生的"技术创新悖论"——兼论我国生态工业园的效率改进[J]. 科学学与科学技术管理，2008，29（10）：58–63.

❷ 冯之浚，刘燕华，周长益等. 我国循环经济生态工业园发展模式研究[J]. 中国软科学，2008，4（1）：10.

❸ 赵一平，朱庆华，耿勇，等. 基于生态承载力的工业园区可持续发展评价浅析[J]. 科学学研究，2004（z1）：56–60.

水处理厂，对企业初次处理后的污水进行深度处理；三是在污水处理厂前端设置应急池，确保污水处理厂稳定达标运行；四是在污水处理厂下游建设应急闸坝，以应对突发环境事故。

6.4 政策启示

通过问卷调查和个案分析发现，重庆制造业组织生态创新存在两个明显的薄弱点：一是企业环境管理体系不健全，影响了组织环境战略的全面实施；二是工业共生网络生长缓慢，企业间围绕产品价值链的合作率较低，对构建生态产业链的认知度也不高。

组织创新的"三因素"观把政府调控作为组织创新的三大动因之一。❶ 本文认为：企业内部结构的调整和管理方式的变迁均属企业内部运营事务，政府不宜直接干预，通过确认并表彰环境管理标杆企业和环境标准立法两项工作，利用标杆的示范效应和法规的约束力量可间接引导企业进行相应的组织变革。政策调节的重点应放在促进工业共生网络，尤其是生态产业链的构建上。

发挥政府在促进工业共生关系形成中的作用需抓住"产业链规划""企业的选择和匹配""建立共生机制""环境评估和监控"这4个核心要素，打破"生态工业园悖论"。"生态工业园悖论"即生态工业园建设迅猛发展的客观实际和其现阶段经济环境效益严重不足之间的矛盾。❷ 在港桥工业园，这种矛盾已初现端倪。由于近年重庆机械及汽摩产业市场下滑，导致园区内企业效益低于预期，企业建设速度明显放慢。

"生态工业园悖论"的产生，一方面是因为在没有对初始规划进行科学的技术经济论证的情况下就盲目推进建设。港桥工业园早期曾经规划了5大循环经济产业集群，后来在建设过程中发现这种规划明显超出了园区土地面积和生态容量的承载力，才削减了规划。园区内政府扶持的一些项目，虽然资助力度

---

❶ Fengbin W. On shift of organizing focus from structure to process [J]. Journal of Systems Science and Systems Engineering, 1997, 6 (2): 207-214.

❷ 蔡小军，张清娥，王启元. 论生态工业园悖论、成因及其解决之道[J].科技进步与对策，2007, 24 (3): 41-45.

不菲，但项目规划时间一般都较长，项目流程控制又太死，调整规划程序复杂。由于市场变化迅速，既定项目很快显示出滞后性，使得企业做项目风险很大，影响了企业参与的积极性。面对再生金属市场的低迷，园区管理方不得不委托中国工业生态经济权威——中国工程院金涌院士重新编制产业规划，优化产业布局。打破"生态工业园悖论"需在科学论证园区共生体系的经济可行性、生态可行性和技术可行性的前提下科学规划，并保持一定的政策柔性，使之能根据产业自身的发展和外部环境的变化及时做出调整，从而稳步推进园区建设。

导致"生态工业园悖论"产生的另一方面的原因是政府长期过度干预抑制了园区"自组织"能力的孕育和发展。工业共生系统是个复杂系统，目前生态产业链构建的市场机制尚不成熟，政府主导形成"他组织"的工业共生群落有其存在的必要性。但随着系统的发展，"他组织"的作用应不断减弱，"自组织"功能需不断增强。一个系统若长期靠"他组织"作用存在，就始终处于组织运行的低级阶段，持续发展目标难以实现。反之，一个系统"自组织"能力越强，其创新能力就越强，对于环境的适应能力也越强。因此，政策干预的力度和重点应随生态工业园发展阶段的不同而适时调整。初期的干预重点是在科学论证的前提下搭建工业共生体系的雏形；之后逐步增加系统的多样性，通过竞争机制和选择机制提高园区企业的竞争能力，优化园区产业共生链；接下来的重点是培养共生网络的自组织能力，藉此发现和建立新的产业共生链，同时政府逐渐退出。信息工具的充分利用对于系统自组织能力的培育有着突出作用。在自组织系统中，信息的流动引导和支配着系统制度与技术创新，决定着系统的演化与发展。❶ 在共生网络内建立信息交换枢纽，可提供企业间潜在的输入输出的关联，分析企业之间构建产业链的机会。❷ 最后，政府将"看得见的手"主要放在区域环境质量的监控上，完成从工业共生网络建构的领导者→共生网络规则的制定和执行者→网络冲突的调节者→生态环境的守护者的角色转变。

---

❶ 范阳东，梅林海. 生态工业园持续发展的关键：自组织机制的培育与发展[J]. 科技进步与对策，2010，27（9）：54 - 58.

❷ 何廷玲，唐敏. 集群经济下重庆制造产业信息化服务平台建设模式[J]. 重庆大学学报：自然科学版，2006，28（12）：151 - 154.

7 制造业商业模式生态创新分析

管理学大师彼得·德鲁克说："当今企业之间的竞争，不是产品之间的竞争，而是商业模式之间的竞争。"商业模式是企业价值创造的基本逻辑，[1] 企业要保持竞争优势就必须适应动态的商业环境，进行持续不断的商业模式创新。商业模式创新可发生在价值创造的各个环节，常常是制造系统多个要素同时发生大的变化，并伴随着工艺、产品或组织的创新。商业模式生态创新的核心是整合环境问题到企业的市场策略中，再定义价值创造的每个环节，甚至转变产品功能的提供方式，从而实现经济发展与环境保护、节约资源的双赢。其他层面的生态创新也要通过商业模式的生态创新来实现价值的创造[2]、传递与获取。

7.1 商业模式生态创新的内涵

7.1.1 商业模式的构成要素

Osterwalder 等学者提出了商业模式的 9 个基本构造模块，包括客户细分、价值主张、客户关系、核心资源、关键业务、重要合作、渠道通路、收入来源、成本结构等，指出不同的商业模式是差异化的构造模块或差异化的模块组

---

[1] Ghaziani A, Ventresca M J. Keywords and cultural change: Frame analysis of business model public talk, 1975—2000 [C] //Sociological Forum. Kluwer Academic Publishers-Plenum Publishers, 2005, 20 (4): 523 – 559.

[2] 荆浩, 张冬秀. 面向生态创新的商业模式与企业绩效研究述评[J]. 中国科技论坛, 2013, 1 (9): 76 – 82.

合的结果。❶ Allan 和 Christopher 认为：商业模式必须回答"向客户提供什么价值、客户群是谁、企业提供的价值如何定价、如何让企业价值得以实现、如何在价值提供过程中保持企业优势"等一系列问题。❷ Mitchell & Coles 持类似看法，并简洁明了地将商业模式的构成要素概括为 5W2H，即 Who（商业模式的利益相关者）、What（所提供的产品或服务）、When（提供时间）、Where（提供地点）、Why（企业存在原因）、How（市场交易方式）、How Much（价格），共 7 个要素。❸ 我国学者原磊提出了商业模式的"3 - 4 - 8"的构成体系。❹ 虽然学者们对商业模式构成要素的划分未达成共识，但主要都是围绕企业创造顾客价值并实现自身价值的链条找寻关键影响节点。基于需求及对需求的理解的客户价值主张、为客户创造和传递价值的方式、供应链价值创造网络的形成、以及企业自身价值的获取方式，是商业模式最为核心的构成要素。

7.1.2　商业模式创新的路径

商业模式创新即企业改变为客户和自身创造价值的基本逻辑。新的商业模式可能是提供全新的产品或服务，可能是开创全新的产业领域，也可能是以前所未有的方式提供已有的产品或服务。关键是发掘客户需求，并从根本上为客户创造增加的价值。有关商业模式创新路径的研究主要从调整商业模式构成要素和价值链两个角度展开。

1. 要素视角

这种研究视角把商业模式创新看作是对商业模式构成要素及要素组合方式的改变。❺ 不同之处在于，有的学者认为其中一项大的改变就可构成新的商业模式，❻

❶ Osterwalder A, Pigneur Y, Clark T. Business model generation: A handbook for visionaries, game changers, and challengers. Hoboken [J]. NJ: Wiley. · Sahlman, WA (1997). How to Write a Great Business Plan. Harvard Business Review, 2010, 75 (4): 96 - 108.

❷ Allan A, Christopher T. Internet Business Models and Strategies [J]. 2001.

❸ Mitchell D, Coles C. The ultimate competitive advantage of continuing business model innovation [J]. Journal of Business Strategy, 2003, 24 (5): 15 - 21.

❹ 原磊. 国外商业模式理论研究评介[J]. 外国经济与管理, 2007, 29 (10): 17 - 25.

❺ Weill P, Vitale M. Place to space: moving to ebusiness models [J]. Harvard Business School Publishing Corporation, Boston, 2001.

❻ Linder J. Changing business models: surveying the landscape [M]. 2000.

有的学者认为商业模式创新是多个要素变动的结果,❶ 有的学者认为商业模式创新需要对要素进行系统考虑。❷ 对商业模式构成要素的划分不同,自然就形成了不同的创新路径主张。Davila 等提出:可通过开发新产品或延伸现有产品的价值进行价值主张的创新;通过改进与合作伙伴的关系及运营整合进行供应链的创新;通过发现和开发企业营销、销售和分销工作还没触及的细分市场进行目标客户的创新,藉由这三个要素的创新实现商业模式的创新。❸ 显然,这种对商业模式创新路径的概括并不全面。周丛根将商业模式创新的具体路径概况为 6 个方面:基于产品或服务的创新、基于运营渠道的创新、基于收入实现方式的创新、基于价值链或网络重构的创新、基于重新整合客户群的创新以及基于客户双向互动支持体系的创新。❹ 主要是在互联网迅速发展给商业模式带来巨大冲击的背景下,在前人研究的基础上增加了运营渠道创新和收入方式创新。这也提示了技术进步本身就是商业模式创新的一个重要推动因素。

2. 价值链视角

这种研究视角把商业模式创新看作价值活动的优化❺和价值系统的升级。Magretta 认为新的商业模式是对现有价值链中与制造有关的商业活动和与销售有关的商业活动的调整。❻ 高闯和关鑫运用企业在整条产业价值链上的变动方式将商业模式创新分为价值链延展型、价值链分拆型、价值创新型、价值链延展与分拆结合型、混合创新型 5 种。❼ 无论哪种变动都是通过改变企业在价值链中的定位和价值链重组,形成低成本、专业化或差异化的竞争优势。郭毅夫提出:商业模式创新是对企业的价值主张模式、价值创造模式、价值传递模

---

❶ Mitchell D, Coles C. The ultimate competitive advantage of continuing business model innovation [J]. Journal of Business Strategy, 2003, 24 (5): 15 – 21.

❷ Voelpel S C, Leibold M, Tekie E B. The wheel of business model reinvention: how to reshape your business model to leapfrog competitors [J]. Journal of Change Management, 2004, 4 (3): 259 – 276.

❸ Davila T, Epstein M, Shelton R. Making innovation work: How to manage it, measure it, and profit from it [M]. FT Press, 2012.

❹ 周丛根. 网络经济背景下的商业模式创新路径研究 [D]. 上海社会科学院, 2011: 16 – 18.

❺ Amit R, Zott C. Value creation in e-business [J]. Strategic Management Journal, 2001, 22 (6 – 7): 493 – 520.

❻ Magretta J. Why business models matter [J]. Harvard Business Review, 2002, 80 (5): 86 – 92.

❼ 高闯, 关鑫. 企业商业模式创新的实现方式与演进机理——一种基于价值链创新的理论解释 [J]. 中国工业经济, 2006 (11): 83 – 90.

式、价值网络模式等进行更新或进行新的组合的过程。❶ 强调通过重组使需求与供给更有效地衔接，降低交易成本，实现价值增值。

商业模式创新要求企业寻求某种要素或者要素组合，构建起一个更为有效的价值创造系统。❷ 可见，要素视角和价值链视角是内在一致的。如曾涛基于要素视角归纳的 5 种商业模式创新路径中，重新定义顾客需求可提出新的价值主张，是价值创造的前提；重新定义产品/服务可实现差异化价值，是为顾客提供附加价值的现实方式；重新定义顾客接触方式可更好地传递价值并有利于发现新的价值；重新定义供应链组织方式和网络协同模式创新是优化整个价值链一体化利润的有效方式。可以说，构成要素或要素组合的创新是手段，增加整个价值链的整体价值是目的。

7.1.3　商业模式生态创新的类型

商业模式的生态创新要将环境价值植入企业的价值主张，将绿色技术创新与蓝海战略相结合，将绿色文化建设与市场营销相结合。❸ 周文泳等从创新商业模式构成要素和价值链改造两个方面分别解析了商业模式生态创新的路径。对商业模式要素的创新表现在：通过价值主张创新满足绿色经济中出现的新客户或节能环保新需求；以降低产品全生命周期成本为目标进行技术创新或流程再造；借助社会重要合作关系建立技术壁垒和利润保护机制。对价值链进行改造表现在：转移部分业务，专注核心业务或优势业务；建立逆向供应链；通过服务增强产品竞争力，并逐渐将服务作为价值创造的重要来源。❹

目前出现的商业模式生态创新类型主要有：绿色营销、个性化定制、进入环保产业、服务型制造等。

（1）绿色营销。绿色营销是以环境保护观念作为经营指导思想，以消费者的绿色消费需求为出发点，以绿色文化作为企业文化建设核心开展的营销活

❶ 郭毅夫．商业模式创新与企业竞争优势：内在机理及实证研究 [D]．东华大学，2009.
❷ 刁玉柱，白景坤．商业模式创新的机理分析：一个系统思考框架[J]．管理学报，2012，9（1）：71 - 81.
❸ 毛世英．绿色经济视野下商业模式创新的价值取向[J]．生态经济，2011（11）：118 - 121.
❹ 周文泳，胡雯，陈康辉，等．低碳背景下制造业商业模式创新策略研究——以卡特彼勒公司为例[J]．管理评论，2012，24（11）：20.

动。在绿色营销理念支配下，产品生产和销售的着眼点不再是引导消费者大量消费而大规模生产，而是指导消费者正确消费而适量生产。绿色营销包括绿色生产、绿色产品、绿色定价、绿色分销、绿色促销、绿色消费等范畴。❶

（2）个性化定制。个性化定制指企业将每一个客户都视为一个单独的细分市场，根据每一位客户的特定要求，单独设计、生产产品并迅捷交货的营销方式。其竞争优势一是体现以顾客为中心的营销观念，顾客可直接参与产品的设计，企业为其提供差异性服务；二是以销定产，减少库存积压，减少了资源浪费；三是企业对产品的改进和技术上的创新能始终与顾客的需求保持一致，减少了开发和决策的风险。❷ 定制产品的设计、生产、配送、服务都比普通产品复杂，要求企业拥有卓越的管理系统，生产营运活动实现信息化，建立完整的顾客数据库和敏捷柔性的生产系统，采用先进制造技术生产。

（3）进入环保产业。不同国家对环保产业的界定和类型划分有所不同。在我国，环保产业是以防治环境污染、改善生态环境、保护自然资源为目的所进行的技术开发、产品生产、商业流通、资源利用、信息服务、工程承包、自然保护开发等活动的总称。相对于竞争激烈的传统红海市场而言，目前环保市场可说是一片缺少竞争的蓝海。哪个企业能率先利用技术创新向市场推出自己独特的环保产品或服务，就可能占有一片广阔的市场空间。

（4）服务型制造。服务型制造通过以非物质的服务代替物质产品，充分发挥产品的绩效，在减少制造业的环境影响的同时，增加产品和制造业的总价值。"产品和服务的融合""客户全程参与""企业相互提供生产性服务和服务性生产，实现分散化资源的高度整合和各自核心竞争力的高度协同"是服务型制造的 3 个主要特征。❸ 在服务型制造模式中，制造商变成了服务提供商，更加强调对需求的激发、挖掘和创造。对需求本身以及满足需求的方式的理解不同就可能形成不同的产品—服务系统。按照丹尼尔·贝尔的观点，服务型制造的价值链模式可以概括为全周期服务、全方位参与、全需求满足的"三全"

---

❶ 徐学敏. 绿色营销与可持续发展问题探讨[J].武汉大学学报：人文科学版，1998（6）：52 - 59.

❷ 但斌，刘瑜. 大规模定制营销探讨[J].管理现代化，2005（1）：23 - 25.

❸ 李刚，孙林岩，李健. 服务型制造的起源，概念和价值创造机理[J].科技进步与对策，2009，26（13）：68 - 72.

方式。❶ 全周期服务将企业的获利时间从产品销售一次获利，延长到在整个产品生命周期中提供各种服务多次获利；全方位参与使顾客从被动的产品接受者变成制造参与者，参与到产品生命周期的各个环节中；全需求满足使客户产生更高的满意度，形成更加稳定的企业—客户关系。

这4种商业模式之间的界限并不是泾渭分明的，如服务型制造本身就是一种主动探求客户需求的个性化定制。❷ 进行这种区分主要是因为4种创新的侧重点和创新程度有所不同。开展绿色营销的重点是在企业的价值主张中植入环境价值；个性化定制的重点是为客户提供差异化价值；进入环保产业的重点是通过产业链横向扩展为企业创造新的经济价值，同时增加环境价值；服务型制造的重点是通过服务增加产业链的总价值。Linder 按照创新程度的不同，把企业商业模式创新分为挖掘型、调整型、扩展型和全新型。❸ 绿色营销并未改变企业既有商业模式的本质，但需要调整企业的核心技能，可归入挖掘调整型。个性化定制需要企业改变在价值链上的定位，向价值链的两端延伸，可归入调整型。进入环保产业把企业现有商业逻辑扩展到新的领域，可归入扩展型。而服务型制造打破了企业既有的收入获取思维定势，可归入全新型。企业在实践中采取的商业模式生态创新措施常常是四者的某种组合。

7.2　重庆制造业商业模式生态创新现状

Lindgardt 等人的研究发现，产品创新能力、流程创新能力、链条创新能力能够左右商业模式创新的动力。❹ 可见，商业模式生态创新是一种较工艺创新、产品创新、组织创新更高级的生态创新类型。重庆制造业在商业模式生态创新方面采取的措施总体较少，故问卷调查主要了解的是企业对相关问题的认知和态度。

❶ 丹尼尔·贝尔. 后工业社会的来临——对社会预测的一种探索 [M]. 商务印书馆, 1986.

❷ 何哲, 孙林岩, 贺竹磬, 等. 服务型制造的兴起及其与传统供应链体系的差异[J]. 软科学, 2008, 22（4）：77-81.

❸ Linder J. Changing business models: surveying the landscape [M]. 2000.

❹ Lindgardt Z, Reeves M, Stalk Jr G, et al. Business Model Innovation: When the game gets tough, change the game [J]. Own the future: 50 ways to win from The Boston Consulting Group, 2013: 291-298.

绿色营销可唤醒消费者的环境意识，满足消费者的绿色需求。表 7-1 显示样本企业对"宣传产品的环保特性对其销售的影响"的认知。1 为认为影响很大，2 为认为影响较大，3 为认为影响较小，4 为认为影响很小。有 66.27% 的企业认为环保宣传对企业产品销售的影响很大或较大，认可绿色促销是有效的营销方式。

表 7-1　环保宣传对产品销售的影响

宣传认知	频数	百分比	累计
1	55	16.27	16.27
2	169	50.00	66.27
3	78	23.08	89.35
4	36	10.65	100.00
合计	338	100.00	

表 7-2 显示企业对"采取环保措施对其形象的影响"的认知。1 为认为会大大提升企业形象，2 为认为会较大提升企业形象，3 为认为会略微提升企业形象，4 为认为对企业形象无明显影响。有 81.07% 的企业认为在生产中采取环保措施对提升企业形象有很大或较大影响，仅 6.8% 的企业认为无明显影响。可见，大部分企业认可绿色营销是一种有效的企业形象提升策略。

表 7-2　采取环保措施对企业形象的影响

形象认知	频数	百分比	累计
1	133	39.35	39.35
2	141	41.72	81.07
3	41	12.13	93.20
4	23	6.80	100.00
合计	338	100.00	

从问卷调查结果可以看出，大部分企业对绿色营销的效果持肯定态度。企业开展绿色营销首先需要针对绿色需求进行市场调研，然后开展绿色产品研发生产，之后制定合理的绿色价格，再借助健全的绿色销售渠道开展绿色分销和绿色促销，达到启发绿色消费的目的。如第 5 章所述，目前重庆市场对绿色产

品的需求尚未爆发，短期内市场容量不容乐观。重庆制造业普遍存在的自主创新能力不足的问题限制了绿色产品的研发和生产。制定绿色价格一方面要将开发和生产绿色产品的成本及资源环境价值内化到产品价格中；另一方面还要考虑消费者的承受能力。重庆 2015 年人均可支配收入为 20110 元，低于全国平均水平，而农村常住居民人均可支配收入仅 10550 元，较低的收入限制了居民对绿色产品的消费能力。在这种情况下，即便企业开展各种绿色促销也很难促成消费者的绿色购买行为。开展绿色分销需精简中间商，缩短销售环节，这要求制造企业有能力直接向下游产业链延伸；还需选择能够接受并秉承绿色营销理念，在日常经营过程中愿意接受绿色指导的代理商、批发零售商，推出绿色产品，这要求制造企业有足够的能力影响渠道商。大量中、小、微型企业并不具备这两种能力。这些限制性因素共同导致重庆制造业开展绿色营销并不普遍。

绿色营销只是一种挖掘调整型商业模式创新，其他类型的商业模式创新程度更深，对企业的要求也更高。表 7-3 显示企业对未来创新商业模式的看法。1 为认为应首选"按客户要求定制个性化的产品"；2 为认为应首选"通过提供与产品相关的各种服务来赚钱"；3 为认为应"直接为用户提供问题解决方案，并解决具体问题"；4 为"进军其他产业"；5 为其他模式。对前三者的支持率均在 30% 左右。这个结果在一定程度上说明商业模式创新可以是多元化的。不同产业可能采取不同的商业模式，同一产业的不同企业因对产品和服务价值的理解不同、自身资源禀赋不同，也可能采取不同的商业模式。从这个结果也可以推测，目前重庆制造业商业模式生态创新主要的倾向是实施产业链纵向延伸策略，个性化定制、服务增强、完整的问题解决皆属此类。

表 7-3　企业对商业模式转型路径的选择

商业模式	频数	百分比	累计
1	126	37. 28	37. 28
2	93	27. 51	64. 79
3	104	30. 77	95. 56
4	8	2. 37	97. 93

商业模式	频数	百分比	累计
5	7	2.07	100.00
合计	338	100.00	

7.3 商业模式生态创新的机理

装备制造业是重庆的支柱产业之一，本节选择该产业的一个典型企业分析其商业模式生态创新实践，尝试从中找出装备制造业开展商业模式生态创新的机理。

7.3.1 案例一基本情况

重庆通用工业有限责任公司❶（以下简称重通）是一家具有 60 多年机械制造历史，主要从事设计、制造、销售离心式压缩机、鼓风机、通风机等透平机械，具有自主创新能力的大型国有控股企业，是我国制冷和风机行业重点骨干企业，产品多次获得国家环境标志认证和国家高新技术产品认证。

重通的商业模式生态创新主要从三方面采取了措施。

①提升产品生态属性，实施绿色品牌战略。重通以"向用户提供性价比更高、资源消耗更少的精良装备和服务"为使命，持续开展技术创新，不断提升产品的生态属性。1997 年就成功开发出符合国际环保要求的离心式冷水机组，成为全国同行业中首家获得国家环境标志产品认证的企业。2014 年自主研发的新一代高效离心式冷水机组超过了国家一级能效水平。2015 年开发的离心式冷水机组的能效比再次提升了 18%。2014 年该企业 4 款离心通风机产品入选国家工业和信息化部组织评选的"能效之星"产品名录。将产品的生态属性作为企业的核心竞争力，可以形成差异化技术壁垒。❷同时有助于企业提升品牌影响力，顺利开展绿色营销。

---

❶ 案例数据主要取自其公司官网 http：//www.cqgic.com/index_ ty.php.
❷ 周文泳，胡雯，陈康辉，等.低碳背景下制造业商业模式创新策略研究——以卡特彼勒公司为例[J].管理评论，2012，24（11）：20.

②产业链横向拓展，抢滩环保产业。从 1997 年开始，重通就以生产城市生活污水处理和工业废水处理等环保设备的方式进入环保产业。2008 年又投资 2 亿元建成兆瓦级风力发电机组叶片研制基地，成功进入绿色新能源领域。为快速拓展市场，重通成飞风电设备公司在考虑靠近风场生产、经济运输半径低的原则基础上，不断加大生产基地布局。在完善陆上基地布局的同时还关注海上风电的发展，实施"海陆并举"战略。如东海上风电基地建成后，不仅可以实现对海上风电市场的进军，还将对华中、华南的风电市场形成有效覆盖。

③纵向延伸产业链，提高原有产业附加值。产品生产只是装备制造业整个价值链中的一环，还有大量价值集中在系统集成、项目营运、综合服务等环节。近年来，重通的经营模式由单一销售核心装备逐步向上游和下游产业链延伸，形成了产品设计、制造销售、系统集成、项目营运互为支撑的综合经营模式。潼康水务有限公司是重通首个采用 BOT（Build-Operate-Transfer，建设—经营—转让）模式营运的污水处理项目。该项目于 2012 年正式开建，总投资 1 亿元，占地 30 亩，特许经营 30 年，投入使用后能集中处理潼南工业园南区各企业生产及居民生活的污水。项目采用的单级高速离心式鼓风机、刮油机、搅拌机、自控及在线仪表等关键设备均系重通自主研发制造的环保用核心产品。该项目的正式运营标志着重通通过创新"产品/服务"及"收入实现方式"等商业模式构成要素，走上了依托核心产品延展价值链，升级价值系统的服务型制造之路。

7.3.2　创新机理

作为重庆装备制造业的领军企业之一，重通同时采取了绿色营销、个性化定制、进入环保产业和服务型制造 4 种商业模式生态创新。顺利实施以上创新需要三个基础条件：一是建设与企业发展相适应的信息系统。重通完善了计算机工作站、大型显示器、数据库、光纤网络系统及开发应用软件，逐步形成数字化设计、生产、销售、供应、财务、人事等一体化的现代管理系统。二是与产业链上相关机构开展紧密的合作。重通与北京康吉森自动化设备技术有限责任公司签订了战略合作协议，充分利用双方的技术和资源优势，实现设计、制造、售后服务等多方面的合作，共享市场、客户、政策等资源，进行人力资源与品牌文化等互访交流与学习探讨，从而提高产品和服务质量，增强核心市场竞争力。三是发展生产性服务。重通的母公司——重庆机电集团为助推和支持集团打造核心产业，促进传统产业升级，把"制造服务"单独分出来，作为集团业务的第五大板块，专事提供工程咨询设计与工程总包、合同能源管理、金融服务、仓储与第三方物流等服务。为此成立了（i）机电工程技术有限公司，提供机电设备安装工程、工程设计、产品研发生产和技术服务；（ii）财务有限公司和小额贷款有限公司，为成员单位提供存贷款服务，结算服务，融资服务和委托贷款、票据承兑、各类担保、资产转让等业务；（iii）交运机电物流有限公司和安吉红岩物流有限公司，提供公路干线运输、铁公水空多式联运、仓储经营、公路化危品运输、码头港务经营、国际货代、保税物流和物流方案设计等多种物流服务。

重通商业模式生态创新实践以用户需求为导向（包括用户需求的发现、引导和创造）；以建立信息化管理系统、产业链协同和生产性服务的发展为支撑；从技术创新开始，然后围绕价值链资源的重组展开。通过调整纵向产业链，开展竞合双赢，降低交易成本，创造附加价值。通过扩展横向产业链，利用已有技术实现跨界发展，开拓新的市场空间；最终目标是同时实现用户价值和企业价值；核心是将环境价值植入价值创造的全过程。如图7-1所示。

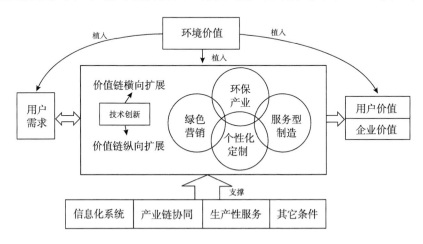

图7-1　装备制造业商业模式生态创新机理

目前重庆制造业的产业链纵向延伸策略很少延伸到产品生命末期的回收

处置阶段。从这个方面展开先动性探索是商业模式生态创新的一个重要思路。重庆机床集团的机床再制造、广药集团的家庭过期药品回收（免费更换）公益项目等都是有益的探索，但目前大部分行业还没有找到成熟的模式。

7.4 商业模式生态创新的影响因素和未来趋势

7.4.1 影响因素

Gambardella & McGahan 通过分析美国小型高科技制药企业的商业模式创新过程发现：组织学习能力、企业营销能力、企业盈利水平、企业文化是商业模式创新的主要影响因素，[1] 其主要关注企业内部因素。曾萍和宋铁波将企业内、外部因素整合在一起进行分析，提出：企业社会资本的增加、治理结构的完善、技术创新能力的提升、IT 基础的强化，均能促进商业模式创新。[2] 王益锋和曹禺区分了商业模式创新的表层直接影响因素、中层间接影响因素和深层的根本影响因素，[3] 但未进一步区分各要素的影响力大小。规模大小、治理结构、文化特征、战略定位、与合作伙伴的关系、信息系统完善程度等都是作用于企业的技术创新能力、网络整合能力、市场营销能力来影响企业的价值创造、价值传递和价值获取过程。在众多的影响因素中，哪几个对商业模式的创新发挥着最关键的作用呢？

Timmers 认为，以互联网技术为代表的新技术是商业模式创新的主要动力。[4] 此后的研究多次验证了技术对商业模式创新的重要推动作用。在重通的案例中也发现了技术优势对其创新商业模式的基础性作用。商业模式创新的实

[1] Gambardella A，McGahan A M. Business-model innovation：General purpose technologies and their implications for industry structure [J]. Long Range Planning，2010，43（2）：262 –271.

[2] 曾萍，宋铁波. 基于内外因素整合视角的商业模式创新驱动力研究[J]. 管理学报，2014，11（7）：989 –996.

[3] 王益锋，曹禺. 科技型小微企业商业模式创新影响因素分析[J]. 科技进步与对策，2013，30（18）：13 –17.

[4] Timmers P. Business models for electronic markets [J]. Electronic Markets，1998，8（2）：3 –8.

质是企业为了满足消费者长期拥有、但被忽视或未得到满足的需求❶而开展的新价值创造活动。在信息化社会，发现和满足消费者需求一方面依赖于技术所搭建的平台；另一方面则取决于企业家的战略眼光，包括对消费者需求的理解力、对技术发展趋势的预测力、对满足消费者需求方式的创造力、对组织内外资源的整合力等。即便从类似的技术平台出发，拥有不同战略眼光的企业家也可能领导企业以不同的方式满足消费者需求，走向不同的发展模式。反过来，面对同样的消费人群，企业家对消费需求的理解不同，其选择的技术创新努力方向也有可能不同。因此，新技术的诞生和企业家的战略眼光在商业模式创新中发挥着至关重要的作用，商业模式创新是技术与艺术的结合。

7.4.2　未来趋势

中国工程院工程管理学部副主任、同济大学教授郭重庆认为，互联网将重新定义制造业，"互联网技术＋平台型企业"将成为未来制造业企业发展的范式。❷ 通过大数据的分析和应用能实时洞察市场，精准把握和预测客户需求及其变化。通过云计算能更高效地进行供应链内外资源的社会化配置，减少社会交易成本，缩短产品研发生产周期。"互联网＋制造"将以互联网为主的信息技术和互联网思维贯穿于制造业的全生命周期，重新定义研发设计、生产制造、经营管理、销售服务等各环节，通过平台模式的发展和平台效应的发挥，实现资源要素的跨界整合与效率提升。❸ 互联网的特征是开放、平等、参与，通过网络平台可以更好地将前述商业模式创新路径进行整合。大数据、云计算与互联网搭建的技术平台决定了制造业商业模式的生态创新将经历如下演变。

（1）从以生产者为中心，到以客户为中心，再到社会化参与。"互联网＋制造"时代，供应商、制造商，生产性服务商和客户同在一个平台上，通过平等的互动共同实现社会化的价值创造。制造系统将分化出两种新的盈利模

<hr/>

❶ 王鑫鑫，王宗军. 国外商业模式创新研究综述[J]. 外国经济与管理，2009，31（12）：33 - 38.

❷ 郭重庆. 互联网将重新定义管理（在"2014东沙湖论坛中国管理百人报告会"上的演讲）[EB/OL]. http://www.wewehr.com/point/2100/.

❸ 辜胜阻，曹冬梅，李睿. 让"互联网＋"行动计划引领新一轮创业浪潮[J]. 科学学研究，2016，34（2）：161 - 166.

式。一种是基于"长尾理论"的"微市场"营销。长尾理论认为：当商品的储存和流通的渠道足够宽广，且商品的生产和销售成本急剧下降时，需求不旺的产品共同占据的市场份额可以和那些热卖品所占据的市场份额相匹敌甚至更大。❶ 在互联网＋大数据＋云计算的时代，制造业研发、生产、销售成本可大幅下降，也可能不断逼近零库存、零浪费，重点开发非主流的"微市场"成为可能。另一种是企业成为生产工具提供商和技术顾问，由客户"自生产"产品。企业通过网络平台为客户提供各种零部件及参数信息，客户根据自己的需求从中选择、匹配，同时与企业内外的技术人员及其他客户进行交流、与企业技术客服就产品性能等反复沟通，达成共识后企业为用户装配和配送产品，并提供后续服务。如此，企业与客户在互动过程中相互影响而共同实现价值的创造。

（2）从以产品为中心，到以服务为中心，再到提供系统解决方案。早在2005年，世界最大的制造企业就有一半以上的收入来自企业的服务行为。❷ 在互联网＋大数据＋云计算的时代，基于产品的服务将成为越来越多企业的主要收入来源，这一趋势将加速从大企业扩散到中小企业。拥有强整合能力的企业将成为问题解决的代理人。客户将问题委托给代理人，代理人可能是一个既没有生产车间，也没有库存的资源整合者和集成供应链的管理者。在接受了客户委托后，迅速搭建起响应客户需求的利益共同体，组织开展方案的设计、方案的评估择优、产品的协同生产、服务的全程供给等活动，同时进行精准供应链管理和产品全生命周期管理，为客户提供定制的一揽子解决方案。代理人通过对关键环节的控制实现各种"流"的无缝连接，聚合分散的制造能力，跨越经验曲线和规模经济。❸

（3）从以竞争为中心，到以合作为中心，再到国际化资源配置。竞争仅仅揭示了企业间的价值分配关系，而合作更强调价值的创造。价值网观念超出了价值链的线性思维，将关注重心从企业利益转向网络整体，从价值增加转向

❶ 克里斯·安德森. 长尾理论［M］. 北京：中信出版社，2006.

❷ Koudal P. The service revolution in global manufacturing industries［J］. Deloitte Research，2006（2）：1 – 22.

❸ 赵振."互联网＋"跨界经营：创造性破坏视角[J].中国工业经济，2015（10）：146 – 160.

价值重塑。❶ 网络技术和信息技术的不断进步，使企业在分布式环境下开展深度合作、在全球范围内实现资源重组成为可能，表现为建立空间上高效整合、性能上迅速响应、结构上高度开放和过程上并行运作的全球企业动态联盟。❷ 效率、互补性、锁定性和新颖性是互联网企业价值创造的来源。❸ 制造网络上，企业间的相互服务、互相外包❹成为常态，无边界的开放性创新成为常态。

网络化制造服务将成为未来制造业商业模式生态创新的普遍取向。这种模式以网络为平台，以产品为载体，以服务客户需求为目的，把绿色营销、个性化定制、服务型制造等已有的生态型商业模式整合在一起，利用叠加效应进一步提高制造—服务系统商业行为的生态属性。网络化制造服务的具体实现方式则有较明显的行业差异性，不同行业的企业应针对本行业所处商业环境的具体变化和本行业的内在特征，选择适合的创新路径。

制造业整体发展的技术前景已渐趋明晰。这种技术创新为制造网络上交易成本的降低打下了基础，如果配以有效的制度创新，交易成本将进一步下降。网络使资源整合变得更加容易，网络分工也分散了创新的难度和风险。大企业的资源优势将不再明显，灵活机动的小企业更可能抢占先机，因此，突破性的商业模式创新极有可能在中小型企业中首先出现。随着市场的进一步完善，市场规则将越来越公平，不同所有权性质的企业将承担同等的社会责任。如果私营企业的企业家拥有战略慧眼，率先找到生态效益带动经济效益的契合点，突破性的商业模式生态创新也可能出现于私营企业。

7.4.3 案例二分析

重庆海王星集团是一家股份制的私营中型企业，❺ 现有员工400余人，资产1.2亿元，涉足气动/电动控制阀生产、仪表电气成套、计算机控制系统、

---

❶ 王琴. 基于价值网络重构的企业商业模式创新[J]. 中国工业经济, 2011 (1)：79-88.

❷ 柴国荣, 赵雷, 宗胜亮. 网络化制造的研究框架与未来主题[J]. 科技管理研究, 2014, 34 (15)：193-197.

❸ Amit R, Zott C. Value creation in e-business [J]. Strategic Management Journal, 2001, 22 (6-7)：493-520.

❹ 何哲, 孙林岩, 朱春燕. 服务型制造的概念, 问题和前瞻[J]. 科学学研究, 2010 (1)：53-60.

❺ 案例主要数据取自重庆海王星集团官网 http//www.cqhw.com.

软件开发等多个领域。集团的核心企业——重庆海王星仪表有限公司已通过
ISO 9001：2008 标准质量体系认证、特种设备压力管道 A2 级认证、API607 防
火认证等多种认证，拥有 10 个大类、160 多个品种、8000 多个规格的中高端
气动/电动控制阀的生产能力，且有 50 多项产品专利。

1. 早期的商业模式：走专业化、外向型之路

重庆海王星仪表有限公司成立于 1992 年，当时国内从事仪器仪表行业的
企业很多，重庆市内就有大型国有企业"川仪"等与之相邻。靠着专业化、
特色化的研究和生产，该企业逐步向高、精、尖方向发展，并在重庆的仪表仪
器行业里排名至前三。其产品在环境保护方面也有较多应用，比如用于玻璃生
产线的节能、电厂脱硫、钢铁的富氧燃烧等，可以为用户节省 20% ~ 30% 的
能源消耗。近年其业务延伸到环保产业，如海王星光伏能源主要致力于太阳能
控制系统及其仪表的研发、制造和销售。

该企业 2002 年取得了进出口权，2004 年建立了国际部，从 2005 年开始大
批量出口产品，走上了外向型发展的道路。现在其产品中有 30% ~ 40% 销售
到东南亚、中东、南美、北美等 30 多个国家和地区。在南美和北美市场，主
打 OEM（Original Equipment Manufacturer，俗称"代工"）业务模式；在东南
亚、中东、澳大利亚、白俄罗斯等国家和地区，则主要销售自主品牌产品。❶

2. 商业模式创新：从传统制造行业向云计算、物联网跨界转型

2008 年后，海王星集团和许多传统企业一样遭遇发展瓶颈。自 2005 年国
际电信联盟（ITU）正式定义物联网概念后，2008 年中国也提出以移动技术、
物联网技术为代表的新一代信息技术将带动经济社会形态和创新形态的变革。
海王星董事长郑云海敏锐察觉到传统制造业的增长点将不断减少，云计算、大
数据将会是中国未来创业的大趋势。于是在 2011 年创立了享控智能科技有限
公司，在继续经营海王星仪表的同时进军云计算和物联网行业。

制造业朝智能化和物联网方向转变需要企业投入大量的资金和时间成本，
这种成本大部分中小型企业无力承受。在这种情景下，打造物联网智能硬件平
台就成了一个潜在商机。郑云海的商业设想是：由享控智能科技有限公司为传

---

❶ 卢祁. 走向世界的重庆品牌——访重庆海王星仪表集团有限公司董事长郑云海先生. 中国仪器
仪表，2011（3）：40 –43.

统的中小型制造企业设计基础的智能硬件和物联网方案，并提供大数据分析等相关服务；企业用户自己也能搜集和利用顾客的各项使用数据，在此基础上推出后期的各类服务。该公司打造的电子人物联网是全球首家物联网应用服务共享平台。

3. 新商业模式的调整：从技术平台向众创工厂转变

郑云海最初的设想是为中小型制造企业向物联网企业转型提供一站式的解决方案、设备管理、产品联网等定制化服务。然而半年后就发现，他的企业云计算相关人才不够，无法把所有跟物联网、云计算相关的订单全部消化；经验也不够，有时无法按顾客最初的设想完成方案。于是，一个新的思路出现在他的脑海，是否可以打造一个让创业者聚集的平台，将自己企业多余的订单、现成的平台、专业的制造工厂与众多拥有想法、方案和创意却缺乏资源的创业者链接在一起呢？❶ 二者对接成功后，企业就成了一个整合了资源和智慧的"众创空间"。2014 年郑云海在原有物联网业务的基础上，拓展出了新板块，即电子人众创工厂，专门为智能硬件、物联网、移动互联网、大数据、云计算相关的创客、极客提供创业孵化服务，包括融资服务、商业化辅导服务、提供各种加工及硬件测试工具、举办创客沙龙等。目前，他的众创工厂已入驻了约两百名创客。该公司打造的物联网众创服务云平台汇集了相关行业和专业的众多问题解决方案商，客户可以在已有按行业分类的智能化解决方案中淘方案，也可以发布招标信息定制方案；小微企业和创客可以展示自身及可提供的产品/服务，也可以参与方案的投标；而平台企业要提供担保交易、诚信保障、方案商信用评级认证、发布项目信息等服务。物联网业务的开启标志着该企业迈出了传统制造业向物联网服务业跨界整合的步伐，开创出全新的价值空间。众创工厂的诞生则标志着该企业在开放共享、竞争合作、协同共生等互联网思维的影响下，走向了搭建网络平台，有效整合社会资源、重构生产系统的全新商业模式。

重庆海王星集团的商业模式创新实践首先验证了新技术的诞生和企业家的战略眼光在商业模式创新中发挥着基础性作用；其次验证了网络化制造服务将

---

❶ 袁敬睿，侯佳. 一家重庆传统制造企业的转型样本：跨界高新产业 http：//www. cq. xinhua-net. com/2015－05/28/c_ 1115432842. htm.

成为未来制造业商业模式创新的重要取向；最后也验证了"互联网＋"条件下，突破性的商业模式创新可能在中小型企业中首先出现的预判。制造业的商业模式创新是一个需要大胆尝试并不断改进的过程。该企业的商业模式创新还存在一些可以改进的地方，如其传统业务和物联网业务是基本割裂的，如果能找到二者的结合点，则能为传统产业的转型提供更有价值的经验。

7.5　政策启示

从图7-1看，在商业模式生态创新中，政策的主要作用是促进环境价值观植入社会价值体系，以及加强商业模式创新支撑体系的建设。

（1）环境价值观的植入。环境价值包括直接使用价值、间接使用价值和存在价值。环境价值观的植入包括对消费者价值体系的植入和对制造—服务系统价值体系的植入。在第5章的统计分析中提到，重庆有73.67%的制造企业已经感受到来自消费者的环保压力，这一数据间接表明环境价值观已较普遍地存在于消费者的价值体系中。但这一认知主要源于消费者对自身生存环境恶化的直观感受和媒体对工业污染的零散报道，前者受限于个体的感知能力，后者则易使人陷入媒体选择性再现的"拟态环境"❶。目前大部分消费者对自身消费行为的环境影响，环境恶化对自身健康、就业等各方面利益的短期和长期影响并无全面深入的了解。通过信息政策工具普及环境价值和绿色消费知识，对消费倾向和消费习惯进行引导和培育，使绿色消费成为一种时尚、一种社会地位和身份的标志，可促进产品的生态属性成为影响消费者购买决策的重要因素。对制造—服务系统而言，构建有中国特色的工业文明，强调人与自然的和谐，❷ 遵循以生态创新推动可持续发展的理念，也是中国制造重建竞争优势的重要手段。政府以强制性的法律法规（如行业标准、市场准入标准等）将环境价值植入企业价值体系中，可迫使企业制度结构与政府期望趋同。❸ 当环境

---

　　❶ 沃尔特·李普曼. 公众舆论［M］. 阎克文，江红，译. 上海：上海人民出版社，2006.
　　❷ 中国工程院"中国制造业可持续发展战略研究"咨询研究项目组. 中国制造业可持续发展战略研究［M］. 北京：机械工业出版社，2010：37.
　　❸ DiMaggio P, Powell W W. The iron cage revisited: Collective rationality and institutional isomorphism in organizational fields［J］. American Sociological Review, 1983, 48（2）：147-160.

收益与企业或个人的经济收益共生时，围绕环境价值重塑制造—服务系统就成为整个价值网络的自觉行为。

（2）搭建工业互联网。工业互联网是网络化制造服务商业模式的基础设施，具有一定的非竞争性，加之其明显的规模效应和正外部效应，把它视为准公共物品，由政府供给具有一定的合理性。尽管基础设施的提供很重要，但OECD的调查发现，它还没有处于创新政策的中心位置。❶ 重庆市已计划开展制造工程成套服务平台、制造企业远程维修维护服务平台、产品后市场服务平台、制造企业技术服务平台等关键信息技术的攻关，❷ 支持制造企业从生产型制造向网络化制造服务转型。建成后的区域工业互联网通过整合与优化配置区域资源，开展共性技术的应用服务，可提高区域企业群的整体竞争力。❸ 如能着眼长远，紧跟网络技术进步，未来可顺利实现与全国乃至全球工业互联网的对接，实现国际化资源配置。这种由政府投资研究和搭建的公共网络基础设施对中小企业尤为重要。

（3）加快发展生产性服务业。生产性服务是作为其他产品和服务生产的中间投入的服务，主要包括现代物流业、金融保险业、信息服务业、科技服务业和商务服务业等。❹ OECD 国家的生产性服务业的增加值占国内生产总值的比重已经超过了1/3。重庆市也已计划开展支持第三方专业化制造服务关键技术的攻关，开发产业链协同服务平台、物流拉动的制造服务平台、产品设计制造集成服务平台等第三方专业化制造服务平台，支持第三方服务机构为制造企业提供专业化制造服务。❺ 促进生产性服务业的发展一方面靠政策引导和鼓励；另一方面还需放松管制，强化市场竞争。

（4）在价值网络中发挥"元治理"作用。价值网络的复杂化和网络对协同的高要求对制造网络的治理提出了巨大挑战。根据团体理论，治理模式的选择取决于各利益团体之间的斗争及政府协调的结果。政府通过良好的制度安排

---

❶ OECD（Organisation for Economic Co-operation and Development）. Eco-Innovation in Industry：Enabling Green Growth [J]. 2009：50.
❷ 杜莹. 重庆：优质示范工程促融合[J]. 中国制造业信息化（应用版），2012（2）：40.
❸ 闫世刚. 绿色制造社会公共服务体系探析[J]. 科技管理研究，2010（16）：112 – 115.
❹ 国务院. 中华人民共和国国民经济和社会发展第十二个五年规划纲要 [Z]. 2011.
❺ 杜莹. 重庆：优质示范工程促融合[J]. 中国制造业信息化：应用版，2012（2）：40 – 40.

促进系统的自组织，❶ 政策需发挥"元治理"的作用。这种"元治理"主要体现在三个方面：一是发展方向的导航者，通过对可持续制造范式的阐释、强调和规划，指导系统的行进方向；二是网络协同的推动者，消除不同所有制企业之间的政策鸿沟、不同规模企业之间的知识鸿沟、消费者与企业之间的信息鸿沟，可在一定程度上实现这种推动；三是利益博弈的平衡者，平衡各团体利益的一个重要途径是在政策制定的过程中确保各方的参与权，在政策执行的过程中确保各方的监督权，在发生利益冲突时先组织谈判，公开各方的利益损益状况，引导各方通过沟通和讨论增进理解，最后由政府在不减少弱势者利益的前提下做出利益调整决定。

---

❶ 郁建兴. 治理与国家建构的张力[J]. 马克思主义与现实, 2008（1）：86－93.

8 结论与展望

可持续制造是一种能使制造业在减少产品整个生命周期对生态系统的负面影响的基础上，提高企业经济绩效，带动区域经济健康发展，同时改善雇员、消费者、社区居民等利益相关者的健康水平和生活质量，最终促进社会和谐进步的新制造范式，是一种实现了经济—生态—社会协调发展的组织行为方式。如果用自然资本存量 E 来度量生态系统的承载能力，则生态可持续可以表述为 $E_n \geq E_0$，即研究时空尺度内任一时点自然资本的存量 E_n 不少于维持当地生态系统基本服务能力的最低自然资本存量 E_0；如果用生产力水平 P 来度量经济的发展，则经济可持续可以表述为 $P_n \geq P_{n-1}$，即制造系统的生产力不随时间推移而下降；如果用社会福利水平 S 来度量社会公正，则社会可持续可以表述为 $S_n > S_{n-1}$，即社会福利水平随时间推移而增加。制造业可持续性的提高可理解为一种帕累托改进，即在不减少生态、经济、社会任何一方资本存量的同时实现三种资本总和的增加。

生态创新是导向可持续性的创新过程，是制造业向可持续制造范式转型的重要手段。本研究将制造系统内部的生态创新按照涉及部门的多寡和实施的难易程度，划分为工艺创新、产品创新、组织创新、商业模式创新 4 个层次，从而勾勒出制造业转型的总体行动框架。在转型的初级阶段，主要依靠技术进步在企业内部进行工艺和产品的生态创新；在转型的中级阶段，需要沿着制造—服务链开展大规模的组织体系和管理模式创新，并探索新的商业模式；在转型的高级阶段，则需要进行大范围的基础性转变，创新参与公共事务合作治理的模式，甚至重新定位企业发展目标。

8.1　主要研究结论

本书基于对重庆制造业转型现状的实证研究，得出如下结论。

1. 重庆制造业总体上实现了可持续性的提升

按照"基于主题的框架（Theme-based Frameworks）"，建立起涵盖生态、经济、社会 3 个维度，包括自然资源使用、废物排放、企业经济绩效、行业竞争力、促进社会发展和内部公正 6 个主题的地方制造业可持续性评价指标体系。结合数据的可获得性、可靠性以及可量化测量等原则，选择具体指标评价自 2004 年实施新型工业化战略后重庆制造业的可持续性变化情况。

从生态维度看，重庆大气资源受特殊地理条件等的影响，本身较脆弱，近年来工业废气排放总量又翻了两倍多，制造业对能源、水等资源的消耗量也不断攀升，导致自然资本总量下降；得益于一系列有效的污染防治措施，工业废水排放量下降、废气中的有毒有害物质含量下降，水资源和主城区大气资源质量改善，自然资本质量提高。从经济维度看，重庆制造业经济绩效整体呈增加态势，但增幅在 2012 年有明显回落；R&D 投入虽有增加，但横向比较仍然偏低，自主创新能力薄弱导致重庆制造业行业竞争力不足。从社会维度看，从 2004 年到 2014 年，重庆制造业增加了就业人员 80.24 万人，促进了社会发展；制造业与其他行业平均工资的差距、职工工资增速与 GDP 增速的差距、不同类型企业间的工资和社保费用差距等指标表明，制造业存在明显的社会不公正问题。

虽然重庆制造业自 2004 年实施战略调整后，总体上实现了经济可持续性、生态可持续性、社会可持续性的提升，但未来的发展存在众多隐忧：生态可持续性主要受高污染、高能耗的传统行业比重过高的威胁，污染物排放治理效果也并不稳定；经济可持续性主要受创新能力薄弱、行业竞争力不强的制约，未来尚需找出新的比较优势；社会可持续性主要受制造业劳动强度大而劳动所得偏低的影响，需加强对劳动者权益的保护力度。

2. 重庆制造业转型整体上处于初级阶段

问卷调查结果显示：重庆制造业已普遍进入以效果为导向的工艺生态创新

阶段，创新的主要手段是开发或应用新技术、新工艺、新设备，辅之以相应的管理措施，实现生产过程的减量化、无害化、再资（能）源化；开展产品生态创新的比率较之工艺生态创新明显偏低，产品生态创新尚未成为企业的普遍取向；从环境战略的制定、环境管理系统的构建、产品生命周期管理、绿色供应链管理的实施、工业共生体系的构建 5 个方面看，重庆制造业大部分企业已经在实际运营活动中实施了一些零散的组织生态创新行为，但企业环境管理体系大多不健全，企业间围绕产品价值链的合作率较低，工业共生网络生长缓慢；目前重庆制造业商业模式生态创新主要的倾向是实施产业链纵向延伸策略，个性化定制、服务增强、完整的问题解决皆属此类。少数技术实力雄厚的大型企业利用自身在核心模块上的技术优势，通过纵向一体化组织形式实现价值链上交易成本的降低和价值总量的增加。但整体而言，商业模式生态创新的开展较少。

从生态创新开展状况看，重庆制造业转型整体上还处于初级阶段。要实现更完全的可持续制造，制造系统需结合行业特征和自身实际状况，整合各种生态创新手段，开展系统性生态创新。

3. 企业规模和所有权性质对生态创新的开展有一定影响

统计分析显示：企业规模和所有权性质这两个组织特征与工艺生态创新、产品生态创新、组织生态创新的开展均有一定相关关系。规模大的企业偏好依托技术优势进行工艺生态创新；产品生态创新方面更关注创新层次更深、创新要求更高的产品生态设计。规模小的企业倾向于选择技术依赖度较低的、灵活多样的工艺生态创新措施；产品生态创新方面则偏好创新层次较低的产品生态改良。组织生态创新的开展情况，无论是环境战略的制定、环境管理部门的组建、对供应链合作伙伴环境绩效的关注度，还是与其他企业的合作，规模大的企业均好于规模小的企业。国有及国有控股企业开展工艺生态创新的比率较高，对产品生态设计的关注度高而开展产品生态改良的比率低。集体企业对工艺生态创新、产品生态创新、组织生态创新具体措施的选择都体现出较强的技术无奈感和成本节约倾向。私营企业开展工艺生态创新的比例较低，对产品生态设计的关注度也低于前两者，创新具体措施的选择体现出较大的市场和结果导向性。

企业规模大小在很大程度上决定了其社会影响力和资源拥有量，所有权性质则对组织文化特征和管理模式有较大影响。压力作为外在诱因,在企业文化形成的价值观和抱负水平等内因的作用下,在适宜的管理模式的激励下,唤醒企业的创新动机;创新动机形成后对企业的行为起导向和维持作用。企业开始整合内外各种创新资源,并经由有效的管理,利用创新资源产出创新成果;创新成果市场化后产生创新收益;创新收益对创新动机、创新资源形成反馈。组织特征主要作用于创新动机和创新资源,从而对企业的生态创新产生影响。

4. 不同类型生态创新的影响因素不完全相同

除了企业规模大小和所有权性质之外,生态创新还受其他诸多因素的影响。

较之工艺生态创新,产品生态创新更强调市场导向、更重视内外协同、更需要先进企业文化的催化及温和竞争环境的涵养。构建高效的产品创新体系需要打通产品开发与市场营销体系之间的相关节点。市场导向会促进组织开展产品创新,而面向长远的市场导向会促进突破性的产品生态创新和系统性生态创新。内外协同包括协调企业内部各职能部门在产品创新中的认知、态度和行为;与外部组织协同研发;整合制造网络上众多成员企业的核心能力和资源。企业文化中的开放意识、风险意识、竞争意识、探索精神、合作精神、冒险精神为创新能力的形成奠定思想基础,对失败的容忍度、对创新行为的认同感则能形成一种有利于创新能力发挥的宽松的组织氛围。产品生态设计的难度高于工艺生态创新,属中等水平任务难度,温和的竞争环境更有利于创新成果的诞生。

在众多影响商业模式生态创新的因素中,新技术的诞生和企业家的战略眼光发挥着至关重要的作用。大数据、云计算与互联网搭建的技术平台决定了制造业商业模式的生态创新将经历从以生产者为中心,到以客户为中心,再到社会化参与;从以产品为中心,到以服务为中心,再到提供系统解决方案;从以竞争为中心,到以合作为中心,再到国际化资源配置的演变。网络化制造服务将成为未来制造业商业模式生态创新的普遍取向。企业家的战略眼光包括对消费者需求的理解力、对技术发展趋势的预测力、对满足消费者需求方式的创造力、对组织内外资源的整合力等。即便从类似的技术平台出发,拥有不同战略眼光的企业家也可能领导企业以不同的方式满足消费者需求,走向不同的发展模式。

5. 不同类型生态创新对政策的需求不同

制造系统开展生态创新比一般创新更需要公共政策的驱动。但针对不同类型的生态创新，政策发挥作用的着力点有所不同。

推动工艺生态创新的政策主要作用于创新动机、创新资源、创新成果、创新收益4个关键环节。通过严格的环境立法和执法、营造开放自由的竞争环境，增加外部压力，激发创新动机；通过再分配资金资源、人力资源、信息资源和社会资源，提高创新资源的边际效用；通过政策创新打破影响创新成果早期扩散的机构性、制度性障碍，加快创新成果采用者到达临界数量的速度；通过加大知识产权保护力度、合理确定资源使用价格和环境污染成本，保护创新收益。

推动产品生态创新的政策应直接或间接作用于产品生态创新的4个特异性影响因素，促使企业将环保认知转化为产品生态创新行为。一是培育对生态产品的市场需求，增强企业生产经营活动的市场导向；二是搭建公共创新网络平台，发挥核心企业对制造网络中其他企业创新活动的带动作用，促进创新组织的外部协同；三是推动企业责任文化、创新文化、风险意识、合作精神的建设；四是通过提高产品生态属性标准、对非生态产品征收庇古税等手段调整竞争环境，提高产品生态创新的收益预期。

推动组织生态创新的政策重点应放在促进工业共生网络，尤其是生态产业链的构建上。围绕"产业链规划""企业的选择和匹配""建立共生机制""环境评估和监控"这4个核心要素开展。其中共生机制的建立包括提供按照生态模式运作所必需的基础设施，搭建企业合作降本的制度支撑体系，建立起企业间的沟通信任机制和风险预警机制等。政策干预的力度和重点也应随生态工业园发展阶段的不同而适时调整。初期通过政府的"他组织"作用搭建工业共生体的雏形；之后逐步培养共生网络的"自组织"能力，藉此优化和建立新的产业共生链。

在商业模式生态创新中，政策的主要作用是促进环境价值观植入消费者和制造—服务系统的价值体系，搭建工业互联网，促进生产性服务业的发展，并在价值网络中发挥"元治理"作用。这种"元治理"主要体现在三个方面：一是发展方向的导航者，通过对可持续制造范式的阐释、强调和规划，指导制造系统的行进方向；二是网络协同的推动者，消除不同所有制企业之间的政策鸿沟、不同规模企业之间的知识鸿沟、消费者与企业之间的信息鸿沟，可在一定程度上实现这种推动；三是利益博弈的平衡者，在政策制定的过程中确保各方的参与权，在政策执行的过程中确保各方的监督权，在发生利益冲突时引导各方通过沟通和讨论增进理解，最后由政府在不减少弱势者利益的前提下做出利益调整决定。

8.2　研究的不足之处

尽管本书在研究设计时力图使用科学的方法保证实证研究的代表性和有效性，但实际操作过程中仍存在一些不足。

①取样中的不足。为保证问卷回收率，本研究问卷调查大部分是由重庆市两江新区党工委工作人员通过网络发放电子问卷的形式完成，虽然事先设计是在5个调研地点各随机抽取70个样本进行调查，但实际操作中很可能存在非随机抽样，从而影响了样本的代表性，尤其是集体企业样本量明显偏低。此外，电子问卷的调查形式较难保证企业填写问卷的真实性。最后，回收的有效问卷数量也略低于95%的可信度和5%的允许误差的样本量要求。

②统计分析的不足。本书仅用频数列联表和卡方检验分析企业规模大小及所有权性质两个组织特征与生态创新之间的相关关系，未进一步进行回归分析，分析层次较表浅，无法证明其影响力的大小。后续研究将更充分地利用现有数据，展开深层次的统计分析。

③案例选择中的不足。为深入分析各类生态创新的影响因素及其作用机理，本书选择了生态创新开展情况较好、资料收集也较容易的企业作为典型案例。结果导致案例中的国有大型企业偏多，从中总结出的作用机理不一定适用于其他类型的企业。后续研究将扩大样本量和样本类型，对本书中的部分结论进行检验。

8.3　未来研究展望

以本书研究成果为基础，未来研究可从以下三方面展开。

1. 可持续制造的政策支撑体系研究

可持续制造的政策支撑体系是一个包括环境政策、创新政策、产业政策等政策在内，涉及供给和需求两个方面，卷入政府、企业、消费者等多元主体的复杂政策网络体系。科学的政策支撑体系应使制造业的收益合理化、成本内部化，为企业提供正确的预期；应提供合理的约束和激励机制，引导企业从以追求利润为唯一目的，转向既要追求利润也要承担社会责任的多重目标。本书已经完成了生态创新政策的需求侧研究，但按生态创新类型分别找寻政策的不同作用点可能导致政策的割裂效应，未来还需要加以整合，并结合 OECD 等国外学术机构在可持续制造的制度研究上已取得的成果，进一步开展政策的供给侧研究，构建一个推动制造业从传统范式顺利向可持续制造范式转型的政策支撑网络体系，并探索各政策间的互动耦合机制。

2. 转型的产业间比较研究

在实地调研和案例分析中都发现，制造业不同产业间生态创新的重点和生态创新开展程度有明显的区别。例如钢铁产业一般将重点放在优化生产工艺，减少排放上；汽车产业一般将重点放在新产品开发和提高能效上；装备制造业一般将重点放在产业链纵向延伸，实现价值增值上。这意味着传统产业的转型，每个行业适用的方法可能不一样。有学者认为，生态创新的类型与产业技术成熟度密切相关，不同产业技术创新的主要动力有所不同，❶ 不同产业生态创新的影响因素也可能不完全一样。开展转型路径的产业间比较研究，可为各产业的转型实践提供更为具体的理论指导。

3. 转型的地区间比较研究

本书研究范围局限于重庆市，重庆虽然是西部制造中心，但制造业整体实力在全国仅处中下水平，目前主要发展机遇是承接国际及国内东部地区制造业的梯度转移，制造业发展路径与全国其他地区，尤其是东部发达地区有明显不同。开展制造业转型的地区间比较研究不仅能全盘把握中国制造业发展的整体状况，而且能从中总结出普适性更强的发展规律。

---

❶　董颖，石磊. 生态创新的内涵、分类体系与研究进展［J］. 生态学报，2010，30（9）：2465 – 2474.

参考文献

［1］ Abdallah T, Diabat A, Simchi-Levi D. Sustainable supply chain design: a closed-loop formulation and sensitivity analysis ［J］. Production Planning & Control, 2012, 23 （2 – 3）.

［2］ Amit R, Zott C. Value creation in e-business ［J］. Strategic Management Journal, 2001, 22 （6 – 7）.

［3］ Amrina E, Yusof S M. Key performance indicators for sustainable manufacturing evaluation in automotive companies ［C］. Industrial Engineering and Engineering Management （IEEM）, 2011 IEEE International Conference on. IEEE: 1093 – 1097.

［4］ Andrew Thomas, Mark Francis, et al. Identifying the characteristics for achieving sustainable manufacturing companies ［J］. Journal of Manufacturing Technology Management, 2012, 23 （4）.

［5］ Angappa Gunasekaran, Alain Spalanzani. Sustainability of manufacturing and services: Investigations for research and applications ［J］. International Journal of Production Economics, 2012, 140.

［6］ Angappa Gunasekaran & David Gallear. Special issue on sustainable development of manufacturing and services ［J］. International Journal of Production Economics, 2012, 140 （1）.

［7］ Assessment M E. Ecosystems and human well-being: current state and trends ［J］. 2005.

［8］ Berg A. Not roadmaps but toolboxes: Analysing pioneering national programmes for sustainable consumption and production ［J］. Journal of Consumer Policy, 2011, 34 （1）.

［9］ Bi Z. Revisiting system paradigms from the viewpoint of manufacturing sustainability ［J］. Sustainability, 2011, 3 （9）.

［10］ Bishop P, Wiseman N. External ownership and innovation in the United Kingdom ［J］. Applied Economics, 1999, 31 （4）.

［11］ Boone J. Competitive pressure: the effects on investments in product and process innovation

[J]. The RAND Journal of Economics, 2000.

[12] Bordt M. OECD Sustainable Manufacturing Toolkit [J]. Sustainability and US Competitiveness Summit, US Department of Commerce, 2009, 8.

[13] Butala P & Oosthuizen G A. Sustainable manufacturing network model for socio-economic development [G]. Annals of DAAAM for 2011 & Proceedings of the 22nd International DAAAM Symposium, 2011, 22 (1).

[14] Cagno E, Micheli G J L, Trucco P. Eco-efficiency for sustainable manufacturing: an extended environmental costing method [J]. Production Planning & Control, 2012, 23 (2 - 3).

[15] Cerinsek G, Dolinsek S. In a search for competent engineers-Competence framework in the field of sustainable manufacturing [C] //Global Engineering Education Conference (EDUCON), 2011 IEEE. IEEE, 2011: 865 - 870.

[16] Chen D, Schudeleit T, Posselt G, et al. A state-of-the-art review and evaluation of tools for factory sustainability assessment [J]. Procedia Cirp, 2013, 9 (7).

[17] Chertow M R. Industrial symbiosis: literature and taxonomy [J]. Annual Review of Energy and the Environment, 2000, 25 (1).

[18] Chertow M R, Ashton W S, Espinosa J C. Industrial symbiosis in Puerto Rico: Environmentally related agglomeration economies [J]. Regional Studies, 2008, 42 (10).

[19] Chris Yuan, Qiang Zhai, David Dornfeld. A three dimensional system approach for environmentally sustainable manufacturing [G]. CIRP Annals- Manufacturing Technology, 2012, 61 (1).

[20] Christensen C M, Bower J L. Customer power, strategic investment, and the failure of leading firms [J]. Strategic management journal, 1996, 17 (3).

[21] Christensen C M, Cook S, Hall T. Marketing malpractice [J]. Harvard Business Review, 2005, 83 (12).

[22] Cooper R G, Kleinschmidt E J. New products: what separates winners from losers? [J]. Journal of Product Innovation Management, 1987, 4 (3).

[23] Damanpour F. Organizational innovation: A meta-analysis of effects of determinants and moderators [J]. Academy of Management Journal, 1991, 34 (3).

[24] Davila T, Epstein M, Shelton R. Making innovation work: How to manage it, measure it, and profit from it [M]. New Jersey: FT Press, 2012.

[25] Despeisse M, Mbaye F, Ball P D, et al. The emergence of sustainable manufacturing prac-

tices [J]. Production Planning & Control, 2012, 23 (5).

[26] DiMaggio P, Powell W W. The iron cage revisited: Collective rationality and institutional i-somorphism in organizational fields [J]. American Sociological Review, 1983, 48 (2).

[27] Dyllick T, Hockerts K. Beyond the business case for corporate sustainability [J]. Business Strategy and the Environment, 2002, 11 (2).

[28] Duin H, Thoben K D. Serious gaming for sustainable manufacturing: A requirements analy-sis [C]. Concurrent Enterprising (ICE), 17th International Conference on. IEEE, 2011.

[29] Ekins P. Eco-innovation for environmental sustainability: concepts, progress and policies [J]. International Economics and Economic Policy, 2010, 7 (2 – 3).

[30] Energy Information Administration. International Energy Outlook 2009 [R]. Washington, DC: U. S. Department of Energy.

[31] Ehrenfeld J. Industrial ecology: a new field or only a metaphor? [J]. Journal of Cleaner Pro-duction, 2004, 12 (8).

[32] Farouk S, Cherian J & Jacob J. Green accounting and management for sustainable manufac-turing in developing countries [J]. International Journal of Business and Management, 2012, 7 (20).

[33] Fan C, Carrell J D, Zhang H C. An investigation of indicators for measuring sustainable manufacturing [C]. Sustainable Systems and Technology (ISSST), 2010 IEEE Interna-tional Symposium on. IEEE: 1 – 5.

[34] Feng S C, Joung C, Li G. Development overview of sustainable manufacturing metrics [C]. Proceedings of the 17th CIRP international conference on life cycle engineering, 2010.

[35] Fengbin W. On shift of organizing focus from structure to process [J]. Journal of Systems Sci-ence and Systems Engineering, 1997, 6 (2).

[36] Filos E. ICT for Sustainable Manufacturing: A European Perspective [J]. Balanced Automa-tion Systems for Future Manufacturing Networks. Springer Berlin Heidelberg, 2010.

[37] Frank van der Zwan, Tracy Bhamra. Services marketing: taking up the sustainable develop-ment challenge [J]. Journal of Services Marketing, 2003, 17 (4).

[38] Fussler C, James P. Driving eco-innovation: A breakthrough discipline for innovation and sustainability [M]. London: Pitman, 1996.

[39] Gambardella A, McGahan A M. Business-model innovation: General purpose technologies and their implications for industry structure [J]. Long Range Planning, 2010, 43 (2).

[40] Ghaziani A, Ventresca M J. Keywords and cultural change: Frame analysis of business

model public talk, 1975 – 2000 [C] //Sociological Forum. Kluwer Academic Publishers-Plenum Publishers, 2005, 20 (4).

[41] Gunasekaran A, Spalanzani A. Sustainability of manufacturing and services: Investigations for research and applications [J]. International Journal of Production Economics, 2012, 140.

[42] Guo D, Defrancia K, Chen M, et al. Assessing Sustainability: Frameworks and Indices (White Paper #3) [J]. 2015.

[43] Haapala K R, Zhao F, Camelio J, et al. A Review of Engineering Research in Sustainable Manufacturing [J]. Journal of Manufacturing Science & Engineering, 2013, 135 (4).

[44] Hans-Ulrich Zabel. A model of human behavior for sustainability [J]. International Journal of Social Economics, 2005, 32 (8).

[45] Harun K, Cheng K. Life Cycle Simulation (LCS) approach to the manufacturing process design for sustainable manufacturing [C]. Assembly and Manufacturing (ISAM), 2011 IEEE International Symposium on. IEEE: 1 – 8.

[46] Heilala J, Vatanen S, Tonteri H, et al. Simulation-based sustainable manufacturing system design [C]. Simulation Conference, 2008. WSC 2008. IEEE: 1922 – 1930.

[47] Holtbrügge D, Dögl C. How international is corporate environmental responsibility? A literature review [J]. Journal of International Management, 2012, 18 (2).

[48] Huppes G, Kleijn R, Huele R, et al. Measuring eco-innovation: framework and typology of indicators based on causal chains: final report of the ECODRIVE Project [J]. 2008.

[49] Jain S, Kibira D. A framework for multi-resolution modeling of sustainable manufacturing [C]. Proceedings of the Winter Simulation Conference. Winter Simulation Conference, 2010.

[50] James P. The sustainability circle: a new tool for product development and design [J]. Journal of Sustainable Product Design, 1997, 2 (5).

[51] Jansson J, Marell A, Nordlund A. Green consumer behavior: determinants of curtailment and eco-innovation adoption [J]. Journal of Consumer Marketing, 2010, 27 (4).

[52] Jawahir I S, Badurdeen F. Assessment of product and process sustainability: Towards developing metrics for sustainable manufacturing [C]. Proceedings of the National Institute of Standards and Technology Workshop on Sustainable Manufacturing, 2009.

[53] Jayal A D, Badurdeen F, Dillon Jr O W, et al. Sustainable manufacturing: Modeling and optimization challenges at the product, process and system levels [C]. CIRP Journal of

Manufacturing Science and Technology, 2010, 2 (3).

[54] Jayal A D, Balaji A K. On a process modeling framework for sustainable manufacturing: a machining perspective [C]. ASME, 2007.

[55] Jayaraman V, Singh R, Anandnarayan A. Impact of sustainable manufacturing practices on consumer perception and revenue growth: an emerging economy perspective [J]. International Journal of Production Research, 2012, 50 (5).

[56] Joung C B, Carrell J, et al. Categorization of indicators for sustainable manufacturing [J]. Ecological Indicators, 2012 (24).

[57] Jovane F, Koren Y, Boer C R. Present and future of flexible automation: towards new paradigms [C]. CIRP Annals-Manufacturing Technology, 2003, 52 (2).

[58] Jovane F, Yoshikawa H, Alting L, et al. The incoming global technological and industrial revolution towards competitive sustainable manufacturing [C]. CIRP Annals-Manufacturing Technology, 2008, 57 (2).

[59] Kaebernick H, Kara S, Sun M. Sustainable product development and manufacturing by considering environmental requirements [J]. Robotics and Computer-Integrated Manufacturing, 2003, 19 (6).

[60] Kemp R, Foxon T. Typology of eco-innovation [J]. Project Paper: Measuring Eco-innovation, 2007.

[61] Kemp R, Pearson P. Measuring eco-innovation [M]. Tokyo: United Nations University, 2008.

[62] Kibira D, Jain S, et al. A system dynamics modeling framework for sustainable manufacturing [C/OL]. http://www.systemdynamics.org/conferences/2009/proceed/papers/P1285.pdf

[63] Kibira D, McLean C. Modeling and simulation for sustainable manufacturing [C]. Proceedings of the Second IASTED Africa Conference, 2008 (041).

[64] Kohli A K, Jaworski B J. Market orientation: the construct, research propositions, and managerial implications [J]. The Journal of Marketing, 1990.

[65] Koudal P. The service revolution in global manufacturing industries [J]. Deloitte Research, 2006 (2).

[66] Kraft K. Are product and process innovations independent of each other? [J]. Applied Economics, 1990, 22 (8).

[67] Krajnc D, Glavic P. Indicators of sustainable production [J]. Clean Technologies and Environmental Policy, 2003, 5 (3).

［68］ Labuschagne C, Brent A C, Van Erck R P G. Assessing the sustainability performances of industries ［J］. Journal of Cleaner Production, 2005, 13（4）.

［69］ Lange J P. Sustainable chemical manufacturing: A matter of resources, wastes, hazards, and costs ［J］. ChemSusChem, 2009（2）.

［70］ Lee K H, Farzipoor Saen R. Measuring corporate sustainability management: A data envelopment analysis approach ［J］. International Journal of Production Economics, 2012, 140（1）.

［71］ Lee S G, Lye S W, Khoo M K. A multi-objective methodology for evaluating product end-of-life options and disassembly ［J］. Int. J. Adv. Manuf. Technol, 2001（18）.

［72］ Leitner A, Wehrmeyer W, France C. The impact of regulation and policy on radical eco-innovation: The need for a new understanding ［J］. Management Research Review, 2010, 33（11）.

［73］ Li T, Zhang H, Yuan C, et al. PCA Based Method for Construction of Composite Sustainability Indicators ［J］. International Journal of Life Cycle Assessment, 2012, 17（5）.

［74］ Lin C, Lin P, Song F. Property rights protection and corporate R&D: Evidence from China ［J］. Journal of Development Economics, 2010, 93（1）.

［75］ Linder J. Changing business models: surveying the landscape ［M］. 2000.

［76］ Lindgardt Z, Reeves M, Stalk Jr G, et al. Business Model Innovation: When the game gets tough, change the game ［J］. Own the future: 50 ways to win from The Boston Consulting Group, 2013.

［77］ Lindhqvis T. What is extended producer responsibility ［C］. In Extended Producer Responsibility as a Policy Instrument-What is the Knowledge in the Scientific Community, International Seminar, 1998.

［78］ Madu C. Handbook of environmentally conscious manufacturing ［M］. Kluwer Academic Pub, 2001.

［79］ Marco Garetti, Giovanni Mummolo & Marco Taisch. Special issue on sustainable manufacturing［J］. Production Planning & Control: The Management of Operations, 2012, 23（2-3）.

［80］ Marco Garetti & Marco Taisch. Sustainable manufacturing: trends and research challenges ［J］. Production Planning & Control: The Management of Operations, 2012, 23（2-3）.

［81］ Magretta J. Why business models matter ［J］. Harvard Business Review, 2002, 80（5）.

［82］ Masaru Nakano. A conceptual framework for sustainable manufacturing by focusing on risks in supply chains [G]. In Vallespir B & Alix T (Eds.), Advances in production management systems: new challenges, new approaches, IFIP Advances in Information and Communication Technology, 2010, 338.

[83] Miller G, Pawloski J, Standridge C R. A case study of lean, sustainable manufacturing [J]. Journal of industrial engineering and management, 2010, 3 (1).

[84] Mirata M, Emtairah T. Industrial symbiosis networks and the contribution to environmental innovation: the case of the Landskrona industrial symbiosis programme [J]. Journal of Cleaner Production, 2005, 13 (10).

[85] Mitchell D, Coles C. The ultimate competitive advantage of continuing business model innovation [J]. Journal of Business Strategy, 2003, 24 (5).

[86] Morana R, Seuring S. End-of-life returns of long-lived products from end customer-insights from an ideally set up closed-loop supply chain [J]. International Journal of Production Research, 2007, 45 (18 – 19).

[87] Munda G. Social multi-criteria evaluation: Methodological foundations and operational consequences [J]. European Journal of Operational Research, 2004, 158 (3).

[88] Nabil Nasr. Design sustainable manufacturing practices [DB/OL]. http://www.oecd.org/greengrowth/38875779.pdf.

[89] Nagel M H, Tomiyama T. Intelligent sustainable manufacturing systems, management of the linkage between sustainability and intelligence-an overview [C]. Systems, Man and Cybernetics, 2004 IEEE International Conference on. IEEE, 5: 4183 – 4188.

[90] Nardo M, Saisana M, Saltelli A, et al. Tools for Composite Indicators Building [C] // European Comission, 2005.

[91] Ocampo L A. A hierarchical framework for index computation in sustainable manufacturing [J]. Advances in Production Engineering & Management, 2015, 10 (1).

[92] OECD. Expended producer responsibility: a guidance manual for governments [R/OL]. http://www.oecd-ilibrary.org/environment/extended-producer-responsibility _ 978926418986 7 – en.

[93] OECD. Sustainable manufacturing and eco-innovation: towards a green economy [R/OL]. http://www.oecd.org/sti/42944011.pdf.

[94] OECD. Eco-innovation in industry: enabling green growth [EB/OL]. http://browse.oecd-bookshop.org/oecd/pdfs/free/9209061e5.pdf: 15.

[95] OECD. Towards green growth [R/OL]. http://www.oecd.org/dataoecd/37/34/

48224539. pdf: 35 - 72.

[96] Osterwalder A, Pigneur Y, Tucci C L. Clarifying business models: Origins, present, and future of the concept [J]. Communications of the association for Information Systems, 2005, 16 (1).

[97] Osterwalder A, Pigneur Y, Clark T. Business model generation: A handbook for visionaries, game changers, and challengers. Hoboken [J]. NJ: Wiley. · Sahlman, WA (1997). How to Write a Great Business Plan. Harvard Business Review, 2010, 75 (4): 96 - 108.

[98] Paju M, Heilala J, Hentula M, et al. Framework and indicators for a sustainable manufacturing mapping methodology [C]. Simulation Conference (WSC), Proceedings of the 2010 Winter. IEEE: 3411 - 3422.

[99] Pereira Á, Vence X. Key business factors for eco-innovation: an overview of recent firm-level empirical studies [J]. 2012.

[100] Petry R A, Fadeeva Z, Fadeeva O, et al. Educating for sustainable production and consumption and sustainable livelihoods: learning from multi-stakeholder networks [J] Sustainability Science, 2011, 6 (1).

[101] Pineda-Henson R, Culaba A B. A diagnostic model for green productivity assessment of manufacturing processes [J]. The International Journal of Life Cycle Assessment, 2004, 9 (6).

[102] Pogutz S, Micale V. Sustainable consumption and production: a effort to reconcile the determinants of environmental impact [J]. Society and Economy, 2011, 33 (1).

[103] Politecnico Di Torino. Sustainable production: design by components methodology in order to obtain a tailored product [G]. In Lorena Mingrone & Valeria Montrucchio (Eds.), ACTA Technica corviniensis-bulletin of engineering, 2012, 5 (1).

[104] Pollesch N, Dale V H. Applications of aggregation theory to sustainability assessment [J]. Ecological Economics, 2015, 114.

[105] Rachuri S, Sriram R D, Sarkar P. Metrics, standards and industry best practices for sustainable manufacturing systems [C]. Automation Science and Engineering, 2009. CASE 2009. IEEE International Conference on. IEEE: 472 - 477.

[106] Rachuri S, Sriram R D, Narayanan A, et al. Sustainable manufacturing: metrics, standards, and Infrastructure-Workshop Summary [C]. Automation Science and Engineering, 2010. CASE 2010. IEEE International Conference on. IEEE: 144 - 149.

[107] Ramani K, Ramanujan D, Bernstein W Z, et al. Integrated sustainable life cycle design:

a review [J]. Journal of Mechanical Design, 2010, 132: 091004.

[108] Rennings K. Redefining innovation: eco-innovation research and the contribution from ecological economics [J]. Ecological Economics, 2000, 32 (2).

[109] Rennings K, Markewitz P, and Vo¨gele S. Inkrementelle versus radikale Innovationen – am Beispiel der Kraftwerkstechnik [J]. Zeitschrift fu¨r Umweltpolitik und Umweltrecht, 2008 (4).

[110] Rebitzer G, Ekvall T, Frischknecht R, et al. Life cycle assessment: Part 1: Framework, goal and scope definition, inventory analysis, and applications [J]. Environment International, 2004, 30 (5).

[111] Rochon G L, Nies L F, Jafvert C T, et al. Education in sustainable production in US universities [J]. Clean Technologies and Environmental Policy, 2006, 8 (1).

[112] Sadowski B M, Sadowski-Rasters G. On the innovativeness of foreign affiliates: Evidence from companies in The Netherlands [J]. Research Policy, 2006, 35 (3).

[113] Schumpeter J A, Bottomore T B. Capitalism, socialism and democracy [M]. London: Unwin Paperbacks, 1987.

[114] Shahbazpour M, Seidel R H A. Using sustainability for competitive advantage [C]. 13th CIRP International Conference on Life Cycle Engineering, 2006.

[115] Shahin Rahimifard & Allen J Clegg. Aspects of sustainable design and manufacture [J]. International Journal of Production Research, 2007, 45 (18 – 19).

[116] Singh S, Olugu E U, Fallahpour A. Fuzzy-based sustainable manufacturing assessment model for SMEs [J]. Clean Technologies & Environmental Policy, 2013, 16 (5).

[117] Smith L, Ball P. Steps towards sustainable manufacturing through modeling material, energy and waste flows [J]. International Journal of Production Economics, 2012, 140 (1).

[118] Sudarsan R, Sriram R D, Narayanan A, et al. Sustainable manufacturing: metrics, standards, and infrastructure-workshop summary [C]. Automation Science and Engineering (CASE), 2010 IEEE Conference on. IEEE: 144 – 149.

[119] Szekely F & Knirsch M. Responsible leadership and corporate social responsibility: metrics for sustainable performance [J]. European Management Journal, 2005, 23 (6).

[120] Timmers P. Business models for electronic markets [J]. Electronic Markets, 1998, 8 (2).

[121] Toptal A. Integration of shipment scheduling decisions for forward and reverse channels in a recoverable item system [J]. International Journal of Production Economics, 2012, 140

(1).

[122] Veleva V, Hart M, Greiner T, et al. Indicators of sustainable production [J]. Journal of Cleaner Production, 2001, 9 (5).

[123] Veleva V, Ellenbecker M. Indicators of sustainable production: framework and methodology [J]. Journal of Cleaner Production, 2001, 9 (6).

[124] Vinodh S, Joy D. Structural equation modeling of sustainable manufacturing practices [J]. Clean Technologies and Environmental Policy, 2012, 214 (1).

[125] Vinodh S, Prasanna M, Manoj S. Application of analytical network process for the evaluation of sustainable business practices in an Indian relays manufacturing organization [J]. Clean Technologies and Environmental Policy, 2012, 14 (2).

[126] Vinodh S, Rathod G. Integration of ECQFD and LCA for sustainable product design [J]. Journal of Cleaner Production, 2010, 18 (8).

[127] Voelpel S C, Leibold M, Tekie E B. The wheel of business model reinvention: how to re-shape your business model to leapfrog competitors [J]. Journal of Change Management, 2004, 4 (3).

[128] Weill P, Vitale M. Place to space: moving to eBusiness models [J]. Harvard Business School Publishing Corporation, Boston, 2001.

[129] Weiss C R, Wittkopp A. Retailer concentration and product innovation in food manufacturing [J]. European Review of Agricultural Economics, 2005, 32 (2).

[130] Westkämper E. Manufacture and sustainable manufacturing [G]. Manufacturing Systems and Technologies for the New Frontier, Springer London, 2008.

[131] Westkämper E, Alting L, Arndt G. Life cycle management and assessment: approaches and visions towards sustainable manufacturing [C]. Proceedings of the Institution of Mechanical Engineers, Part B: Journal of Engineering Manufacture, 2001, 215 (5).

[132] Wiktorsson M, Bellgran M, Jackson M. Sustainable manufacturing: challenges and possibilities for research and industry from a Swedish perspective [C]. The 41st CIRP Conference on Manufacturing Systems. Manufacturing Systems and Technologies for the New Frontier, Springer London, 2008.

[133] Wu, J. and T. Wu. Sustainability indicators and indices. In: Christian N. Madu and C. Kuei (eds), Handbook of Sustainable Management [M]. London: Imperial College Press, 2012.

[134] Yeheyis M, Hewage K, Alam M S, et al. An overview of construction and demolition waste

management in Canada：a lifecycle analysis approach to sustainability ［J］. Clean Technologies and Environmental Policy，2013，15（1）.

［135］ Yuan C，Zhai Q，Dornfeld D. A three dimensional system approach for environmentally sustainable manufacturing ［J］. CIRP Annals-Manufacturing Technology，2012，61（1）.

［136］ Zhu Q，Sarkis J，Geng Y. Green supply chain management in China：pressures，practices and performance ［J］. International Journal of Operations & Production Management，2005，25（5）.

［137］ Zhu Q，Sarkis J. Relationships between operational practices and performance among early adopters of green supply chain management practices in Chinese manufacturing enterprises ［J］. Journal of Operations Management，2004，22（3）.

［138］ Zirger B J，Maidique M A. A model of new product development：an empirical test ［J］. Management Science，1990，36（7）.

［139］ Braden R Allenby. 工业生态学：政策框架与实施 ［M］. 翁端译. 北京：清华大学出版社，2005.

［140］［美］丹尼尔·贝尔. 后工业社会的来临——对社会预测的一种探索 ［M］. 北京：商务印书馆，1986.

［141］联合国环境规划署. 迈向绿色经济：实现可持续发展和消除贫困的各种途径 ［R/OL］. 2011. http：//www. unep. org/greeneconomy.

［142］［美］Rogers P P，Jalal K F，Boyd J A. 可持续发展导论 ［M］. 郝吉明，邢佳，陈莹译. 北京：化学工业出版社，2008.

［143］汤姆兹. 凯杰克，阿曼德. 卡兹特兰. 生态创新：可持续发展的重要因素［J］. 申森译. 可持续发展的重要问题，2013（2）.

［144］美国卓越制造协会编. 绿色制造：企业如何实现可持续发展［M］. 赵道致，纪方译. 北京：人民邮电出版社，2010.

［145］安筱鹏. 制造业服务化路线图：机理、模式与选择 ［M］. 北京：商务印书馆，2012.

［146］毕克新，朱娟，冯英浚. 中小企业产品创新研究现状和发展趋势分析［J］. 科研管理，2005，26（2）.

［147］宾鸿赞. 可持续制造及其技术［J］. 中国机械工程，1998，9（1）.

［148］蔡小军，张清娥，王启元. 论生态工业园悖论，成因及其解决之道［J］. 科技进步与对策，2007，24（3）.

［149］曹永辉. 生态工业园共生网络运作模式研究［J］. 生态经济，2013，11.

［150］柴国荣，赵雷，宗胜亮．网络化制造的研究框架与未来主题［J］.科技管理研究，2014，34（15）.

［151］陈丽新．从内外约束条件论我国制造业可持续发展战略选择［J］.开发研究，2010（3）.

［152］陈诗一．能源消耗、二氧化碳排放与中国工业的可持续发展［J］.经济研究，2009（4）.

［153］陈银娥，高红贵，等．绿色经济的制度创新［M］.北京：中国财政经济出版社，2011.

［154］程东全，顾锋，耿勇．服务型制造中的价值链体系构造及运行机制研究［J］.管理世界，2011（12）.

［155］程正中，吴永林，谢朝阳．技术创新能力与企业规模的关系研究［J］.技术经济，2008，27（6）.

［156］池仁勇．企业技术创新效率及其影响因素研究［J］.数量经济技术经济研究，2003（6）.

［157］储丽琴，陈东，付雷．全要素生产率与中国经济可持续增长再研究——与日本 20 世纪 70 年代 TFP 的比较［J］.亚太经济，2009（1）.

［158］重庆市统计局，重庆市科学技术委员会，重庆市经济委员会．重庆市第一次工业企业创新调查统计公报．科学咨询，2008（1）.

［159］重庆市统计局，重庆市科学技术委员会，重庆市发展和改革委员会，重庆市教育委员会，重庆市财政局，重庆市国防科学技术工业办公室，重庆市经济和信息化委员会．重庆市第二次科学研究与试验发展（R&D）资源清查主要数据公报.2011 - 02 - 12.

［160］重庆市统计局，国家统计局重庆调查总队.2014 年重庆市国民经济和社会发展统计公报［EB/OL］.http：//www. cqtj. gov. cn/html/tjsj/tjgb/15/03/7345. html.

［161］储大建．循环经济 2.0：从环境治理到绿色增长［M］.上海：同济大学出版社，2009.

［162］戴西超，谢守祥，丁玉梅．企业规模，所有制与技术创新——来自江苏省工业企业的调查与实证［J］.软科学，2007，20（6）.

［163］但斌，刘瑜．大规模定制营销探讨［J］.管理现代化，2005（1）.

［164］刁玉柱，白景坤．商业模式创新的机理分析：一个系统思考框架［J］.管理学报，2012，9（1）.

［165］董颖，石磊．生态创新的内涵、分类体系与研究进展［J］.生态学报，2010，30

(9).

[166] 杜莹.重庆：优质示范工程促融合[J].中国制造业信息化（应用版），2012（2）.

[167] 段宁.清洁生产、生态工业和循环经济[J].环境科学研究，2001，14（6）.

[168] 段宁等.循环经济理论与生态工业技术［M］.北京：中国环境科学出版社，2009.

[169] 范柏乃，蓝志勇.公共管理研究与定量分析方法［M］.北京：科学出版社，2008.

[170] 范阳东，梅林海.生态工业园持续发展的关键：自组织机制的培育与发展[J].科技进步与对策，2010，27（9）.

[171] 冯根福，温军.中国上市公司治理与企业技术创新关系的实证分析[J].中国工业经济，2008（7）.

[172] 冯梅.后危机时代中国制造业的可持续发展[J].社会科学家，2011（12）.

[173] 冯之浚，刘燕华，周长益，等.我国循环经济生态工业园发展模式研究[J].中国软科学，2008，4（1）.

[174] 傅家骥，姜彦福.技术创新：中国企业发展之路［M］.北京：企业管理出版社，1992.

[175] 高闯，关鑫.企业商业模式创新的实现方式与演进机理——一种基于价值链创新的理论解释[J].中国工业经济，2006（11）.

[176] 高良谋，李宇.技术创新与企业规模关系的形成与转化[J].中国软科学，2008（12）.

[177] 郭重庆.互联网将重新定义管理（在"2014 东沙湖论坛中国管理百人报告会"上的演讲）［EB/OL］.http：//www.wewehr.com/point/2100/.

[178] 郭莉，胡筱敏.产业共生的"技术创新悖论"——兼论我国生态工业园的效率改进[J].科学学与科学技术管理，2008，29（10）.

[179] 郭韬.关于经济创新含义的再思考[J].哈尔滨商业大学学报：社会科学版，2003（1）.

[180] 郭毅夫.商业模式创新与企业竞争优势：内在机理及实证研究［D］.上海：东华大学，2009.

[181] 海锦涛，韩新民.我国制造业可持续发展的思考[J].中国机械工程，2001，12（3）.

[182] 何廷玲，唐敏.集群经济下重庆制造产业信息化服务平台建设模式[J].重庆大学学报：自然科学版，2006，28（12）.

[183] 何永达.制造业循环经济的测度与路径研究：以浙江为例［M］.武汉：武汉大学出版社，2011.

[184] 何哲，孙林岩，贺竹磬，等．服务型制造的兴起及其与传统供应链体系的差异[J]．软科学，2008，22（4）．

[185] 何哲，孙林岩，朱春燕．服务型制造的概念，问题和前瞻[J]．科学学研究，2010（1）．

[186] 何哲．中国制造业服务化［M］．北京：清华大学出版社，2012．

[187] 胡树华，蔡铂．论产品创新[J]．中国机械工程，1998，9（2）．

[188] 黄江明．中国企业产品创新管理模式研究（一）——以海尔型号经历为例[J]．管理世界，2007（10）．

[189] 荆浩，张冬秀．面向生态创新的商业模式与企业绩效研究述评[J]．中国科技论坛，2013，1（9）．

[190] 金乐琴．企业社会责任与可持续发展理论及对策[J]．绿色中国，2004（2）．

[191] 剧宇宏．基于企业集团视角的绿色企业制度研究[J]．山东社会科学，2010（12）．

[192] 剧宇宏．绿色经济条件下我国企业社会责任的实现[J]．河南社会科学，2012，20（8）．

[193] 剧宇宏．中国绿色经济发展研究［M］．上海：复旦大学出版社，2013．

[194] 孔善右，唐德才．江苏省制造业可持续发展能力的实证研究[J]．中国软科学，2008（9）．

[195] 李成标，胡树华．基于产品创新的管理集成初探[J]．科学学与科学技术管理，2002，23（9）．

[196] 李丹蒙，夏立军．股权性质，制度环境与上市公司 R&D 强度[J]．财经研究，2008，34（4）．

[197] 李刚，孙林岩，李健．服务型制造的起源，概念和价值创造机理[J]．科技进步与对策，2009，26（13）．

[198] 李霞．生态设计：汽车工业可持续发展的新视角[J]．工业安全与环保，2005，31（6）．

[199] 李毅．从组织结构演进的视角看日本制造业可持续发展的经验与教训[J]．现代日本经济，2008（6）．

[200] 李龙熙．对可持续发展理论的诠释与解析[J]．行政与法，2005（1）．

[201] 李鹏忠，张为民，Horst Meier，GU Rongxin．促进制造业可持续发展的创新服务模式——协同服务[J]．制造业自动化，2007，29（3）．

[202] 李晓西，赵少钦．可持续发展的成本效益分析［J]，北京师范大学学报（社会科学版），2004（4）．

［203］李晓西，胡必亮．中国：绿色经济与可持续发展［M］．北京：人民出版社，2012.

［204］李聪波，刘飞，曹华军．绿色制造运行模式及其实施方法［M］．北京：科学出版社，2012.

［205］李春涛，宋敏．中国制造业企业的创新活动：所有制和 CEO 激励的作用[J].经济研究，2010（5）.

［206］李廉水．中国制造业发展研究报告（2012）［R］．北京：科学出版社，2012.

［207］李廉水．中国制造业发展研究报告（2011）［R］．北京：科学出版社，2011.

［208］刘飞，曹华军．绿色制造的理论体系框架[J].中国机械工程，2000，11（9）.

［209］刘飞，曹华军，张华．绿色制造的理论与技术［M］．北京：科学出版社，2005.

［210］刘继国．制造业服务化带动新型工业化的机理与对策[J].经济问题探索，2006（6）.

［211］刘国新，李勃．论企业规模与 R&D 投入相关性[J].管理科学学报，2001，4（4）.

［212］刘思华．对可持续发展经济的理论思考[J].经济研究，1997（3）.

［213］刘湘溶．经济发展方式的生态化与我国的生态文明建设[J].南京社会科学，2009（6）.

［214］刘湘溶．我国生态文明发展战略研究［M］．北京：人民出版社，2013.

［215］刘志峰，林巨广，等．绿色制造的理论基础——工业生态方法研究[J].中国机械工程，2002，13（17）.

［216］路甬祥．坚持科学发展，推进制造业的历史性跨越[J].机械工程学报，2007（11）.

［217］罗慧，霍有光，等．可持续发展理论综述[J].西北农林科技大学学报（社会科学版），2004，4（1）.

［218］罗柳红，张征．Shapley 值下的生态工业链风险联抗机制探讨[J].生态经济，2013，3.

［219］马传栋．论发展循环经济建设资源节约型、环境友好型社会[J].山东社会科学，2006（2）.

［220］马传栋．工业生态经济学与循环经济［M］．北京：中国社会科学出版社，2007.

［221］马述林．把重庆建成世界制造业中心地域［N］．重庆日报．2012 - 5 - 30（12）.

［222］毛世英．绿色经济视野下商业模式创新的价值取向[J].生态经济，2011（11）.

［223］牛文元．"绿色 GDP"与中国环境会计制度[J].会计研究，2002（1）.

［224］牛文元．循环经济：实现可持续发展的理想经济模式[J].中国科学院院刊，2004，19（6）.

［225］牛文元．可持续发展理论的基本认知[J].地理科学进展，2008，27（3）.

[226] 邵兴东，孟宪忠．可持续发展下的战略型企业社会责任管理研究——基于我国中小型制造业企业视角[J]．生态经济，2011（4）．

[227] 沈德聪，阮平南．绿色制造系统评价指标体系的研究[J]．机械制造，2006，44（3）．

[228] 彭征波．企业规模、市场结构与创新——来自不同行业的经验证据[J]．中南财经政法大学学报，2007（2）．

[229] 沈志渔，刘兴国．国有企业自主创新能力发展的阻碍因素分析[J]．学术研究，2009（10）．

[230] 宋东风．我国中小企业组织创新研究［D］．天津：南开大学，2009：28．

[231] 欧阳桃花，周云杰．中国企业产品创新管理模式研究（三）——以海尔产品经历为案例[J]．管理世界，2008（2）．

[232] 齐振宏．生态工业园企业共生机理与运行模式研究[J]．商业经济与管理，2008（3）．

[233] 石敏俊，马国霞．中国经济增长的资源环境代价：关于绿色国民储蓄的实证分析［M］．北京：科学出版社，2009．

[234] 石敏俊，李娜，等．低碳发展的政策选择与区域响应［M］．北京：科学出版社，2012．

[235] 孙林岩，李刚，等．21世纪的先进制造模式——服务型制造[J]．中国机械工程，2007（19）．

[236] 孙林岩，高杰，等．服务型制造：新型的产品模式与制造范式［J］，中国机械工程，2008（21）．

[237] 孙林岩．全球视角下的中国制造业发展［M］．北京：清华大学出版社，2008．

[238] 孙娜．中国工业企业规模对技术创新的影响关系研究［D］．青岛：中国海洋大学，2009．

[239] 孙晓华，郑辉．买方势力对工艺创新与产品创新的异质性影响[J]．管理科学学报，2013，16（10）．

[240] 唐德才，徐斌．中国区域制造业可持续竞争力模型——基于Panel Date的实证分析[J]．现代管理科学，2008（9）．

[241] 唐德才．基于资源约束的中国制造业可持续发展研究［M］．北京：科学出版社，2009．

[242] 汪涛，徐建平．模块化的产品创新：基于价值创造网络的思考[J]．科研管理，2006，26（5）．

［243］王炳成，李洪伟. 绿色产品创新影响因素的结构方程模型实证分析［J］. 中国人口资源与环境，2009，19（5）.

［244］王芳. 企业规模、所有制对技术创新能力的影响研究——以我国高新技术企业为例［D］. 太原：中北大学，2014.

［245］王能民，杨彤. 基于绿色制造的供应链设计［J］. 制造业自动化，2001，23（4）.

［246］王能民，孙林岩，汪应洛. 绿色制造的激励机制研究［J］. 中国机械工程，2001，12（11）.

［247］王能民，孙林岩，汪应洛. 基于绿色制造的供应链管理［J］. 中国机械工程，2002，13（23）.

［248］王能民，孙林岩，杨彤. 绿色制造战略的障碍性因素分析［J］. 中国机械工程，2005，16（8）.

［249］王琴. 基于价值网络重构的企业商业模式创新［J］. 中国工业经济，2011（1）.

［250］王鑫鑫，王宗军. 国外商业模式创新研究综述［J］. 外国经济与管理，2009，31（12）.

［251］王兆华，尹建华. 生态工业园中工业共生网络运作模式研究［J］. 中国软科学，2005（2）.

［252］王子先. 中国生产性服务业发展报告2007［R］. 北京：经济管理出版社，2007.

［253］王益锋，曹禺. 科技型小微企业商业模式创新影响因素分析［J］. 科技进步与对策，2013，30（18）.

［254］吴晓波，杨发明. 绿色技术的创新与扩散［J］. 科研管理，1996，17（1）.

［255］吴延兵. 自主研发，技术引进与生产率［J］. 经济研究，2008（8）.

［256］吴延兵. 中国哪种所有制类型企业最具创新性？［J］. 世界经济，2012（6）.

［257］夏传勇，张曙光. 论可持续生产［J］. 中国发展，2010，10（3）.

［258］夏传勇，叶文虎. "可持续生产"与"清洁生产"内涵辨析［J］. 环境科学研究，2007，20（3）.

［259］奚旦立. 清洁生产与循环经济［M］. 北京：化学工业出版社，2009.

［260］夏冬. 所有权结构与企业创新效率［J］. 南开管理评论，2003，6（3）.

［261］肖仁桥，王宗军，钱丽. 我国不同性质企业技术创新效率及其影响因素研究：基于两阶段价值链的视角. 管理工程学报，2015，29（2）.

［262］谢华生，包景岭，温娟. 生态工业园的理论与实践［M］. 北京：中国环境科学，2011.

［263］徐和平，赵小惠，孙林岩. 绿色制造模式形成与实施的环境分析［J］. 中国机械工

程，2003（14）.

［264］徐滨士．中国再制造工程及其进展［J］.中国表面工程，2010，23（2）.

［265］徐滨士，等．再制造与循环经济［M］.北京：科学出版社，2007.

［266］徐滨士，等．装备再制造工程的理论与技术［M］.北京：国防工业出版社，2007.

［267］徐大佑，韩德昌．绿色营销理论研究述评［J］.中国流通经济，2007，21（4）.

［268］徐学敏．绿色营销与可持续发展问题探讨［J］.武汉大学学报：人文科学版，1998（6）.

［269］薛凤平．技术创新能力与企业规模关系的实证研究［J］.中国海洋大学学报，2005（5）.

［270］严立冬．经济可持续发展的生态创新［M］.北京：中国环境科学出版社，2002.

［271］闫世刚．绿色制造社会公共服务体系探析［J］.科技管理研究，2010（16）.

［272］柳杨青．生态需要的经济学研究［M］.北京：中国财政经济出版社，2004.

［273］杨燕，邵云飞．生态创新研究进展及展望［J］.科学学与科学技术管理，2011，32（8）.

［274］杨义蛟，尹望吾，谭青．装备制造业可持续发展的模糊综合评价［J］.制造业自动化，2009，31（7）.

［275］杨朝飞，［瑞典］里杰兰德．中国绿色经济发展机制和政策创新研究［M］.北京：中国环境科学出版社，2012.

［276］叶卫东，卢醒庸，俞雷霖．中小制造企业的可持续发展模式［J］.机电产品开发与创新，2005，18（9）.

［277］殷瑞钰．绿色制造与钢铁工业［J］.钢铁，2000，35（6）.

［278］殷瑞钰．节能，清洁生产，绿色制造与钢铁工业的可持续发展［J］.钢铁，2002，37（8）.

［279］郁建兴．治理与国家建构的张力［J］.马克思主义与现实，2008（1）.

［280］原磊．国外商业模式理论研究评介［J］.外国经济与管理，2007，29（10）.

［281］曾萍，宋铁波．基于内外因素整合视角的商业模式创新驱动力研究［J］.管理学报，2014，11（7）.

［282］曾涛．企业商业模式研究［D］.成都：西南财经大学，2006.

［283］曾硝，邓家褆．产品创新的意义，机制及战略［J］.航空制造技术，2004（2）.

［284］张斌．代理理论视角下所有权结构对企业创新的影响研究［D］.北京：北京邮电大学，2014.

［285］张钢．我国企业组织创新的源与模式研究［J］.科研管理，2001，22（2）.

[286] 张婧，段艳玲. 市场导向均衡对制造型企业产品创新绩效影响的实证研究[J]. 管理世界，2010（12）.

[287] 张婧，段艳玲. 市场导向对创新类型和产品创新绩效的影响[J]. 科研管理，2011，32（5）.

[288] 张伟，刘仲谦，张纾，徐滨士. 绿色制造与再制造技术研究与发展[J]. 中国表面工程，2006（5）.

[289] 张汉江，吴娜，唐维. 实施绿色供应链管理促进制造业可持续发展的意义与对策分析[J]. 生态经济，2006（5）.

[290] 张艳. 绿色制造环境绩效评价模型研究[J]. 现代制造工程，2004（12）.

[291] 张颖，段维平. 绿色技术创新扩散的环境评价指标体系研究[J]. 生产力研究，2008（20）.

[292] 张曙红. 可持续供应链管理理论、方法与应用：基于绿色供应链与再制造供应链的研究［M］. 武汉：武汉大学出版社，2012.

[293] 张华，江志刚. 绿色制造系统工程理论与实践［M］. 北京：科学出版社，2013.

[294] 张青山等. 制造业绿色产品评价体系［M］. 北京：电子工业出版社，2009.

[295] 张凯，崔兆杰. 清洁生产理论与方法［M］. 北京：科学出版社，2005.

[296] 张春霞. 绿色经济发展研究［M］. 北京：中国林业出版社，2008.

[297] 张秀峰，陈光华，杨国梁，等. 企业所有权性质影响产学研合作创新绩效了吗？［J］. 科学学研究，2015（6）.

[298] 张耀引. 谈消费社会基于设计引导的产品生态设计[J]. 生态经济，2013（8）.

[299] 赵秀丽. 国家创新体系视角下的国有企业自主创新研究［D］. 济南：山东大学，2013.

[300] 赵一平，朱庆华，耿勇，等. 基于生态承载力的工业园区可持续发展评价浅析[J]. 科学学研究，2004（z1）.

[301] 钟书华. 工业生态学与生态工业园区[J]. 科技管理研究，2003，23（1）.

[302] 钟书华. 生态工业园区：可持续发展经济布局的新探索[J]. 科学管理研究，2004，22（1）.

[303] 钟书华. 生态工业园区建设与管理［M］. 北京：人民出版社，2007.

[304] 赵丽，孙林岩，刘杰. 区域制造业可持续发展能力的评价体系构建及应用[J]. 科技进步与对策，2009，26（9）.

[305] 赵玉明. 清洁生产［M］. 北京：中国环境科学出版社，2005.

[306] 邹国胜. 基于并行工程的可持续生产[J]. 生态经济，2001（2）.

［307］周丛根.网络经济背景下的商业模式创新路径研究［D］.上海：上海社会科学院，2011.

［308］周海林.合作的条件与机理——从囚徒困境谈可持续发展的制度机理[J].软科学，2001，15（7）.

［309］周海林."制度"的困顿："可持续发展"现代性解析[J].中国人口资源与环境，2003，13（2）.

［310］周海林.可持续发展原理［M］.北京：商务印书馆，2004.

［311］周文泳，胡雯，陈康辉，等.低碳背景下制造业商业模式创新策略研究——以卡特彼勒公司为例[J].管理评论，2012，24（11）.

［312］中国工程院"中国制造业可持续发展战略研究"咨询研究项目组.中国制造业可持续发展战略研究［M］.北京：机械工业出版社，2010.

［313］中国经济增长与宏观稳定课题组.中国可持续增长的机制：证据、理论和政策[J].经济研究，2008（10）.

［314］中国科学院可持续发展战略研究组.2013中国可持续发展战略报告［R］.北京：科学出版社，2013.

［315］中国科学院可持续发展战略研究组.2012中国可持续发展战略报告［R］.北京：科学出版社，2012.

［316］中国科学院可持续发展战略研究组.2011中国可持续发展战略报告［R］.北京：科学出版社，2011.

［317］中国科学院可持续发展战略研究组.2010中国可持续发展战略报告［R］.北京：科学出版社，2010.

［318］中国科学院可持续发展战略研究组.2009中国可持续发展战略报告［R］.北京：科学出版社，2009.

附录　制造业生态创新调查问卷

尊敬的女士/先生：

您好！

生态创新是经济活动中有助于减少环境负担的新产品、新工艺、新行动、新方法等的总称。本问卷的调查目的是了解制造业通过生态创新实现转型升级的现状，推进"美丽中国"建设。问卷中除第 10～15 题中有部分多选题外，其余均为单项选择题。填写时，请在您同意的选项前的方框内打勾（√）。如您选择的选项为"其他"，请在括号内填写具体内容。本调查完全采用匿名的方式进行，调查结果专用于学术研究，请根据您所在企业的实际情况填写。

谢谢您的支持与配合！

"制造业转型研究"课题组

1. 贵企业的性质：

□A 国有及国有控股企业　　　□B 集体企业　　　　□C 私营企业

□D 外商投资企业　　　　　　□E 港、澳、台投资企业

□F 其他（　　　　　）

2. 贵企业的规模：

□A 大型企业（员工人数在 1000 人以上，营业收入在 4 亿元以上）

□B 中型企业（员工人数在 300～1000 人之间，营业收入在 2000 万～40000 万元之间）

□C 小型企业（员工人数在 20～300 人之间，营业收入在 300 万～2000 万元之间）

□D 微型企业（员工人数在 20 人以下，营业收入在 300 万元以下）

3. 贵企业在产品设计中, 是否注重下列问题?

产品生产过程对环境的影响　□A 非常注重　　　□B 比较注重

□C 不太注重　　□D 无关注

产品使用过程对环境的影响　□A 非常注重　　　□B 比较注重

□C 不太注重　　□D 无关注

产品废弃后对环境的影响　　□A 非常注重　　　□B 比较注重

□C 不太注重　　□D 无关注

4. 有人认为, 现在消费者的环境意识越来越强。贵企业是否感受到了来自消费者的环保压力?

□A 感受很强　　□B 感受较强　　　□C 感受较弱　　□D 感受很弱

5. 您认为, 宣传产品的环保特性是否对其销售有影响?

□A 影响很大　　□B 影响较大　　　□C 影响较小　　□D 影响很小

6. 贵企业是否开展了 ISO14000 环境管理体系、中国环境标志、环保产品认证等环保认证活动中的至少一项?

□A 已通过认证　□B 正在申请认证　□C 打算以后认证　□D 还未考虑

7. 您认为, 在生产中采取环保措施对贵企业的形象会产生怎样的影响?

□A 会大大提升企业形象　　　□B 会较大提升企业形象

□C 会略微提升企业形象　　　□D 对企业形象无明显影响

8. 您认为, 在生产中采取环保措施对贵企业的成本会产生怎样的影响?

□A 会大大增加成本　　　　□B 会略微增加成本

□C 会大大降低成本　　　　□D 会略微降低成本

9. 贵企业在采购原材料时, 是否注重选购对环境污染小或无污染的原材料?

□A 非常注重　　□B 比较注重　　　□C 不太注重　　　□D 无关注

10. 贵企业的新产品比起老产品, 在哪些方面进行了改良?(多选)

□A 提升了产品的品质　　　□B 美化了产品的外观样式

□C 改良了产品的功能　　　□D 减少了产品的环境影响

□E 其他(　　　　　　　　　　)

11. 为减少生产过程中的排放造成的环境污染, 贵企业采取了哪些防治办法?(多选)

□A 对生产中的废弃物在排放前进行无害化处理

□B 用新型环保工艺替代旧工艺，减少排放

□C 对生产中的废品、副产品进行回收再利用

□D 使用清洁能源

□E 采取其他办法（　　　　　　　　）

□F 尚未采用防治办法

您认为上述办法中效果最好的是哪一种？（单选）

□A 对生产中的废弃物在排放前进行无害化处理

□B 用新型环保工艺替代旧工艺，减少排放

□C 对生产中的废品、副产品进行回收再利用

□D 使用清洁能源

□E 采取其他办法（　　　　　　　　）

12. 贵企业采用了哪些办法来降低能源消耗？（多选）

□A 使用节能设备和技术　　　　□B 制定运行维护的节能方案

□C 对员工进行节能教育和培训　□D 采用其他办法（　　　　　）

□E 尚未采取节能办法

您认为上述办法中效果最好的是哪一种？（单选）

□A 使用节能设备和技术　　　　□B 制定运行维护的节能方案

□C 对员工进行节能教育和培训　□D 采用其他办法（　　　　　）

13. 为了减少产品包装对环境造成的污染，贵企业采用了哪些办法？（多选）

□A 简化产品包装　　　　　　　□B 使用环保包装材料

□C 采用可重复使用的包装　　　□D 采取其他办法（　　　　　）

□E 尚未采取措施

您认为上述办法中效果最好的是哪一种？（单选）

□A 简化产品包装　　　　　　　□B 使用环保包装材料

□C 采用可重复使用的包装　　　□D 采取其他办法（　　　　　）

14. 为了减少运输和仓储过程中的环境影响，贵企业采取了哪些办法？（多选）

□A 减少库存　　　　　　　　　□B 选择对环境污染小的运输工具

□C 规划合理的运输配送网络　　　□D 采取其他办法（　　　　　　　）

□E 尚未采取措施

您认为上述办法中效果最好的是哪一种？（单选）

□A 减少库存　　　　　　　　　　□B 选择对环境污染小的运输工具

□C 规划合理的运输配送网络　　　□D 采取其他办法（　　　　　　　）

15. 为了减少产品使用过程造成的资源浪费和环境影响，贵企业采取了哪些办法？（多选）

□A 开发节能环保型产品　　　　　□B 对使用中的产品进行维护、升级

□C 指导消费者正确使用产品　　　□D 采取其他办法（　　　　　　　）

□E 尚未采取措施

您认为上述办法中效果最好的是哪一种？（单选）

□A 开发节能环保型产品　　　　　□B 对使用中的产品进行维护、升级

□C 指导消费者正确使用产品　　　□D 采取其他办法（　　　　　　　）

16. 贵企业对客户用后废弃的产品主要采取下列哪种处理措施？

□A 尚未采取回收处理措施　　　　□B 对其回收后再利用

□C 回收后进行焚烧、填埋等处置　□D 采取其他处理措施（　　　　　）

17. 贵企业的发展战略中是否包含与节能降耗、环境保护相关的内容？

□A 企业发展战略中包含该内容，且有实施细则

□B 企业发展战略中包含该内容，但无实施细则

□C 企业发展战略中不包含该内容，但有实施细则

□D 企业发展战略中不包含该内容，且无实施细则

18. 贵企业是否有部门负责节能减排、防治污染事务？

□A 由专门的部门负责　　　　　　□B 由其他部门兼管

□C 没有部门负责　　　　　　　　□D 其他（　　　　　　　　　　　）

19. 贵企业是否制定了应对突发环境污染事故的应急方案？

□A 已经制定　　　　　　　　　　□B 正在制定

□C 打算以后制定　　　　　　　　□D 还未考虑

20. 您认为，生产厂家应该承担哪些阶段的减少产品对环境影响的责任？

□A 仅生产阶段　　　　　　　　　□B 生产和流通阶段

□C 生产、流通和使用阶段　　　　□D 生产、流通、使用和废弃处置所

有阶段

21. 贵企业在选择供应商、运输商、销售商等合作伙伴的过程中，是否注重他们的环境绩效？

　　□A 非常注重　　□B 比较注重　　□C 不太注重　　□D 无关注

22. 贵企业在选择供应商、运输商、销售商等合作伙伴的过程中，最注重的是哪一项？

　　□A 价格　　　　　　　□B 质量　　　　　　　□C 信誉

　　□D 长期合作关系　　　□E 其他（　　　　　　　）

23. 贵企业在下列环节中是否与其他企业进行合作？

产品设计开发环节　　　□A 较多合作　　□B 较少合作　　□C 偶尔合作

□D 从未合作

产品生产环节　　　　　□A 较多合作　　□B 较少合作　　□C 偶尔合作

□D 从未合作

产品售后服务环节　　　□A 较多合作　　□B 较少合作　　□C 偶尔合作

□D 从未合作

产品回收处置环节　　　□A 较多合作　　□B 较少合作　　□C 偶尔合作

□D 从未合作

24. 您认为，您所在的行业在生产中是否可能实现"一个企业使用另一个企业的生产废弃物作为能源或材料"，从而在整体上节能减排？

　　□A 很有可能　　□B 有点可能　　□C 不大可能　　□D 完全不可能

25. 有人认为，制造业传统的"大批量生产产品，千方百计卖产品"的赚钱方式已经过时，要增加企业利润，只有改变方式。如果您所在的企业要改变赚钱方式，您认为应当首选下列哪种？

　　□A 按客户要求定制个性化的产品

　　□B 通过提供与产品相关的各种服务来赚钱

　　□C 直接为用户提供问题解决方案，并解决具体问题

　　□D 进军其他产业

　　□E 其他（　　　　　　　）

再次感谢您对我们的研究提供的协助与支持！